IMPLEMENTATION OF
CONSOLIDATED
FINANCIAL STATEMENTS

蔺龙文 ◎ 著

合并财务报表
落地实操

机械工业出版社
China Machine Press

图书在版编目（CIP）数据

合并财务报表落地实操 / 蘭龙文著 . -- 北京：机械工业出版社，2022.7（2024.5 重印）

ISBN 978-7-111-70990-9

I. ① 合… Ⅱ. ① 蘭… Ⅲ. ① 企业合并 – 会计报表 – 研究　Ⅳ. ① F275.2

中国版本图书馆 CIP 数据核字（2022）第 100434 号

本书作者具有大型企业会计实务经历、大型会计师事务所执业经历，出任过税务师事务所所长，具有 15 年会计培训经历。本书是其多年会计实务工作及理论修养总结。作者经过层层推理，还原合并报表的逻辑体系，并在此基础上，基于读者易于学习与接受的目的，重新提炼课程体系，编写本书。作者从合并报表底层逻辑开始，基于一体性原则，开创性地提出按照单体公司报表一样的编制程序编制合并报表，只要具备单体公司报表编制思路的读者，都可以顺着本书进行学习。

合并财务报表落地实操

出版发行：机械工业出版社（北京市西城区百万庄大街 22 号　邮政编码：100037）

责任编辑：刘新艳　　　　　　　　　　　　责任校对：殷　虹

印　　刷：固安县铭成印刷有限公司　　　　版　　次：2024 年 5 月第 1 版第 5 次印刷

开　　本：170mm×230mm　1/16　　　　　印　　张：24.25

书　　号：ISBN 978-7-111-70990-9　　　　定　　价：89.00 元

客服电话：(010) 88361066　68326294

2004 年，我进入一家汽车制造企业的财务部门工作，在这里我第一次接触到合并财务报表。从此之后，我不知多少次"拿起"合并财务报表书籍，又多少次"放下"。"拿起"是因为我意识到合并财务报表将成为我职业生涯的一大瓶颈，"放下"是因为我实在难以"悟入"，我总是觉得书中合并抵销分录来得"突兀"，找不到逻辑的起点，也不能对结果进行验证。

从此，合并财务报表成为我心中挥之不去的隐忧。

在实务中，我发现"准则虽相同，但观点有多门"，同时具体工作方法也不同，比如在不同的会计师事务所及不同的团队里面，合并财务报表工作底稿的格式存在明显差异。

"知其要者，一言而终，不知其要者，流散无穷。"后来我试着从基本原理开始，自立"课题"，自己推导合并财务报表编制的整个逻辑过程。

梳理了合并财务报表的逻辑体系后，我通过个人公众号"准则讲解"推送合并财务报表经典疑难问题的推理文章，如母公司投资收益与子公司利润分配的抵销、逆流交易背景下对少数股东损益与少数股东权益的调整、合并财务报表层面的所得税会计原理、同一控制下企业合并的实操问题等。很多朋友读后深有感触，赞叹思路清晰，部分热心朋友开始"蛊惑"我写一本合并财务报表专著，有网友开始为我"做媒"，为我介绍出版社的老师。

在这样的背景下，机械工业出版社的编辑与我约稿，邀请我写一本既能将合并财务报表理论体系与逻辑推理说明白，又能对实务工作具有指导与启发意义的著作。

合并财务报表的思路

把原理讲明白，把逻辑说清楚，指引大家一步一步地上手编制合并财务报表，是本书所追求的核心目标。本书立足于基本原理进行逻辑推理，抽丝剥茧，力求条理清晰，深入浅出。要完成合并财务报表的编制工作，关键在于领悟其底层逻辑，对本质理解得越扎实，理论功底越深厚，解决问题的思路越灵活多样，实务建树越高。越是涉及合并财务报表的复杂问题，越需要基础理论扎实。

本书提出了像编制单体公司报表一样编制合并财务报表的思路，并将这种方法命名为"平行法"，平行法的理论根源是合并财务报表的"一体性原则"，这也是本书合并财务报表逻辑推理的起点。

为了降低合并财务报表的理解难度，我像考古工作者一样，将很多年前文献中的一些技术方法，如"分期法"等，进行技术"复原"，补上了合并财务报表学习的"逻辑断层"，完善了一般教材"语焉不详"的"断片"之处。

理论学习终归要服务于实操"落地"，"落地"的前提是理解落地，必须在大脑中有清晰、完整的认识，不能只有一些模糊的概念"横亘"在大脑中。在实务指导方面，本书精选了14个实操案例，全面但不"庞杂"，照着本书一步一步的指引，一天研究一个案例，半个月就能成为合并财务报表编制达人。

本书吸收了实务界很多优秀做法，包括实务领域具有代表性的工作底稿格式，以及成本法基础上对子公司报表进行合并等；内容上按照国家最新发布的会计准则规定编写，结合了证监会最新颁布的会计监管规则的规定。

本书核心内容概览

第一部分：基础理论

内容：第一章到第三章。

第一部分是正式学习合并财务报表前的理论铺垫。有一定基础的读者，可以直接跳过第一部分，从第四章开始阅读。

第一章：合并财务报表理论基础。本章要点是三大合并理论和编制合并财务报表的一体性原则。

第二章：企业合并。本章主要介绍企业合并类型，以及企业合并会计处理原则。

第三章：权益投资个别财务报表核算。本章详细论述权益工具类金融资产和长期股权投资的核算。

第二部分：基本原理及基本技能

内容：第四章到第十章。

第二部分是全书核心内容，主要关注合并财务报表的基础原理与基本逻辑问题，同时训练编制合并财务报表的基本实操功底。掌握第四章到第十章，能处理实务中合并财务报表编制的大部分问题。

第四章：平行法编制合并财务报表。平行法是本书提出的一种新的合并财务报表编制方法，平行法有利于理解合并财务报表的根本逻辑原理，按照与"单体公司"一样的编报程序进行编报，通过编制试算平衡表来编制合并财务报表。本书将平行法作为合并财务报表的逻辑推理起点，为后续章节奠定理论基础。

第五章：非同一控制下的企业合并购买日合并资产负债表编制。本章是从平行法到抵销法的承上启下章节，将平行法与抵销法进行衔接，让读者循序渐进地朝深处前进。

第六章：权益投资抵销分期法与分段法。本章是全书理论"中枢"，几乎所有合并财务报表的特殊问题、疑难问题，都和权益投资抵销有"纠葛"。第六章引入"分期法"抵销思路推导"分段法"抵销思路，从而建立权益投资抵销理论框架。

第七章：内部交易及债权债务抵销。掌握"一体性原则"思路，大多数内部交易抵销都容易处理。本章将总、分公司并表问题进行专门阐述，同时结合最新租赁准则，编写了集团内部租赁抵销案例。

第八章：长期股权投资成本法基础上编制合并财务报表。成本法基础上编制合并财务报表是实务界流传的一种方法，本书将这种方法进行吸收以期传承。

第九章：合并现金流量表。本章介绍编制合并现金流量表的方法，根据现金流量表"单式记账"特征，提出"单式"调整抵销分录，用以编制合并现金流量表。

第十章：复杂股权结构下合并财务报表编制案例。本章的主要作用在于引导读者将在前面章节学习到的基础知识，在多级子公司等相对复杂股权结构下进行运用，提高读者的基本原理运用能力和实务问题解决能力。

第三部分：合并财务报表特殊专题

内容：第十一章到第十六章。

本部分主要分析合并财务报表特殊问题，其中第十三章、第十四章、第十五章属于股权比例变动专题章节。第十三章主要讲增资取得控制权，第十四章主要讲失去控制权，第十五章主要讲股权比例变动但是不影响控制权的情形。

第十一章：合并财务报表所得税会计原理。本章通过案例分析，引导读者思考与总结合并财务报表中的所得税会计问题。

第十二章：同一控制下的企业合并合并财务报表编制。"非同一控制下的企业合并"属于"外购"，"同一控制下的企业合并"属于"集团内部整合"，本章对权益结合法的理论渊源进行深度探讨，对"同一控制下的企业合并"的合并财务报表编制进行详细案例展示。

第十三章：非同一控制下增资取得控制权的合并财务报表处理。本章论述股权比例增加取得控制权的情形。

第十四章：失去控制权的合并财务报表处理。本章由浅入深，引导读者掌握合并财务报表层面失去控制权的经济实质后，再通过案例引导读者全面掌握合并财务报表的处理方法。

第十五章：母公司持有子公司的股权比例发生变化但控制权没有变化的情形。股权比例变化但是控制权没有变化，对于纳入合并的资产、负债、收入、费用并没有实质影响，主要涉及集团合并财务报表中权益归属调整问题。读者可以按照本章案例分析过程进行研究与探索。

第十六章：编制合并财务报表"三步法"思维框架。合并财务报表特殊问题、复杂问题总是"防不胜防"。本章提炼出"三步法"思维框架，帮助读者在独立分析合并财务报表特殊问题与复杂问题时构建清晰的思路。

编写体例介绍

贴心提示：提醒读者阅读中需要注意的地方。

实操案例：本书一共精选 14 个实操案例，有的实操案例是同一个案例背景用不同方法进行合并财务报表编制，相互印证，帮助读者加深理解。实操案例需要读者自己动手，设计工作底稿，编制调整抵销分录，独立"跑出"数据。

实务交流：主要是对实务中一些好的做法进行吸收，以期得到传承和发扬。

* * *

愚以为，阅读本书之后，读者能够系统掌握合并财务报表理论体系，提升实际操作能力，达到独立编制合并财务报表的工作水平。

回首我自己的学习过程，早年在南方夏天的小出租屋里面啃"长投""合并"等知识，没有空调，甚至一丝风也没有，炎热犯困，不敢坐着，就蹲在小板凳上一看一个月。当时是苦，而后回味，全然是乐。这本书，可以说是我20年会计生涯心血的阶段性"结晶"，这20年中，我有10年在企业从事会计实务工作，有10年一边从事讲学（包括讲授注册会计师考试会计课程、在高校兼任会计学研究生校外导师），一边参与会计师事务所大型审计项目、为企业规划财务体系及治理结构、为交易双方设计并购重组方案等。

在本书付梓之际，想到之前的努力与付出，心有欣慰；而当想到付梓之后，学有不精，会误导他人，心有不安。我本人学识受限是必然的，因此，诚恳请求各位读者不吝指出书中错漏，谢谢！

蔺龙文

2022 年 3 月 6 日

CONTENTS ▶ 目 录

前言

第一章 合并财务报表理论基础 / 1

第一节 合并理论 / 1

第二节 合并财务报表合并范围 / 4

　　一、为什么"控制"判断对于合并财务报表很重要 / 4

　　二、控制的概念及控制三要素 / 4

　　三、"控制"判断 / 5

　　四、豁免纳入合并财务报表范围的情形 / 7

第三节 合并财务报表编制一体性原则 / 8

第四节 合并财务报表编制前的准备工作 / 8

　　一、统一母、子公司的会计政策 / 9

　　二、统一母、子公司的会计期间 / 9

　　三、对子公司外币报表进行折算 / 10

　　四、收集编制合并财务报表的相关资料 / 10

第二章　企业合并 / 12

第一节　企业合并的概念及类型 / 12

一、企业合并的概念 / 12

二、企业合并的方式 / 15

三、企业合并的类型 / 15

第二节　非同一控制下的企业合并会计处理原则 / 16

一、购买法基本含义 / 16

二、子公司各项资产与负债在合并财务报表中的初始计量价值 / 17

三、商誉的确认与计量 / 18

第三节　同一控制下的企业合并会计处理原则 / 22

一、同一控制下的企业合并的具体含义 / 22

二、同一控制下的企业合并会计处理原则 / 23

第四节　企业合并与合并财务报表之间的内在关联 / 24

第三章　权益投资个别财务报表核算 / 26

第一节　投资方对被投资方的影响力判断及权益投资会计分类 / 26

一、投资方对被投资方的影响力判断 / 26

二、权益投资会计分类 / 33

第二节　对被投资方达不到重大影响的权益投资核算 / 35

一、权益投资形成的金融资产的分类 / 35

二、权益投资"交易性金融资产"的会计核算 / 36

三、权益投资"其他权益工具投资"的核算 / 38

四、关于公允价值计量会计问题的评价 / 40

第三节　对联营、合营企业权益投资的核算 / 43

一、初始计量 / 43

二、后续计量 / 48

三、处置 / 67

第四节 对子公司权益投资的核算 / 67

一、初始计量 / 67

二、后续计量 / 76

三、处置 / 77

第五节 权益投资资产转换 / 77

一、权益投资资产转换概述 / 77

二、增资减资形成转换 / 77

三、股权稀释形成转换 / 86

第四章 平行法编制合并财务报表 / 92

第一节 平行法概述 / 93

第二节 母公司投资成立子公司的平行法合并财务报表实操案例 / 93

实操案例 4-1 投资成立子公司的平行法编制合并财务

报表 / 93

第三节 母公司购买子公司的平行法合并财务报表实操案例 / 104

实操案例 4-2 收购子公司的平行法编制合并财务报表 / 104

第五章 非同一控制下的企业合并购买日合并资产负债表

编制 / 116

第一节 购买日合并资产负债表编制原理概述 / 116

第二节 平行法编制非同一控制下购买日合并资产负债表 / 117

实操案例 5-1 平行法编制非同一控制下购买日合并资产

负债表 / 117

第三节 抵销法编制非同一控制下购买日合并资产负债表 / 121

实操案例 5-2 抵销法编制非同一控制下购买日合并资产

负债表 / 121

第六章 权益投资抵销分期法与分段法 / 130

第一节 合并财务报表编制程序探索 / 131

一、再次认识会计报表 / 131

二、合并财务报表工作程序探索 / 132

三、"抵销法"合并财务报表工作程序 / 133

四、连续编报情况下，以前期间调整抵销分录要重新编制 / 133

第二节 权益投资抵销分期法与分段法 / 136

一、权益投资抵销要点概述 / 136

二、母、子公司存续期间权益投资抵销分期法和分段法 / 138

第三节 权益投资抵销实操案例 / 146

实操案例 6-1 权益投资抵销分段法思路运用 / 146

第七章 内部交易及债权债务抵销 / 161

第一节 内部交易抵销分录编制原理 / 161

一、债权债务抵销 / 161

二、集团内部存货交易的抵销 / 163

三、固定资产内部交易抵销 / 168

四、企业内部租赁抵销 / 171

第二节 集团内部交易实操案例 / 174

实操案例 7-1 集团母、子公司内部交易抵销案例 / 174

第三节 总、分公司并表实操案例 / 181

实操案例 7-2 总公司和分公司合并财务报表编制 / 182

第四节 母、子公司内部未实现逆流交易的特殊问题 / 187

第八章 长期股权投资成本法基础上编制合并财务报表 / 192

实操案例 8-1 成本法基础上编制合并财务报表 / 193

第九章 合并现金流量表 / 201

第一节 合并现金流量表编制 / 201

一、个别现金流量表的编制方法 / 201

二、合并现金流量表编制方法 / 205

第二节 合并现金流量表的调整、抵销分录编制 / 206

一、合并现金流量表工作底稿 / 206

二、常规业务调整抵销 / 207

三、特殊业务调整抵销 / 208

第十章 复杂股权结构下合并财务报表编制案例 / 212

第一节 多级子公司情形 / 212

实操案例 10-1 多级子公司合并财务报表实操案例 / 213

第二节 合计持有子公司的合并财务报表编制 / 226

实操案例 10-2 合计持有子公司的合并财务报表编制 / 227

第三节 集团内交叉持股问题 / 231

第十一章 合并财务报表所得税会计原理 / 233

第一节 所得税会计基本原理 / 233

一、所得税会计的起源 / 233

二、利润表债务法 / 235

三、资产负债表债务法 / 236

第二节 合并财务报表所得税会计原理 / 243

一、企业并购环节的所得税会计本质 / 243

二、内部交易环节的所得税会计本质 / 246

第十二章 同一控制下的企业合并合并财务报表编制 / 247

第一节 权益结合法理论概述 / 248

一、权益结合法发展历程回顾 / 248

二、我国权益结合法的特征 / 251

三、我国同一控制下的企业合并采用权益结合法的原因 / 253

四、现阶段权益结合法需要关注的新动向 / 255

第二节 同一控制下的企业合并合并前期合并财务报表编制 / 257

第三节 同一控制下的企业合并合并财务报表编制实操案例 / 268

　　实操案例 12-1 同一控制下合并财务报表编制 / 269

第十三章 非同一控制下增资取得控制权的合并财务报表
　　　　 处理 / 286

第一节 从金融资产增资取得控制权 / 287

第二节 从对联营、合营企业的权益投资增资取得控制权 / 289

第十四章 失去控制权的合并财务报表处理 / 293

第一节 平行法处置子公司全部股权失去控制权的合并财务报表
　　　　 处理 / 293

　　实操案例 14-1 平行法处置子公司全部股权的合并财务报表
　　　　　　　　　 处理 / 294

第二节 抵销法处置子公司全部股权失去控制权的合并财务报表
　　　　 处理 / 311

　　实操案例 14-2 处置子公司控制权抵销法合并财务报表
　　　　　　　　　 编制 / 313

第三节 处置子公司部分股权后能实施重大影响或共同控制的
　　　　 情形 / 325

　　实操案例 14-3 处置子公司部分股权后能实施重大影响或
　　　　　　　　　 共同控制的合并财务报表编制 / 326

第四节 处置子公司部分股权后对被投资方达不到重大影响的
　　　　 情形 / 342

第五节　子公司增资扩股导致投资方失去控制权的情形　/ 343

第十五章　母公司持有子公司的股权比例发生变化但控制权
　　　　没有变化的情形　/ 344

第一节　母公司取得控制权后进一步收购子公司少数股权　/ 344
第二节　母公司取得控制权后处置子公司部分股权但不影响
　　　　控制权的情形　/ 357
第三节　取得控制权后股权被稀释但不影响控制权的情形　/ 362

第十六章　编制合并财务报表"三步法"思维框架　/ 367

后记　/ 371

参考文献　/ 372

第一章

合并财务报表理论基础

贴心提示

　　如果你是第一次接触合并财务报表，学习本章内容时以了解为原则，可以在阅读了本书后续章节中的案例后，回头复习本章，融会贯通进行理解。不要担心，你一定能搞定合并财务报表。

第一节　合并理论

　　《企业会计准则第 33 号——合并财务报表（2014）》对合并财务报表的概念阐述为："合并财务报表，是指反映母公司和其全部子公司形成的企业集团整体财务状况、经营成果和现金流量的财务报表。母公司，是指控制一个或一个以上主体（含企业、被投资单位中可分割的部分，以及企业所控制的结构化主体等，下同）的主体。子公司，是指被母公司控制的主体。"

　　在合并财务报表编制中，主要存在三种合并理论：所有权理论、母公司理论和实体理论。

假设天时有限公司持有地利有限公司 80% 的表决权资本份额（天时有限公司集团结构见图 1-1），根据地利有限公司的公司章程及相关法律，天时有限公司能主导地利有限公司相关经营决策及财务决策活动。

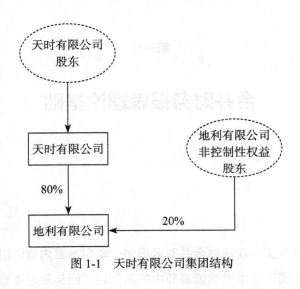

图 1-1　天时有限公司集团结构

天时有限公司编制合并财务报表时，如何处理地利有限公司的资产、负债、收入、费用呢？

1. 母公司理论

根据母公司理论，天时有限公司能对地利有限公司实施控制，两个公司是一体化运营的，因此应在合并财务报表的处理中，将地利有限公司的所有资产、负债、收入、费用都纳入合并范围。合并财务报表主要是为母公司股东服务的，需将母公司股东享有的权益作为所有者权益，将归属于母公司股东的净收益作为利润，把子公司非控制性权益股东排除在股东范围之外，将子公司非控制性权益股东对子公司净资产的要求权（少数股东权益）作为集团合并财务报表的负债列示，相应地，也不认为归少数股东的利润属于利润，而是在合并财务报表中作为费用（少数股东损益）。这种合并理论被称为母公司理论。

2. 实体理论

根据实体理论，天时有限公司和地利有限公司组成一体化经营实体，在经营运作中，两个公司都在天时有限公司决策层及管理层的领导下进行生产经营活动，在合并财务报表处理中，天时有限公司和地利有限公司的资产、负债没有本质差异，都是集团的资产和负债，应 100% 纳入合并财务报表。天时有限公司和地利有限公司的收入、费用同样是集团的收入和费用，应 100% 纳入合并财务报表。母公司股东和子公司非控制性权益股东，属于集团多层次股权融资结构下的投资者，都是集团的股东，因此，少数股东权益作为所有者权益列报，将集团净利润按所有权分为归属于母公司股东的净利润与少数股东损益，这时候少数股东损益不再是集团费用，属于不同层次所有者的利益分享结果。这种合并理论被称为实体理论。

根据实体理论，母、子公司的内部交易，无论是顺流交易（母公司出售资产给子公司）还是逆流交易（子公司出售资产给母公司），都视为集团内部资产转移存放地点，不属于交易，在合并财务报表中，需要抵销内部交易损益和资产内部交易增值。

3. 所有权理论

根据所有权理论，母公司合并财务报表按照对子公司的股权比例，将子公司的资产、负债、收入、费用按照比例纳入合并范围。这种观点属于所有权理论。所有权理论也被称为业主权益理论。

绝大部分国家在其合并财务报表准则制度中或编制合并财务报表时，并不是完全按照某一合并理论，而是以某一合并理论为主，参考其他合并理论，结合自身情况来考虑[⊖]。

我国合并财务报表主要采用实体理论进行编制，在列报少数股东权益

⊖　李玉环. 合并财务报表 [M]. 2 版. 北京：经济科学出版社，2016.

时，不再具体区分"股本（实收资本）、资本公积、盈余公积、未分配利润"等具体项目，都统称为"少数股东权益"。

第二节　合并财务报表合并范围

**贴心提示**

　　本节内容比较枯燥，并且理论性很强。在初学阶段，首先要明白"控制"判断对于合并财务报表的重要理论意义与现实意义，其次，注意把握控制三要素原则。对于其他知识，今后可以持续研究与学习。

一、为什么"控制"判断对于合并财务报表很重要

　　在会计实务中，有的企业集团为了粉饰合并财务报表，将财务状况与经营业绩糟糕的子公司排除在合并范围之外；有的企业集团想方设法将不符合合并范围的企业纳入合并范围。这些做法严重影响合并财务报表的质量，扭曲集团的财务状况与经营成果，提供不实会计信息，扰乱市场秩序，危害金融安全。所以，对于合并范围的界定，不仅是重要的理论问题，也是严峻的实务问题。

　　合并财务报表是以企业集团为会计主体编制的财务报表，编制合并财务报表首先就涉及如何界定企业集团范围的问题[⊖]。合并范围是以控制为基础界定的，只要是母公司能控制的企业（包括其他组织形式），都应该纳入合并范围，对于不能控制的实体，则不应纳入合并范围。

二、控制的概念及控制三要素

　　《企业会计准则第 33 号——合并财务报表（2014）》第七条对控制描述如下："合并财务报表的合并范围应当以控制为基础予以确定。控制，是指

　　⊖　中国注册会计师协会 . 会计 [M]. 北京：中国财政经济出版社，2021.

投资方拥有对被投资方的权力，通过参与被投资方的相关活动而享有可变回报，并且有能力运用对被投资方的权力影响其回报金额。本准则所称相关活动，是指对被投资方的回报产生重大影响的活动。被投资方的相关活动应当根据具体情况进行判断，通常包括商品或劳务的销售和购买、金融资产的管理、资产的购买和处置、研究与开发活动以及融资活动等。"

控制的概念主要从控制三要素进行把握。第一，投资方拥有对被投资方的权力。根据《企业会计准则第33号——合并财务报表（2014）》第九条，"投资方享有现时权利使其目前有能力主导被投资方的相关活动，而不论其是否实际行使该权利，视为投资方拥有对被投资方的权力"，因此，权力指对子公司排他性的主导权。第二，享有可变回报。第三，权力和可变回报之间具备内在逻辑联系，投资方运用对被投资方的权力影响其回报金额。

三、"控制"判断

对控制权的分析要结合相关法律规定及企业章程、投资者协议中约定的决策机制，包括股东会、董事会决议机制等。

权力的作用对象是"相关活动"，目标是取得可变回报。主导被投资方的相关活动包括对被投资方的经营、融资等活动做出决策，包括编制预算；任命被投资方的关键管理人员或服务提供商，并决定其报酬，以及终止关键管理人员的劳务关系或终止与服务提供商的业务关系等。一般可概括为财务与经营决策。需要注意的是，并非母公司单方面主导子公司的所有活动才属于拥有权力。比如增加或者减少注册资本，公司合并、分立、解散、清算或者变更公司形式等不属于"相关活动"范围。

在判断投资方是否拥有对被投资方的权力时，应区分投资方及其他方享有的权利是实质性权利还是保护性权利，仅实质性权利才应当被加以考虑。董事会对财务与经营决策的权利一般属于实质性权利。银行等债权人为了保护债权安全，签订借款使用范围限制协议等，属于保护性权利。合并财务报表基于控制产生的权利，强调的是实质性权利，排除保护性权利。

权力一般来源于表决权。A企业和B企业分别持有C企业65%和35%的普通股，C企业的相关活动通过股东会多数表决权主导，在股东会上，每股普通股享有一票投票权。假设不存在其他因素，C企业的相关活动由持有C企业大多数投票权的一方主导。在这种情况下，A企业拥有对C企业的权力。

再如，A企业和B企业分别持有C企业60%和40%的普通股，C企业的相关活动以董事会会议上多数表决权主导，A企业和B企业根据其享有C企业表决权比例，分别有权任命3名和2名董事。在这种情况下，A企业拥有对C企业的权力。

一般而言，母公司在子公司股东会或董事会等权力机构拥有超过半数表决权比例即达到控制地位。但是仍然要注意，半数以上表决权比例并非决定性判断依据。在现实经济活动中，拥有被投资方半数以上表决权但无权力的情形也存在。

比如，当被投资方相关活动被政府、法院、管理人、接管人、清算人或监管人等其他方主导时，投资方无法凭借其拥有的表决权主导被投资方的相关活动，因此，投资方即使拥有被投资方超过半数的表决权，也不拥有对被投资方的权力。再如，被投资方的公司章程规定，与相关活动有关的决策必须由出席会议的投资方所持2/3以上的表决权通过，在这种情况下，持有半数以上但不足2/3表决权的投资方，虽然表决权比例超过半数，但该表决权本身不足以赋予投资方权力，应结合其他因素进行进一步的分析与判断。

反过来，在被投资方股东会或董事会等权力机构占不到半数表决权比例的投资方也可能实质上能控制被投资方。A投资者持有甲上市公司25%的投票权，剩余投票权由数千位股东持有，其他股东股权比较分散，并且其他股东之间没有形成任何一致行动协议，没有任何股东与其他股东达成协议或能够做出共同决策。甲上市公司的历次股东会，出席的股东代表的表决权比例不超过40%，在这种情况下，A投资者虽然没有达到股东会过半数表决权比例，但是实质上已经控制甲上市公司的相关活动。

在考虑母公司对子公司的控制权时，不仅要考虑直接持股，还要考虑间接持股，对于直接持股加间接持股能对其他主体实施控制的，仍然要纳入合并范围。比如甲公司持有乙公司 60% 表决权比例，乙公司持有丙公司 30% 表决权比例，同时甲公司直接持有丙公司 30% 表决权比例。根据丙公司的公司章程及投资者协议，丙公司相关活动由股东会过半数表决权比例股东通过即可。在这种情况下，甲公司通过间接与直接持股方式，实际上在丙公司股东会达到 60% 表决权比例，从而能控制丙公司，应当将丙公司纳入合并范围。

需要说明的是，"控制"判断要坚持控制三要素原则，在某些情况下，一个企业没有持有其他企业的权益份额，但是通过协议控制等实现了对其他方的控制，只要满足控制三要素，就应该将其纳入合并财务报表的合并范围。

四、豁免纳入合并财务报表范围的情形

《企业会计准则第 33 号——合并财务报表（2014）》第二十一条规定："如果母公司是投资性主体，则母公司应当仅将为其投资活动提供相关服务的子公司（如有）纳入合并范围并编制合并财务报表；其他子公司不应当予以合并，母公司对其他子公司的投资应当按照公允价值计量且其变动计入当期损益。"

对投资性主体的合并豁免主要基于投资性主体承担被投资方股权公允价值变动风险，而不是承担经营风险。投资性主体的盈利模式及风险报酬模式与一般产业资本对子公司投资的盈利模式与风险报酬模式不同。

但是，为了限制企业通过投资性主体持股形式恶意排除合并范围内的子公司，《企业会计准则第 33 号——合并财务报表（2014）》第二十四条做出反向排除："投资性主体的母公司本身不是投资性主体，则应当将其控制的全部主体，包括那些通过投资性主体所间接控制的主体，纳入合并财务报表范围。"也就是说，投资性主体的母公司本身不是投资性主体，不适用第二十一条的豁免规定。

第三节　合并财务报表编制一体性原则

贴心提示

　　一体性原则是学习合并财务报表必须掌握的概念，希望你重视。对一体性原则理解得越深入，后续学习越容易。

　　合并财务报表反映的资金运动客体是以母、子公司构成的企业集团实体，编制工作由母公司会计部门负责。编制合并财务报表首先要坚持一般会计信息质量原则，包括可靠性、相关性、重要性、实质重于形式等。

　　同时，合并财务报表有其自身的特殊性，在编制工作中，还需要遵循一体性原则。

　　合并财务报表以控制为纽带，将整个集团内所有公司全部纳入合并范围，反映整个集团的财务状况、经营成果和现金流量等信息。将整个集团实体视为一个单体公司，所有集团内部交易行为都不属于交易，作为经济资源在内部转移存放地点处理。

　　一体性原则要求站在整个集团的角度看待资金运动过程及经济业务实质。比如，母公司将借款取得的资金以投资形式投入子公司用于长期资产建造，在子公司个别财务报表层面，不满足利息资本化条件，但是在合并财务报表层面需要作为借款利息资本化处理。再如，集团内固定资产租赁业务，作为自有固定资产核算，要将个别财务报表的使用权资产调整为固定资产。

第四节　合并财务报表编制前的准备工作

　　编制合并财务报表是一项系统而严肃的工作。在编制合并财务报表之前，需要做好充分准备。合并财务报表编制前的准备工作主要有以下几项。

一、统一母、子公司的会计政策

会计政策是财务数据指标口径的基本内涵。如果不同个别财务报表采用不一致的会计政策，其数据加减计算得到的结果将"不伦不类"，导致合并财务报表质量下降。

大多数子公司全部在境内的集团公司，在日常核算时就已经统一了会计政策，因此，这类企业集团在编制合并财务报表前没有统一会计政策的工作。

子公司分布在国外或其他地区的，由于所在国家或地区的会计法律法规差异及执行的会计准则不同，在编制合并财务报表前，需要将在其他会计准则与制度下编制的个别财务报表调整为按照中国会计准则编制的财务报表，然后才能进行合并财务报表的编制工作。否则，不同指标口径下的数据汇总将让合并财务报表逊色。

需要说明的是，应该统一母、子公司的会计政策，而并非统一母、子公司的会计估计。有的公司在实务中，混淆会计政策与会计估计的概念，借合并财务报表之名，大行统一会计估计之实，这种做法是错误的。会计估计是在具体客观环境下所做的估计。比如母公司车辆按照 8 年折旧，子公司车辆按照 4 年折旧，因为母公司车辆主要是日常使用的小汽车，而子公司车辆是用作硫酸运输的货运车辆，面临高腐蚀、高湿度的客观环境，运输道路主要是山地公路，若母、子公司统一会计估计，不仅不能提高会计信息质量，反而让会计信息失真。

对于会计政策与会计估计的概念，根据《企业会计准则第 28 号——会计政策、会计估计变更和差错更正（2006）》的相关规定进行把握。

二、统一母、子公司的会计期间

会计基本假设提出持续经营假设。在持续经营假设的基础上为了便于分期结算账目，又提出会计分期的基本假设。《中华人民共和国会计法》（简称《会计法》）规定：会计年度自公历 1 月 1 日起至 12 月 31 日止。由于我国《会计法》做出明确规定，对于境内母、子公司而言，不存在统一会计期间的问题。

对于境外子公司，由于当地法律规定不同，可能存在母、子公司会计期间不一致的问题。在这种情况下，需要将子公司的财务数据按照母公司的会计期间进行结账，重新编报，才能用于合并财务报表的编制。

三、对子公司外币报表进行折算

企业在选择记账本位币的时候，主要考虑自身所处的经济环境。《企业会计准则第 19 号——外币折算（2006）》第五条规定，企业选择记账本位币应该考虑的因素有：①从日常活动收入的角度看，该货币主要影响商品和劳务的销售价格，通常以该货币进行商品和劳务的计价和结算；②从日常活动支出的角度看，该货币主要影响商品和劳务所需人工、材料和其他费用，通常以该货币进行上述费用的计价和结算；③融资活动获得的货币以及保存从经营活动中收取款项所使用的货币。例如，甲公司销售产品以港元结算，收到港元立即换为人民币存入银行账户，则甲公司保存从经营活动中收取款项所使用的货币为人民币。

由于母、子公司自身所处的经营环境不同，包括境内子公司在内，子公司所采用的记账本位币与母公司的记账本位币可能不同。在编制合并财务报表前，首先要将子公司的个别财务报表按照《企业会计准则第 19 号——外币折算（2006）》的相关规定，折算为和母公司记账本位币一致的会计报表，再进行合并财务报表编制。

四、收集编制合并财务报表的相关资料

在编制合并财务报表前，需要收集的资料有：①非同一控制下购买日子公司各项资产、负债公允价值资料，同一控制下合并日子公司各项资产、负债在最终控制方合并财务报表中的账面价值资料。②子公司各期财务报表。③集团内部（包括母公司与子公司之间，子公司与子公司之间）交易资料、债权债务结算资料等。④母公司长期股权投资核算资料和子公司利润分配资料等。

　　在实务工作中，能不能编制高质量的合并财务报表，首先取决于能不能完整收集相关资料。可以采用以下措施收集资料：①制定集团内部交易报送制度，要求各子公司实施。②通过财务软件功能，对内部交易核算会计凭证标注"集团内部交易"标识，有利于查找和筛选。③给债权债务科目设计"内部往来"明细账或项目辅助账，便于统计、汇总及资料整理。④合并财务报表编制岗位专项收集。⑤借助专业机构，比如非同一控制下的企业合并购买日子公司各项资产、负债公允价值资料的收集，需要资产评估机构的协助。

　　在收集完编制合并财务报表所需资料后，应当分门别类，按照财务会计档案资料进行归档保管。建档保管使下年编制合并财务报表时不用重复收集资料，有利于单位接受外部检查、审计以及内审时提交佐证材料，也有利于财务人员工作交接的顺利开展。

第二章

企业合并

贴心提示

　　本章内容理论性较强，初学读者可以先把握基本概念，对于会计处理原则，结合合并财务报表实际案例进行理解，采用循序渐进、螺旋式上升的策略会让学习更轻松，学习效率更高。

第一节　企业合并的概念及类型

一、企业合并的概念

　　企业合并是将两个或两个以上单独的企业（主体）合并形成一个报告主体的交易或事项。比如甲公司取得乙公司的控制权，在这项交易发生前，甲、乙公司分别属于不同会计主体，在这项交易发生后，以控制为纽带形成一个合并财务报表会计主体，因此，在满足其他条件的情况下，这项交易属于企业合并。

对于是否属于企业合并的判断，重点关注两个方面：①被购买方是否构成业务；②交易发生前后是否涉及对标的业务控制权的转移。[⊖]对于控制权转移，按照控制三要素模型进行判断，除此之外，是否满足企业合并实质条件的判断在于分析被购买方是否构成业务。业务是指企业内部某些生产经营活动或"资产负债组合"，该组合具有投入、加工处理过程和产出能力，能够独立计算其成本费用和收入。

合并方在合并中取得的组合应当至少同时具有一项投入和一项实质性加工处理过程，且二者相结合对产出能力有显著贡献，这样该组合才构成业务。合并方在合并中取得的组合是否有实际产出并不是判断其是否构成业务的必要条件。

如果被购买方不构成业务，则属于购买资产。购买资产不能确认商誉。

【案例 2-1】[⊜]　A 公司是不锈钢线材行业的上市公司，通过签订资产收购协议，A 公司从第三方 B 公司收购了与吊装、过磅业务相关的资产，包括应收账款、机器设备、在建工程以及相关的订单处理系统和经营系统。同时，B 公司相关业务人员全部转入 A 公司并重新签订了劳动合同。B 公司具有吊装、过磅业务的相关产出能力。购入的吊装及过磅业务相关资产的账面价值为 2 400 万元。根据评估报告，前述资产成本法评估值为 2 100 万元，收益法评估值为 6 400 万元。买卖双方达成协议，按收益法评估值 6 400 万元确定交易价格，评估增值 4 000 万元。

问：A 公司从 B 公司购买的是一组资产还是一项业务？

解析：本案例中 A 公司虽然采用了资产收购的法律形式，但其实质上究竟是购买了一组打包的资产，还是购买了一项业务，应结合所取得的相关资产、加工处理过程等进行综合判断。

⊖　企业会计准则编审委员会.企业会计准则案例讲解 [M]. 北京：立信会计出版社，2019.

⊜　中国证券监督管理委员会会计部.上市公司执行企业会计准则案例解析（2020）[M]. 北京：中国财政经济出版社，2020.

　　首先，A公司购入的这组资产包括与吊装、过磅业务相关的实物资产（如固定资产、在建工程）、人员投入以及与之相联系的加工处理过程（如订单处理系统和经营系统），B公司同时具有吊装、过磅业务的相关产出能力。将这些因素综合起来考虑，A公司收购的这组资产很可能是一项业务。

　　其次，买卖双方所达成的购买价6 400万元依据收益法评估值而设定，该值远高于这组资产的账面价值2 400万元和成本法评估值2 100万元，可能是商誉存在的迹象。

　　由以上分析可知，A公司收购B公司的吊装、过磅业务属于企业合并。

　　【案例2-2】 甲公司为了扩建厂房，收购乙公司100%的股权。乙公司只有一项土地使用权，除此之外，没有其他资产与负债。土地评估价值为5 000万元，支付乙公司100%股权的收购款也是5 000万元。

　　问：甲公司收购乙公司100%的股权是否属于企业合并？

　　解析：首先，乙公司只有一项土地使用权，除此之外没有其他资产与负债，因此，乙公司不构成业务。其次，土地评估价值为5 000万元，支付乙公司100%股权的收购款也是5 000万元，证明甲公司主要是购买土地用于厂房建设。综合判断，甲公司收购乙公司100%的股权在形式上属于控股合并，经济实质是资产购买，因此，该案例不属于企业合并。需要做出说明的是，甲公司同样需要将乙公司纳入合并财务报表，只不过，不构成企业合并的资产购买，在合并财务报表中不能确认商誉，只能作为资产购买处理。

　　判断非同一控制下的企业合并中取得的组合是否构成业务，也可选择采用集中度测试。集中度测试是非同一控制下企业合并的购买方在判断取得的组合是否构成一项业务时，可以选择采用的一种简化判断方式。进行集中度测试时，如果购买方取得的总资产的公允价值几乎相当于其中某一单独可辨认资产或一组类似可辨认资产的公允价值的，则该组合通过集中度测试，应判断为不构成业务，且购买方无须按照上述构成业务的判断条件进行判断；如果该组合未通过集中度测试，购买方仍应按照上述构成业务的判断条件进行判断[一]。

二、企业合并的方式

企业合并按合并方式，可以分为控股合并、吸收合并和新设合并。

控股合并，指合并方取得被合并方控股权的合并方式，如 A 公司与 B 公司股东交易，取得 B 公司 60% 的股权，根据 B 公司的公司章程，B 公司所有重大财务与经营决策需要股东会超过 50% 表决权股东表决通过。

吸收合并，一般指合并方取得被合并方各种资产以及负债，同时转移被合并方人员到合并方，将被合并方的资产与负债纳入合并方，消灭被合并方的法律主体资格。在操作中，合并方可能采取先取得被合并方 100% 股权，然后解散被合并方的方式实现吸收合并，也可能通过直接收购被合并方各项资产与负债的形式实现吸收合并。

新设合并，指两个或多个主体合并后组成新的主体，参与合并各方解散。

企业合并按合并对价支付方式，可以分为换股合并、现金合并和杠杆合并。

换股合并指合并方发行自身股份（或其他权益工具）给被合并方股东，从而取得被合并方控制权。现金合并指以现金作为收购对价。杠杆合并指合并方通过承债方式实现企业合并。

三、企业合并的类型

1. 同一控制下的企业合并

同一控制下的企业合并，是指参与合并的企业在合并前后均受同一方或相同的多方最终控制且该控制并非暂时性的。例：A 公司为上市公司，甲公司为 A 公司的控股股东（三年前成为 A 公司的控股股东并一直保持控制权

[一] 财政部，企业会计准则解释第 13 号，财会〔2019〕21 号。

至今）。当年 7 月，A 公司临时股东大会审议通过了 A 公司重大资产重组方案。重大资产重组方案为：A 公司向甲公司发行普通股股份，购买甲公司持有的 B 公司的 60% 股权（B 公司为甲公司两年前设立的子公司），甲公司和 A 公司承诺，在重组完成后一年内不出售其重组取得的控制性股权。

2. 非同一控制下的企业合并

非同一控制下的企业合并，是指参与合并各方在合并前不受同一方或相同的多方最终控制的合并交易。

需要说明的是，同受国家控制的两个企业进行合并，不能仅因为均为国有企业即作为同一控制下的企业合并[⊖]。

第二节　非同一控制下的企业合并会计处理原则[⊜]

可以说，控股合并没有独立的会计处理。在个别财务报表层面，主要是确认长期股权投资内容属性与计量长期股权投资初始成本。在合并财务报表层面，主要是解决被购买方各项资产与负债的确认和计量问题。因此，控股合并是一个比较特殊的会计问题，没有自己独立的账务处理，要么随着《企业会计准则第 2 号——长期股权投资》的规定在个别财务报表中作为长期股权投资核算，要么依照合并财务报表工作程序，将企业合并准则中的相关处理原则落实到合并财务报表编制中。

对于非同一控制下的企业合并，我国会计准则按照购买法思想进行会计处理。

一、购买法基本含义

所谓购买法，会计原理比较简单，是以独立交易原则为基础，将购买的

⊖ 中国证券监督管理委员会会计部.上市公司执行企业会计准则案例解析（2020）[M].北京：中国财政经济出版社，2020.

⊜ 本节重点介绍与合并财务报表紧密联系的控股合并的会计处理。对于吸收合并和新设合并，由于不属于合并财务报表的研究范围，不做介绍。

资产按照公允价值进行会计计量。购买法往往意味着如下含义：①资产初始计量价值以公允价值为基础进行确定。②后续计量以初始计量价值为基础持续计算。③出售方账面价值与购买方初始计量价值没有必然关联。④出售方按照会计准则的规定进行核算可能没有在资产负债表中确认相关资产，而购买方独立地运用资产的概念与确认条件进行会计处理。

企业的大多数资产购置业务，都属于以独立交易为基础的购买法原则运用。比如甲企业以 1 000 万元购买乙企业的一项非专利技术，甲、乙企业没有任何关联关系，甲、乙企业的交易没有不公允的情形，资产市场价值为 1 000 万元。在这项交易中，甲企业以 1 000 万元作为无形资产的初始计量成本（假设没有相关税费），后续摊销以 1 000 万元为基础进行处理，甲企业购买该无形资产无须考虑乙企业该无形资产的账面价值，双方只需要按照市场交易原则进行处理。同时需要注意，出售该非专利技术之前，乙企业账面或许根本没有该项无形资产，因为非专利技术是在企业长期日常经营中积累形成的，其成本不能可靠计量，达不到无形资产确认条件，故乙企业账面可能自始至终没有确认过该项无形资产。

二、子公司各项资产与负债在合并财务报表中的初始计量价值

控股合并下企业合并购买法，可以理解为购买子公司"资产负债组合"（可参见本书第五章"非同一控制下的企业合并购买日合并资产负债表编制"），在合并财务报表中，按照公允价值计量被购买方各项资产与负债的价值。

企业合并中对各项资产与负债按照公允价值计量，要特别注意无形资产与预计负债。对于无形资产，只要在企业合并时，在购买方角度符合无形资产概念与确认条件，购买方就要确认无形资产并按照公允价值计量，而无论对方账面是否确认该无形资产。相应地，对于预计负债，只要公允价值能可靠计量，购买方就要确认预计负债并按照公允价值计量，而不论对方账面是否确认该项负债。

按照公允价值确认与计量各项资产及负债时，先不考虑被购买方账面商誉、递延所得税资产及递延所得税负债。

除了商誉、递延所得税资产及递延所得税负债之外的其他资产与负债按照公允价值确定之后，以公允价值作为合并财务报表初始计量的账面价值，按照所得税法认可的计税基础，通过分析账面价值与计税基础的差异，确认合并财务报表中递延所得税资产与递延所得税负债。舍弃所收购子公司原账面递延所得税资产与递延所得税负债，按照公允价值与计税基础重新认定递延所得税资产与递延所得税负债，称为"刷新认定"（可参见本书第十一章"合并财务报表所得税会计原理"）。

记住：包括被收购子公司刷新认定后的递延所得税资产在内的各项资产公允价值 – 包括被收购子公司刷新认定后的递延所得税负债在内的各项负债公允价值 = 被收购子公司可辨认净资产公允价值。

三、商誉的确认与计量

 贴心提示

> 本部分难度较高，初学读者先简单了解商誉的含义即可，不影响后续其他章节的学习。在学习了合并财务报表基本操作之后，再学习本部分理论内容会让学习难度降低。

（一）确认与计量

1. 商誉的计量

以现金收购、非货币性资产交换、杠杆收购（承债收购）、换股合并等方式支付合并对价，购买方合并对价均按照公允价值计量。

购买子公司符合企业合并确认条件的，合并对价 – 被收购企业可辨认净资产公允价值 × 收购股权比例 = 商誉（大于零）。该差额小于零的情况，本书后文会进行讨论。

2. 商誉的构成

对于商誉的理解，人们从"好感价值观"转变到"超额收益观"。根据《非同一控制下的企业合并商誉分层确认与计量探析》（徐丹琦，财务与会计，2020）与《商誉分层确认和计量的理论和实务问题》（周晓宇，财务与会计，2021）等学术文章的论述，商誉具体可以分为被收购企业自创商誉与双方协同商誉两部分。

被收购企业自创商誉，在构成上包括：①被收购企业顾客声誉，良好的客户关系；②被收购企业良好的组织管理与协调能力；③被收购企业良好的人才结构等。收购双方协同商誉指收购后，主并方将被并方在集团内进行组合，以期获得更大的超额收益。

【**案例 2-3**】　假设乙公司净资产公允价值为 100 万元，乙公司 100% 的股权公允价值为 120 万元，甲公司经评估认为，甲乙公司重新组合后，可以带来在乙公司可辨认净资产公允价值之外的超额收益 50 万元。最终甲公司收购乙公司 100% 的股权成交价是 130 万元。

在本案例中，乙公司自创商誉是 20（=120-100）万元，双方协同商誉为 30（=50-20）万元。最终收购价（130 万元）比乙公司 100% 的股权公允价值（120 万元）多 10 万元，体现为主并方与被并方将双方协同商誉 30 万元分给被并方原股东 10 万元。

目前，商誉在会计上采取"减法"计量模式，将合并对价大于被购买方可辨认净资产公允价值份额的差额全部计入"商誉"账户。在这种计量模式下，实务操作中对于被收购企业可辨认净资产公允价值的计量尤为关键，比如收购时没有确认收购中形成的无形资产，会导致被收购企业可辨认净资产公允价值被低估，在收购对价确定的情况下，必然导致商誉价值被高估，这样会导致企业合并后合并财务报表反映的财务状况与经营成果扭曲。

商誉"减法"计量的另一个问题是，如果资本市场处于不理性时期，股权交易价格包含"泡沫"成分，这些不理性因素就会被计入商誉价值中，商誉价值就包含了资本市场的"噪声"。

3. 部分商誉法与完全商誉法

假设乙公司可辨认净资产公允价值为 100 万元，甲公司收购乙公司 80% 的股权，收购对价是 120 万元，商誉为 40（=120-100×80%）万元。这种计算模式称为部分商誉法，只体现收购方控制权部分的商誉。

假设乙公司可辨认净资产公允价值为 100 万元，100% 收购乙公司需要支付合并对价 148 万元，商誉为 48（=148-100×100%）万元。这种商誉计算模式称为完全商誉法。

一个问题是，能按部分股权成交价推算 100% 的商誉价值吗？答案是否定的。按照这种简单推算思路，收购 80% 股权成交价为 120 万元，则 100% 的股权收购价为 150（=120÷80%）万元。这种算法只能说属于数字上的比例问题，在现实中，控制权收购存在着控制权溢价问题，所以不能以部分股权收购成交价按照比例推算 100% 的股权收购价。

从理论上说，采用完全商誉法在数据上才具有一致性，因此，完全商誉法更加合理。

然而，《企业会计准则第 20 号——企业合并（2006）》第十三条规定："购买方对合并成本大于合并中取得的被购买方可辨认净资产公允价值份额的差额，应当确认为商誉。"由此可见，我国会计准则采用的是部分商誉法。

我国采用部分商誉法和经济环境有关。我国产权交易市场发展尚不完善，对于 100% 的股权收购价格的公允价值计量存在很大实务操作难度，故采用部分商誉法。

4. 部分商誉法下，少数股东权益是否一定不包含商誉价值

对于这个问题，在理论与实务中，向来存在着两种观点，一种观点认为我国采用部分商誉法，少数股东权益不包括商誉价值（如，丘创，2018）。

另一种观点则认为少数股东权益可以包含商誉价值（如，证监会，监管

规则适用指引——会计类第1号，2020；中国注册会计师协会，2021）。《监管规则适用指引——会计类第1号》中，对于"不丧失控制权情况下处置子公司部分股权计算子公司净资产份额时如何考虑商誉"问题的解释为："母公司购买或出售子公司部分股权时，为两类所有者之间的交易……当母公司出售部分股权时，按比例把归属于母公司的所有者权益（包含子公司净资产和商誉）的账面价值调整至少数股东权益。值得注意的是，母公司不丧失控制权情况下处置子公司部分股权时，不应终止确认所处置股权对应的商誉。"

按照证监会意见，企业合并形成商誉。比如，收购子公司80%的股权形成800万元商誉，后来母公司向子公司少数股东转让子公司10%的股权，母公司并不丧失对子公司控制权的情形下：首先，基于母公司仍然控制子公司，对于子公司仍然要纳入合并范围；其次，企业合并环节初始计量商誉价值总额在合并财务报表中不因为该项少数股权交易受到影响；最后，母公司应该将10%：80%的商誉100万元体现为少数股东权益的增加，同时减少母公司在子公司的权益价值份额。

本书采用证监会会计部的观点，具体理由为：我国会计准则采用部分商誉法出自企业合并准则，企业合并准则解决了商誉初始计量问题，初始计量环节是因为市场环境导致100%的商誉无法可靠计量才采用部分商誉法。而在后续计量中，纳入合并财务报表确认的商誉已经解决计量问题，只要母公司不丧失对子公司的控制权，当母公司股权比例减少，子公司少数股东股权比例增加时，理应将对应的商誉价值作为少数股东权益的增加额。

5. 商誉的后续计量

根据目前的准则，商誉后续计量采用减值测试模式，不进行摊销。实务中，按照《企业会计准则第8号——资产减值》的相关规定操作。

（二）负商誉

合并对价－被收购企业可辨认净资产公允价值×收购股权比例，其值小于零的，在理论上，属于出售方对购买方让步，合并财务报表中体现为并购当期的营业外收入，在购买日合并资产负债表中体现为留存收益"未分配利润"项目。

在这种情形下，实务操作要特别留心。因为依据独立交易原则，出让方如果没有特殊困难，不可能给予购买方价格让步。所以，在实务工作中，负商誉可能是被收购企业可辨认净资产公允价值被高估的迹象，在这种情况下，首先要复核被收购企业可辨认净资产公允价值，经过认真复核，同时结合交易背景，能做出合理解释，才能确认负商誉。

（三）不符合企业合并确认条件的股权收购不得确认商誉

如果被收购企业不构成业务，这种情形不符合企业合并认定条件，则理解为资产收购，要将收购价差按照资产公允价值比例分配给收购的各项资产。因此，不符合企业合并确认条件的股权收购不得确认商誉。

第三节　同一控制下的企业合并会计处理原则

一、同一控制下的企业合并的具体含义

假设 H 集团公司在 1 年以前控制了 A 公司和 B 公司，随后 A 公司向 H 集团公司发行股份，取得 B 公司的控制权，并且 H 集团公司和 A 公司均承诺，变动后的控制权结构在 1 年以内不会发生变化。

上述 A 公司合并 B 公司属于同一控制下的企业合并，A 公司和 B 公司在合并前后均同受 H 集团公司的控制，并且该控制不是暂时的。

《企业会计准则第 20 号——企业合并（2006）》第五条规定："参与合并的企业在合并前后均受同一方或相同的多方最终控制且该控制并非暂时性的，为同一控制下的企业合并。同一控制下的企业合并，在合并日取得对其他参与合并企业控制权的一方为合并方，参与合并的其他企业为被合并方。合并日，是指合并方实际取得对被合并方控制权的日期。"

我国同一控制下的企业合并有两个要点：①参与合并的企业在合并前后均受同一方或相同的多方最终控制；②合并前后受相同最终控制方的控制是非暂时性的。

这就引发了一个判断疑难：合并前受相同最终控制方控制是非暂时性的这一点容易判断，具有可验证性，而合并后受相同最终控制方控制是非暂时性的这一点则只能由相关方做出严肃承诺与声明，如果合并后违背承诺，导致合并后受相同最终控制方控制是暂时性的，则会受到资本市场法律规则的惩戒。

判定暂时性与非暂时性：如果时间在 1 年以上（含 1 年），则属于非暂时性的。⊖

二、同一控制下的企业合并会计处理原则

如果参与企业合并的企业在合并前后均受相同最终控制方控制，那么，参与企业合并的双方或多方在经营上是统一指挥、相互协调进行的。同一控制下的企业合并并没有改变这种统一指挥、相互协调的集团化经营模式。在理论上，认为同一控制下的企业合并仅仅是法律形式的改变，没有改变企业的经济实质。这种理论观点属于权益结合法。

基于权益结合法，在整个集团角度，同一控制下的企业合并被理解为集团内部结构调整，不属于交易行为，因此，在合并方的合并财务报表中，被合并方的资产与负债按照原账面价值进行初始计量。这种处理方法也被称为账面价值法。

账面价值法的具体含义有以下几个方面：

（1）站在整个集团角度属于内部结构调整，不属于交易行为，因此账面价值并非基于被合并方个别财务报表中的账面价值，而是基于最终控制方合并财务报表里面的被合并方各项资产与负债的账面价值。假如被合并方是通

过非同一控制下的企业合并被最终控制方所控制，那么在同一控制下的企业合并前，被合并方个别财务报表中资产和负债的账面价值与最终控制方合并财务报表中被合并方的资产和负债的账面价值可能是不一致的。

（2）在确认上，最终控制方合并财务报表里面被合并方各项资产与负债已经确认什么，那么在同一控制下企业合并时，对于被合并方资产与负债则确认什么。也就是说，不会因为同一控制下的企业合并产生新的资产与负债。

（3）在计量上，同一控制下的企业合并，合并方的合并财务报表中，对于被合并方资产与负债的初始计量金额保持和最终控制方合并财务报表里面被合并方各项资产与负债的金额一致，并在此基础上进行后续计量。

（4）在合并方的个别财务报表中，以非现金资产作为合并对价的，不按照独立交易原则确认资产转让损益。

（5）对于同一控制下的控股合并，按照权益结合法思想，在合并方的合并财务报表层面，视同合并后形成的报告主体自最终控制方开始实施控制时一直是一体化存续下来的。

（6）由于同一控制下的企业合并不属于交易行为，不能按照购买法处理，因此同一控制下的企业合并不会产生新的商誉。但是，最终控制方以前取得被合并方控制权时是基于非同一控制下的企业合并按照购买法处理的，在最终控制方的合并财务报表中确认被合并方商誉价值的，则按照同一控制下的企业合并的处理原则，将最终控制方合并财务报表中被合并方的商誉价值在合并方合并财务报表中确认。

第四节　企业合并与合并财务报表之间的内在关联

企业合并与合并财务报表之间存在深度关联，控股合并下的企业合并，需要编制合并财务报表。如果说企业合并会计原则解决合并方合并财务报表中被合并方资产与负债的初始计量问题，那么控股合并下，被合并方资产、负债初始计量原则要落实在合并财务报表中。合并财务报表还要对企业合并时取得的被合并方资产与负债进行后续计量。

当然，并不是所有合并财务报表都来自企业合并，同时，也不是所有企业合并都需要编制合并财务报表。比如，母公司投资成立子公司，不属于企业合并，但按照合并财务报表准则需要编制合并财务报表。再如，吸收合并下的企业合并，需要按照企业合并相关会计处理原则进行处理，但是不一定需要编制合并财务报表。

第二篇

第三章

权益投资个别财务报表核算

贴心提示

> 本章内容较多，对于初学者，难度相对较高。建议按照图 3-1 先
> 行熟悉本章内容框架结构，这有利于整理思路，理解本章内容。

第一节 投资方对被投资方的影响力判断及权益投资会计分类

一、投资方对被投资方的影响力判断

根据影响力大小不同，投资方对被投资方可以分为控制、共同控制、重
大影响、达不到重大影响四种情形。

(一) 控制

控制，是指投资方拥有对被投资方的权力，通过参与被投资方的相关活
动而享有可变回报，并且有能力运用对被投资方的权力影响其回报金额。对
于控制的概念及具体判断，可以参照本书第一章第二节"合并财务报表合并
范围"对控制的介绍。

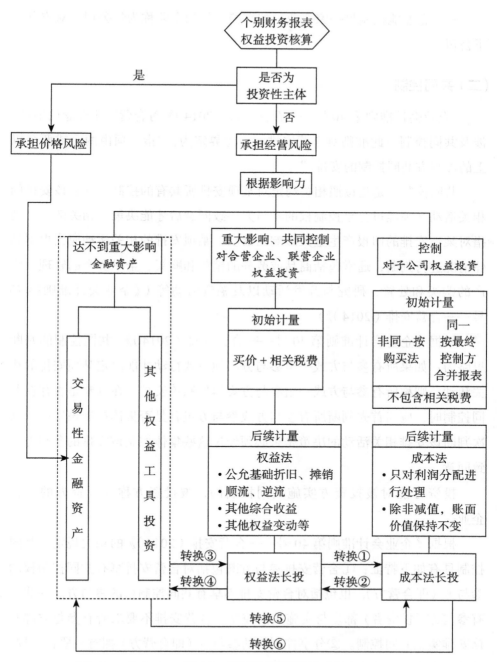

图 3-1　第三章内容框架

一家企业能控制另一家企业，拥有控制权的企业称为母公司，对方称为子公司。

（二）共同控制

《企业会计准则第 40 号——合营安排（2014）》对合营安排概念的描述，涉及共同控制。此准则对合营安排的概念界定为："指一项由两个或两个以上的参与方共同控制的安排。"

共同控制，是指按照相关约定对某项安排所共有的控制，并且该安排的相关活动必须经过分享控制权的参与方一致同意后才能决策。相关活动，是指对某项安排的回报产生重大影响的活动。某项安排的相关活动应当根据具体情况进行判断，通常包括商品或劳务的销售和购买、金融资产的管理、资产的购买和处置、研究与开发活动以及融资活动等（《企业会计准则第 40 号——合营安排（2014）》）。

根据《企业会计准则第 40 号——合营安排（2014）》，共同控制的判断思路为：如果所有参与方或一组参与方必须一致行动才能决定某项安排的相关活动，则称所有参与方或一组参与方集体控制该安排。在判断是否存在共同控制时，应当首先判断所有参与方或参与方组合是否集体控制该安排，其次判断该安排相关活动的决策是否必须经过这些集体控制该安排的参与方一致同意。

投资方能对被投资方实施共同控制的，被投资方称为投资方的合营企业。

根据《企业会计准则第 40 号——合营安排（2014）》的相关规定，共同控制具有如下特征：①合营安排参与方既包括对合营安排享有共同控制权的参与方（即合营方），也包括对合营安排不享有共同控制权的参与方。并非所有参与方（投资者）都参与实施共同控制，合营安排不要求所有参与方都对该安排实施共同控制。②分享控制权的参与方（即合营方）拥有一票否决权。任何一个参与方都不能够单独控制该安排，任何一个合营方均能阻止其他参与方或参与方组合单独控制该安排。③共同控制属于集体控制行为。④唯一性，如果存在两个或两个以上的参与方组合能够集体控制某项安排，则不构成共同控制。

【案例3-1】 A、B两个公司共同投资C公司，A、B公司各占50%的表决权比例。C公司的公司章程规定，所有重大决策由股东会超过50%（不含50%）的表决权通过方可做出，这种情形属于A、B公司共同控制C公司。

【案例3-2】 A公司、B公司、C公司对甲公司的表决权比例分别为60%、30%及10%。甲公司的主要经营活动为房地产开发、不动产出租、物业管理及相关服务，其最高权力机构为股东会，所有重大决策由股东会75%以上表决权通过方可做出。该案例属于A公司、B公司共同控制甲公司。A公司、B公司、C公司为接受合营安排的所有参与方，A公司、B公司属于分享控制权的参与方，必须A公司、B公司达成一致才能通过股东会决议，A公司、B公司任何一方都拥有"一票否决权"。

【案例3-3】 假设甲公司、乙公司、丙公司、丁公司共同设立A公司，并分别持有A公司60%、15%、15%和10%的表决权比例。协议约定，A公司相关活动的决策由超过50%的表决权通过方可做出。在该案例中，属于甲公司控制A公司，不属于共同控制。

【案例3-4】 假设A公司、B公司、C公司、D公司分别持有甲公司40%、30%、20%和10%的表决权股份，甲公司相关活动的决策由85%以上的表决权通过方可做出。该案例情形属于A公司、B公司、C公司共同控制甲公司。

【案例3-5】 假定一项安排涉及三方，A公司在该安排中拥有60%的表决权股份，B公司和C公司各拥有20%的表决权股份。A公司、B公司、C公司之间的相关约定规定，该安排相关活动决策由至少3/4的表决权通过方可做出。尽管A公司拥有超过50%的表决权，但是A公司不能控制该安排，A公司对安排的相关活动做出决策需要获得B公司或C公司的同意。案例情形存在两组可以控制被投资方的集体组合，"A+B"和"A+C"均可实施控制，存在两个或两个以上的参与方组合能够集体控制某项安排的，不构成共同控制。

（三）重大影响

重大影响，是指投资方对被投资单位的财务和经营政策有参与决策的权力，但并不能够控制或者与其他方一起共同控制这些政策的制定（《企业会计准则第2号——长期股权投资（2014）》）。

投资方对其达到重大影响的被投资单位称为联营企业。

实务中，较为常见的重大影响体现为在被投资单位的董事会或类似权力机构中派有代表，通过在被投资单位财务和经营决策制定过程中的发言权施加重大影响。根据《企业会计准则第2号——长期股权投资》应用指南（2014年修订），企业通常可以通过以下一种或几种情形来判断是否对被投资单位具有重大影响：

（1）在被投资单位的董事会或类似权力机构中派有代表。在这种情况下，由于在被投资单位的董事会或类似权力机构中派有代表，并相应享有实质性决策参与权，投资方可以通过参与被投资单位财务和经营政策制定，对被投资单位施加重大影响。

（2）参与被投资单位财务和经营政策制定过程。在制定政策过程中可以提出建议和意见，从而可以对被投资单位施加重大影响。

（3）与被投资单位发生重要交易。有关交易因对被投资单位具有重要性，进而在一定程度上可以影响被投资单位的生产经营决策。

（4）向被投资单位派出管理人员。管理人员通过职务行为影响相关活动，从而对被投资单位施加重大影响。

（5）向被投资单位提供关键技术资料。被投资单位的生产经营需要依赖投资方的技术或资料，表明投资方对被投资单位具有重大影响。

但是，存在上述一种或多种情形并不意味着投资方一定对被投资单位具有重大影响，企业需要综合考虑所有事实和情况做出恰当的判断。

【案例 3-6】　20×2 年 12 月，A 公司取得 B 公司 18% 的股权。按照投资协议约定及公司章程规定，A 公司在取得 B 公司 18% 的股权成为 B 公司的股东后，有权任命 B 公司董事会 1 名成员。20×2 年 12 月，A 公司已经向 B 公司董事会派出 1 名成员。B 公司的公司章程规定：B 公司的财务和生产经营决策、总经理任命、组织结构设计、基本管理制度制定等均由董事会负责并决议通过方可生效，B 公司董事会由 5 名成员组成。有关决策在提交董事会讨论后以简单多数表决通过。

解析：在该案例中，如果综合考虑所有事实和情况，没有相反的证据存在，我们可以认为 A 公司对 B 公司拥有重大影响力。A 公司向 B 公司董事会派出成员参与 B 公司重大决策，A 公司可以通过该成员对 B 公司施加重大影响。

【案例 3-7】　甲公司于 20×4 年取得 A 公司 30% 的表决权股份，并在取得该表决权股份后向 A 公司董事会派出 1 名董事。A 公司董事会由 3 名成员组成，除甲公司外，A 公司另有 2 名股东，分别持有 A 公司 35% 的表决权股份并分别向 A 公司董事会派出 1 名成员。A 公司的公司章程规定：其财务和生产经营决策由董事会成员简单多数表决通过后即可做出。从实际运行情况来看，甲公司所派董事之外的其他董事会成员经常提议召开董事会，并且在甲公司派出的董事缺席的情况下进行讨论并做出决策。为财务核算及经营管理决策需要，甲公司曾向 A 公司索取财务报表，但 A 公司以种种借口拖延、拒绝。甲公司派出的董事对于 A 公司生产经营的提议被压在董事会秘书的案头，基本上未被提交到董事会的正式议案中，并且在董事会讨论中，甲公司派出董事的意见和建议均被否决。

解析：该案例从表面上看，甲公司向 A 公司董事会派出 1 名董事，但是在实际运行中，甲公司不能获得决策所需基本信息资料（财务报表），甲公司所派董事的提议不能正式提交到董事会决议，同时甲公司所派董事的提议没有经过认真讨论就被否决，A公司其他董事在甲公司所派董事缺席的情况下做出决策。综合分析，甲公司对于A公司的影响力存在实质性障碍，不能行使相应的权利，甲公司不能对A公司施加重大影响。

【案例3-8】　A公司于20×3年1月以自有资金1 000万元参股B公司，持有B公司20%的股权。B公司的另一股东为C公司，持有B公司80%的股权。A公司与C公司之间不存在关联方关系。B公司按照月、季、年编制财务报表。月度及季度财务报表在该期间结束后的20个工作日之内提交给各股东，年度财务报表委托中国注册会计师进行审计，并在每个会计年度结束后第4个月的第5个工作日之前，向股东提交该年度的审计报告。

B公司董事会共有5名董事，其中A公司委派1名董事，其余4名董事由C公司委派，C公司委派的董事任董事长。董事会会议由董事长召集并主持，董事长在董事会会议召开前10日，将记载有开会日期、地点及会议目的、议题等事项的书面召集通知发送给各董事。董事会决议由出席会议的董事2/3以上表决通过。由于A公司对B公司所属行业不具备足够的专业管理知识和经验，A公司自投资之日起委派的董事对B公司的经营管理主动参与程度较低，出席董事会时均未做出过与C公司委派的董事相左的表决，在已收取会议通知的情况下也缺席过若干次董事会会议。（该案例来自证监会会计部编写的《上市公司执行企业会计准则案例解析》）

问：A公司对B公司是否具有重大影响？

解析：判断重大影响的核心是分析投资方是否有实质性的参与权而不是决定权。①在本案例中，B公司按照月、季、年编制财务报表，并如期向股东提交，因此A公司作为B公司的股东，能够如期获取B公司的财务信息，从而参与B公司的生产经营决策。②B公司董事会共有5名董事，其中A公司委派1名董事。虽然根据B公司的公司章程，董事会的决议由出席会议的董事2/3以上表决通过，但由于C公司可以委派5名董事中的4名董事，因此，当 A 公司委派的董事代表与 C 公司委派的董事代表存在异议时，A 公司委派的董事代表虽然有权在董事会会议上充分阐述观点和论据，但无权阻止董事会最终决议的通过。③ B 公司按时向各董事发送会议通知，A 公司董事参与董事会会议并不存在实质性障碍。A 公司委派的董事对 B 公司的经营管理主动参与程度较低，甚至缺席董事会会议的原因主要在于 A 公司对 B 公司所属行业缺乏足够的专业管理知识和经验。因此，A 公司较为被动地参与决策的情况，并不改变或者削弱其对 B 公司具有重大影响的实质性权力。

重大影响的判断关键是分析投资方是否有实质性的参与权而不是决定权。另外，值得注意的是，重大影响为对被投资单位的财务和经营政策有"参与决策的权力"而非"正在行使的权力"，其判断的核心应当是投资方是否具备参与并施加重大影响的权力，而投资方是否正在实际行使该权力并不是判断的关键所在（证监会，监管规则适用指引——会计类第 1 号，2020）。

（四）达不到重大影响

投资方对于被投资方不具有控制、共同控制、重大影响的，属于投资方对被投资方达不到重大影响的情形。

（五）判断原则

投资方对被投资方的影响力依据实质重于形式原则进行判断，股权比例属于重要参考因素，不属于决定性因素。在实务中，有的企业简单以股权比例作为判断标准，这是与准则精神背道而驰的做法。

二、权益投资会计分类

（1）投资方对被投资方达不到重大影响的，按照《企业会计准则第 22 号——金融工具确认和计量（2017）》的规定，作为金融资产进行会计处理。

（2）投资方对被投资方具有控制、共同控制及重大影响的，按照《企业会计准则第 2 号——长期股权投资（2014）》的规定，作为长期股权投资核算。

1）投资方对被投资方具有控制权的，初始计量根据企业合并准则的规定，划分为同一控制下的企业合并与非同一控制下的企业合并两种情形分别处理，后续计量采用成本法进行核算处理。

2）投资方对被投资方能施加共同控制或重大影响的，根据《企业会计准则第 2 号——长期股权投资（2014）》规定，初始计量采用购买法处理，以公允价值为基础加上相关税费作为初始投资成本。后续计量采用权益法进行会计处理。

（3）需要特别说明的是，私人股权投资机构、风险投资机构、养老基金、主权财富基金和其他投资基金等投资性主体，其投资的目的仅在于获取资本增值或投资收益，或者两者兼而有之。同时，投资性主体按照公允价值对投资资产进行绩效评估。投资性主体的投资属于金融资本投资，其商业模式和风险报酬模式与一般产业资本对外投资具有不同的属性，产业资本投资的目的在于分享被投资方的经营收益，同时承担经营风险。投资性主体的目的在于投资资产升值，主要承担公允价值变动风险。

因此，投资性主体的该类投资无论是否具有控制、共同控制或重大影响，都按照《企业会计准则第 2 号——长期股权投资（2014）》及《企业会计准则第 33 号——合并财务报表（2014）》的相关规定，划分为金融资产（以公允价值计量且其变动计入当期损益的金融资产）进行核算。同时，按照《企业会计准则第 2 号——长期股权投资》应用指南（2014 年修订）的规定进行核算："长期股权投资准则规范的权益性投资不包括风险投资机构、共同基金以及类似主体（如投资连结保险产品）持有的、在初始确认时按照金融工具确认和计量准则的规定以公允价值计量且其变动计入当期损益的金融资产，这类金融资产即使符合持有待售条件也应继续按金融工具确认和计量准则进行会计处理。"

第二节　对被投资方达不到重大影响的权益投资核算

一、权益投资形成的金融资产的分类

按照《企业会计准则第 22 号——金融工具确认和计量（2017）》的规定，企业应当根据其管理金融资产的业务模式和金融资产的合同现金流量特征，将金融资产划分为以下三类：①以摊余成本计量的金融资产；②以公允价值计量且其变动计入其他综合收益的金融资产；③以公允价值计量且其变动计入当期损益的金融资产。

按照《企业会计准则第 22 号——金融工具确认和计量（2017）》的分类原则，权益投资金融资产只能分类为"以公允价值计量且其变动计入当期损益的金融资产"。在现实中，企业持有权益投资并非一定是短期交易获利模式，也可能是出于非交易性目的。比如中国某企业为了开拓欧洲市场，与欧洲某企业达成合作协议，由该企业负责代理中国企业生产的产品并开拓欧洲市场，作为战略合作的前提，双方同意中国企业投资欧洲企业 12 000 万欧元，占欧洲企业 1% 的股份比例。如果中国企业没有持有欧洲企业 1% 的股份比例，市场开拓及产品代理合作协议自动失效。准则考虑到部分企业持有权益投资并非基于交易的目的，不是以短期获利模式持有金融资产，允许将权益投资金融资产指定为"以公允价值计量且其变动计入其他综合收益的金融资产"。《企业会计准则第 22 号——金融工具确认和计量（2017）》第十九条规定："在初始确认时，企业可以将非交易性权益工具投资指定为以公允价值计量且其变动计入其他综合收益的金融资产……该指定一经做出，不得撤销。"

同时需要注意的是，投资性主体持有权益投资金融资产，不得指定为"以公允价值计量且其变动计入其他综合收益的金融资产"。风险投资机构、共同基金以及类似主体持有的权益投资，在初始确认时，无论以上主体是否对这部分投资具有重大影响，均按照以公允价值计量且其变动计入当期损益的金融资产确认和计量。值得注意的是，确认为以公允价值计量且其变动计入当期损益的金融资产，是长期股权投资准则对于这种特定机构持有的联营

企业或合营企业投资的特殊规定，企业不能将其指定为以公允价值计量且其变动计入其他综合收益的金融资产。[注]

二、权益投资"交易性金融资产"的会计核算

权益投资"以公允价值计量且其变动计入当期损益的金融资产"的核算，需要设置会计科目"交易性金融资产"。交易性金融资产核算要点如下：

（1）初始投资时，以公允价值计量。相关交易税费计入投资收益，不能计入初始投资成本。《企业会计准则第 22 号——金融工具确认和计量（2017）》第三十三条规定："企业初始确认金融资产或金融负债，应当按照公允价值计量。对于以公允价值计量且其变动计入当期损益的金融资产和金融负债，相关交易费用应当直接计入当期损益；对于其他类别的金融资产或金融负债，相关交易费用应当计入初始确认金额。"

对于被投资方已经宣告但尚未领取的现金股利，计入"应收股利"。

（2）资产负债表日，按照公允价值对交易性金融资产进行后续计量，公允价值变动计入"公允价值变动损益"。

（3）持有期间，被投资企业宣告发放的现金股利，计入"投资收益"。

（4）终止确认时，将收到的价款和交易性金融资产账面价值的差额计入"投资收益"。

【案例 3-9】 甲公司为中国境内上市公司，有关证券投资业务如下：

20×2 年 12 月 8 日，甲公司购买 A 上市公司发行的股票 20 万股，成交价为每股 25.3 元，其中包含已宣告但尚未发放的现金股利每股 0.3 元，另外支付交易费用 1 万元，占 A 公司 0.1% 的表决权资本比例。甲公司按照《企业会计准则第 22 号——金融工具确认和计量（2017）》，将该股票分类为以公允价值计量且其变动计入当期损益的金融资产。

[注] 中国证券监督管理委员会会计部 . 上市公司执行企业会计准则案例解析（2020）[M]. 北京：中国财政经济出版社，2020.

会计科目名称为"交易性金融资产"。

初始入账金额＝（25.3−0.3）×20＝500（万元）

会计分录：

（1）初始确认时：

借：交易性金融资产——成本 500[⊖]

  投资收益 1

  应收股利 6

  贷：银行存款 507

（2）20×2 年 12 月 15 日，收到上述现金股利。

借：银行存款 6

  贷：应收股利 6

（3）20×2 年 12 月 31 日，A 公司股票每股收盘价为 30 元。

公允价值变动 ＝20×30−500＝100（万元）

借：交易性金融资产——公允价值变动 100

  贷：公允价值变动损益 100

（4）20×3 年 3 月 8 日，A 公司宣告发放现金股利每股 0.5 元，3 月 30 日，A 公司收到现金股利。

借：应收股利（＝20×0.5） 10

  贷：投资收益 10

借：银行存款 10

  贷：应收股利 10

（5）20×3 年 6 月 30 日，该股票每股收盘价为 28 元。

公允价值变动 ＝20×（28−30）＝−40（万元）

借：公允价值变动损益 40

  贷：交易性金融资产——公允价值变动 40

⊖ 除特殊标注外，本书中会计分录的单位均为"万元"。

（6）20×3年7月7日，甲公司出售A公司全部股票，出售价格为每股29元，另支付交易费用1.5万元。

解析： 明细科目为：①成本＝500（万元）；②公允价值变动＝100−40＝60（万元）。处置前该股票投资账面价值为560万元。

借：银行存款（＝20×29−1.5）　　　　　　　　　　　　578.5

　　贷：交易性金融资产——成本　　　　　　　　　　　　　500

　　　　　　　　　　——公允价值变动　　　　　　　　　　 60

　　　　投资收益　　　　　　　　　　　　　　　　　　　18.5

三、权益投资"其他权益工具投资"的核算

权益投资指定为以公允价值计量且其变动计入其他综合收益的金融资产，设置会计科目"其他权益工具投资"进行核算。其他权益工具投资核算要点如下：

（1）初始投资时，以公允价值计量。相关交易税费计入初始投资成本。对于被投资方已经宣告但尚未领取的现金股利，计入"应收股利"。

（2）资产负债表日，按照公允价值对其他权益工具投资进行后续计量，公允价值变动计入"其他综合收益"。

（3）持有期间，被投资企业宣告发放的现金股利，计入"投资收益"。

（4）终止确认时，将收到的价款和其他权益工具投资账面价值的差额计入留存收益。同时，将持有期间公允价值变动形成的其他综合收益转销，转入留存收益。

【**案例3-10**】　甲公司为中国境内上市公司，按照10%法定比例计提盈余公积，有关证券投资业务如下：

20×2年12月8日，甲公司购买A上市公司发行的股票20万股，成交价为每股25.3元，其中包含已宣告但尚未发放的现金股利每股0.3元，另外支付交易费用1万元，占A公司0.1%的表决权资本比例。甲公司按照《企

业会计准则第 22 号——金融工具确认和计量（2017）》，将该股票指定为以公允价值计量且其变动计入其他综合收益的金融资产。

会计科目为"其他权益工具投资"科目。

初始入账金额 =20×（25.3-0.3）+1=501（万元）

会计分录：

（1）初始确认时：

借：其他权益工具投资——成本　　　　　　　　　　501

　　　应收股利　　　　　　　　　　　　　　　　　6

　　贷：银行存款　　　　　　　　　　　　　　　　　　　507

（2）20×2 年 12 月 15 日，收到上述现金股利。

借：银行存款　　　　　　　　　　　　　　　　　6

　　贷：应收股利　　　　　　　　　　　　　　　　　　6

（3）20×2 年 12 月 31 日，A 公司股票每股收盘价为 30 元。

公允价值变动 =20×30-501=99（万元）

借：其他权益工具投资——公允价值变动　　　　　99

　　贷：其他综合收益　　　　　　　　　　　　　　　　99

（4）20×3 年 3 月 8 日，A 公司宣告发放现金股利每股 0.5 元，3 月 30 日，A 公司收到现金股利。

借：应收股利（=20×0.5）　　　　　　　　　　　10

　　贷：投资收益　　　　　　　　　　　　　　　　　　10

借：银行存款　　　　　　　　　　　　　　　　　10

　　贷：应收股利　　　　　　　　　　　　　　　　　　10

（5）20×3 年 6 月 30 日，该股票每股收盘价为 28 元。

公允价值变动 =20×（28-30）=-40（万元）

借：其他综合收益　　　　　　　　　　　　　　　40

　　贷：其他权益工具投资——公允价值变动　　　　　　40

（6）20×3 年 7 月 7 日，甲公司出售 A 公司全部股票，出售价格为每股

29 元，另支付交易费用 1.5 万元。

解析：明细科目为：①成本 =501（万元）；②公允价值变动 =99-40=59（万元）。处置前该股票投资账面价值为 560 万元。

借：银行存款（=20×29-1.5）　　　　　　　　　　　578.5
　　贷：其他权益工具投资——成本　　　　　　　　　　501
　　　　　　　　　　　　　——公允价值变动　　　　　59
　　　　盈余公积　　　　　　　　　　　　　　　　　1.85
　　　　利润分配——未分配利润　　　　　　　　　　16.65

同时，转销持有期间形成的其他综合收益 59（=99-40）万元：

借：其他综合收益　　　　　　　　　　　　　　　　　59
　　贷：盈余公积　　　　　　　　　　　　　　　　　5.9
　　　　利润分配——未分配利润　　　　　　　　　　53.1

四、关于公允价值计量会计问题的评价

公允价值引入会计计量引起很多讨论，有坚定支持的一方，也有坚决反对的一方。目前，会计准则的计量基础属于混合计量模式，某些资产与负债以历史成本为基础，结合减值的方式进行后续计量，某些资产与负债以公允价值为基础，除了极个别项目外，以公允价值计量并不再考虑减值。混合计量模式也引起相当多的批评，支持公允价值的一方和反对公允价值的一方都对混合计量模式不满，还有的批评意见针对资产负债表汇总口径失去具体意义，因为指标口径不一致，历史成本与公允价值之和既不是历史成本也不是公允价值。

公允价值与历史成本计量的主要优缺点如下。

（1）公允价值更加和决策相关，历史成本更加和业绩配比有关。

假设某企业拥有一栋办公楼，原价 2 000 万元，预计使用 20 年，现在已经使用 10 年，账面价值为 1 000 万元。现在该企业进行股权转让，交易双方认可办公楼账面价值为 1 000 万元吗？在股权交易决策中，房屋市场价

值才是交易双方真正关注的焦点，账面价值属于参考因素。

从这个案例可见，从决策相关性角度而言，公允价值更加和决策相关。但是反过来思考，既然公允价值和决策更加相关，那为什么还要计提折旧呢？

因为折旧解决了业绩计量的问题，解决了将2 000万元固定资产价值如何以及在何时配比计入各个会计期间的问题。

所以说，公允价值更加和决策相关，历史成本更加和业绩配比有关。

（2）历史成本可靠性更强，而公允价值实现可靠性更加困难。

比如企业购进一栋房屋，作为固定资产核算，以历史成本为基础进行后续计量，历史成本是已经发生的实际成本，具有可验证性特征。因此，历史成本具有实际性、可验证性、和过去相关性特征。

假设将该房屋作为投资性房地产核算，采用公允价值后续计量模式，需要在资产负债表日对房屋公允价值进行评估。在评估时，要考虑市场参与者在计量日交易相同或类似资产所考虑的因素，同时要结合资产特征，比如周围商圈、地段环境、户型、装修、用途限制、临山还是临海等特征，在市场成交价的基础上做出适当调整。市场价格是市场均衡价值，具有资产未来收益折现值经济属性。所以，公允价值更加侧重于决策相关的、未来的特征。

从上述分析看，历史成本可靠性更强，而公允价值实现可靠性更加困难。但是，不能为了相关性过度牺牲可靠性。当然，某些资产或负债的公允价值可靠性较高，比如上市交易的股票。

（3）历史成本对于管理层更换时的业绩计量存在一定问题，而公允价值刚好可以进行弥补。

比如某公司前期投入大量资源进行品牌建设，但是品牌资产主要是在日常经营过程中积累的，受制于其成本与日常经营支出不能明确区分的现实境况，品牌资产的成本不可靠而未能在资产负债表上给予确认，客观上说，品牌资产发生了成本，同时也具有很大市场价值。

在以历史成本计量品牌资产的情况下，品牌建设期间资产未能资本化，全部作为当期费用，对于前期业绩计量存在低估效应。而品牌建成之后，带来可观收益，但是没有摊销相关资产成本价值，对于受益期间业绩计量存在高估效应。如果在此期间，管理层换代，从财务报表角度，对于前任管理层的贡献评价是低估的。

假设对品牌资产按照公允价值计量，刚好可以弥补上述缺陷。

（4）公允价值具有顺周期效应，包含了资本市场不理智的"噪声"成分。

当市场处于价格上升时期时，人们往往处于乐观情绪中，资产价格在狂热的情绪下被推着往上高涨，价格偏离价值，市场出现泡沫。这时候，如果企业将相关资产按照公允价值计量，账面净资产也会跟着上升，资产负债率等指标变得更好看，利润攀升。在市场需要理智和降温时，公允价值会计进一步将资本市场的泡沫反映在会计报表上。

而当市场处于悲观气氛时，人们意志消沉，资产价格下跌，这时候价格低于价值。如果企业的资产以公允价值计量，会出现净资产下降、资产负债率上升、利润下滑等现象。此时，市场需要提振信心，但是公允价值会计将市场的悲观情绪带进财务报表中。

目前会计准则采用混合计量模式，表面上看让企业资产负债表各项目数据的口径不一致，但是结合财务会计报告的目标，站在报表使用者尤其是以股东为代表的报表使用者的角度，以及站在企业价值评估的角度，这样的选择具有内在合理性。

公允价值与历史成本在初始计量环节本身没有实质差异，主要在于后续计量模式的选择不同。

企业商业模式最基本可以分为两类：一类是将资源转化为产出的价值转换模式，另外一类是以金融投资赚取价差为代表的价差模式。对于价值转换模式，更多采用历史成本进行计量，侧重于业绩计量和可靠性，让报表使用者根据历史数据去预测企业未来的现金流量，从而评估企业价值。而对于价差模式，公允价值本身反映了市场公允预期，所以，在价差模式下，相关资产与负债更多以公允价值进行后续计量。

当前会计准则后续计量模式的选择，是在当前现实条件下，考虑财务报告的目标，结合企业价值计量的需要，在成本效益原则的基础上做出的现实选择，有其存在的合理性。

第三节　对联营、合营企业权益投资的核算

一、初始计量

对联营、合营企业长期股权投资的初始计量成本以公允价值为基础进行计量。在具体计量时，按照下列情形处理。

（一）交易税费

初始计量成本包含相关交易税费。相关交易税费包括对被投资方进行审计、评估的费用以及投资过程中的财务咨询、法律咨询费用等。

【案例 3-11】　甲公司于 20×2 年 11 月 11 日，购入乙公司 30% 的股份，实际支付价款 1 500 万元。另支付直接相关的费用、税金及其他必要支出 8 万元（不考虑其他因素），并于同日完成了相关手续。甲公司取得该部分股权后能够对乙公司施加重大影响。

解析：长期股权投资的初始投资成本为 1 508（=1 500+8）万元。

借：长期股权投资　　　　　　　　　　　　　　　　　　1 508
　　贷：银行存款　　　　　　　　　　　　　　　　　　　　　1 508

（二）已经宣告但尚未领取的现金股利

如果取得联营、合营企业长期股权投资时，购买价款包含已经宣告但尚未领取的现金股利，计入"应收股利"，不得计入长期股权投资成本。

【案例 3-12】　甲公司于 20×2 年 11 月 11 日，购入乙公司 30% 的股份，实际支付价款 1 500 万元，乙公司已经宣告发放现金股利 300 万元。另支付

直接相关的费用、税金及其他必要支出 8 万元（不考虑其他因素），并于同日完成了相关手续。甲公司取得该部分股权后能够对乙公司施加重大影响。

解析： 长期股权投资的初始投资成本为 1 418（=1500−300×30%+8）万元。

借：长期股权投资	1 418
应收股利	90
贷：银行存款	1 508

（三）发行权益性证券取得联营、合营企业长期股权投资

发行权益性证券取得联营、合营企业长期股权投资的，应当将所发行证券的公允价值作为初始投资成本。

【案例 3-13】 20×2 年 3 月，A 公司通过增发 8 000 万股普通股（面值 1 元 / 股）从非关联方处取得 B 公司 22% 的股权，所增发股份的公允价值为 26 600 万元。相关手续于增发当日完成。假定 A 公司取得该部分股权后能够对 B 公司施加重大影响。不考虑相关税费等其他因素。

借：长期股权投资	26 600
贷：股本	8 000
资本公积——股本溢价	18 600

为发行权益性工具支付给有关证券承销机构等的手续费、佣金等与权益工具发行直接相关的费用，不构成取得长期股权投资的成本。该部分费用应从所发行证券的溢价发行收入（资本公积）中扣除，溢价发行收入不足冲减的，应依次冲减盈余公积和未分配利润。

【案例 3-14】 20×2 年 3 月，A 公司通过增发 8 000 万股普通股（面值 1 元 / 股）从非关联方处取得 B 公司 22% 的股权，所增发股份的公允价值为 26 600 万元。另外用银行存款支付券商发行佣金 300 万元。相关手续于增发当日完成。假定 A 公司取得该部分股权后能够对 B 公司施加重大影响。不

考虑相关税费等其他因素。

$$借：长期股权投资　　　　　　　　　　　26\ 600$$
$$贷：股本　　　　　　　　　　　　　　　　　　8\ 000$$
$$资本公积——股本溢价　　　　　　　　　　18\ 600$$
$$借：资本公积　　　　　　　　　　　　　　300$$
$$贷：银行存款　　　　　　　　　　　　　　　　300$$

（四）发行债券取得联营、合营企业长期股权投资

发行债券取得联营、合营企业长期股权投资的，将所发行债券的公允价值计入长期股权投资初始成本，支付债券承销机构佣金计入"应付债券——利息调整"。

【案例 3-15】 甲公司发行债券 100 000 张取得 A 公司 20% 的股权，每张债券面值 1 000 元，债券每年支付 10% 利息，超过市场利率，溢价发行，每张发行价为 1 050 元。同时用银行存款支付券商佣金与手续费 20 万元。

解析： 长期股权投资入账成本 =10 万张 ×1 050 元 / 张 =10 500 万元。

$$借：长期股权投资　　　　　　　　　　　10\ 500$$
$$贷：应付债券——面值　　　　　　　　　　10\ 000$$
$$——利息调整　　　　　　　　　　500$$

支付券商佣金与手续费 20 万元：

$$借：应付债券——利息调整　　　　　　　　20$$
$$贷：银行存款　　　　　　　　　　　　　　　20$$

（五）通过非货币性资产交换取得联营、合营企业长期股权投资

通过非货币性资产交换取得联营、合营企业长期股权投资，按换出资产公允价值加上相关税费并考虑补价计量长期股权投资初始投资成本。

【案例 3-16】 甲公司和乙公司适用的不动产增值税税率为 9%，计税价

格等于公允价值，假定该项交换具有商业实质且其换出资产的公允价值能够可靠计量。

20×1年3月，甲公司以作为固定资产核算的一栋建筑物交换乙公司持有的丙公司30%的股权，完成该项交易后，甲公司对丙公司具有重大影响。有关资料如下：

（1）甲公司换出建筑物的账面价值为1 800万元（原值为2 000万元，已计提折旧200万元），甲公司开出增值税发票，不含税公允价值为5 000万元，含税公允价值为5 450万元。

（2）乙公司换出持有的丙公司30%股权的长期股权投资，公允价值为4 500万元。假设股权转让免征增值税。

甲公司收到补价950万元（=建筑物含税公允价值5 450万元－股权公允价值4 500万元）。

为了核实丙公司净资产价值，甲公司聘请评估机构对丙公司进行评估，通过银行账户支付评估费100万元。

问：甲公司如何进行会计处理？

解析：非货币性资产交换，补价占小部分，一般不考虑增值税的补价低于25%时为非货币性资产交换。不考虑增值税的补价=5 000-4 500=500（万元），500÷5 000＜25%，所以属于非货币性资产交换。（《企业会计准则第7号——非货币性资产交换》应用指南：以补价占整个资产交换金额的比例低于25%作为参考。）

假设甲公司取得丙公司30%股权入账价值为x，则表3-1所示的交易模型左右两边合计相等。

表　3-1　（单位：万元）

甲公司获得		甲公司代价	
股权	x	建筑物	5 000
补价	950	销项税	450
合计	5 450	合计	5 450

站在甲公司角度，基于以独立交易为基础的公允价值交换，甲公司换入公允价值和换出公允价值是相等的，所以模型右边合计为5 450万元，则模型左边合计也是5 450万元，进而可知换入股权的公允价值=5 450-950=4 500（万元），初始计量成本等于4 500万元加上评估费100万元，共计4 600万元。

甲公司的会计处理：

借：固定资产清理　　　　　　　　　　　　　1 800
　　累计折旧　　　　　　　　　　　　　　　　 200
　　贷：固定资产　　　　　　　　　　　　　　　　　　　2 000
借：长期股权投资　　　　　　　　　　　　　4 600
　　银行存款　　　　　　　　　　　　　　　　 950
　　贷：固定资产清理　　　　　　　　　　　　　　　　　5 000
　　　　应交税费——应交增值税（销项税额）　　　　　　 450
　　　　银行存款　　　　　　　　　　　　　　　　　　　　100
借：固定资产清理　　　　　　　　　　　　　3 200
　　贷：资产处置损益　　　　　　　　　　　　　　　　　3 200

（六）以债务重组方式取得联营、合营企业长期股权投资

以债务重组方式取得联营、合营企业长期股权投资的，按照放弃债权公允价值加上相关税费计量长期股权投资初始成本。

【案例 3-17】　20×3 年 6 月 28 日，甲公司向乙公司销售一批商品，应收乙公司款项 950 万元。甲公司将该应收款项分类为以摊余成本计量的金融资产。乙公司将该应付账款分类为以摊余成本计量的金融负债。20×5 年 11 月 16 日，双方签订债务重组合同，乙公司以一项作为长期股权投资核算的丙公司股权偿还该欠款。12 月 22 日，办理完成该股权转让手续，甲公司支付审计及评估费用 40 万元，甲公司取得丙公司股权后，能对丙公司施加重大影响。当日，甲公司应收款项的公允价值为 870 万元，已计提坏账准备 70 万元，甲公司应收款项的账面价值为 880（=950－70）万元。

甲公司取得丙公司股权初始投资成本为 910 万元（=放弃债权公允价值 870 万元＋审计及评估费用 40 万元）。

借：长期股权投资　　　　　　　　　　　　　 910
　　投资收益　　　　　　　　　　　　　　　　 10

　　　　坏账准备　　　　　　　　　　　　　　　　　70

　　　贷：应收账款　　　　　　　　　　　　　　　　　　　　950

　　　　　银行存款　　　　　　　　　　　　　　　　　　　　40

　　注：投资收益＝放弃债权公允价值870万元－放弃债权账面价值880万元＝-10万元。

（七）股东投入长期股权投资

　　股东投入长期股权投资，应当将投资合同或协议约定的价值作为初始投资成本，但合同或协议约定价值不公允的除外。

　　【案例3-18】　在甲公司成立时，H公司以其持有的B公司股权作为出资投入甲公司，B公司为上市公司。其约定，H公司作为出资的B公司股权作价4 000万元（该作价与其公允价值相同）。甲公司取得该股权后能够对B公司施加重大影响。

　　甲公司账务处理为：

　　借：长期股权投资——投资成本　　　　　　　　4 000

　　　贷：实收资本　　　　　　　　　　　　　　　　　　　　4 000

二、后续计量

（一）对联营、合营企业长期股权投资后续计量基本原则

　　投资方对联营企业和合营企业的长期股权投资，采用权益法进行后续计量。权益法的基本思路是以长期股权投资对应被投资企业的各项资产与负债，以投资收益对应被投资企业的各项损益。因此，权益法长期股权投资可以理解为部分合并，只不过将被投资企业资产与负债的相应份额以"长期股权投资"形式纳入合并，将被投资企业各项收入及费用份额纳入"投资收益"进行合并。

　　长期股权投资权益法核算，随着被投资企业净资产变动相应调整长期股

权投资账面价值，同时，调整投资方净资产价值。被投资企业净损益变动，投资方按照相应份额计入投资收益。被投资企业其他综合收益变动，投资方按照相应份额计入其他综合收益。被投资企业其他权益变动，投资方按照相应份额计入资本公积。

长期股权投资采用权益法核算的，应当设置"投资成本""损益调整""其他综合收益""其他权益变动"进行明细核算。

（二）投资成本调整

投资方取得对联营、合营企业的权益投资以后，对于取得投资时的初始投资成本（支付对价的公允价值＋直接相关税费）与应享有被投资单位可辨认净资产公允价值份额之间的差额，应区别情况处理。

（1）初始投资成本减去取得投资时应享有被投资单位可辨认净资产公允价值份额的差额大于零的，该差额是投资方在取得投资过程中通过作价体现出的与所取得股权份额相对应的商誉价值，这种情况下不要求对长期股权投资的成本进行调整，其差额属于包含在长期股权投资价值中的内含商誉价值。

（2）初始投资成本减去取得投资时应享有被投资单位可辨认净资产公允价值份额的差额小于零的，两者之间的差额体现为在双方交易作价过程中转让方的让步，该部分经济利益流入应计入取得投资当期的营业外收入，同时调整增加长期股权投资的账面价值。这种情形称为负商誉，理论上作为交易对手让步，在现实中，需要注意，负商誉可能是被投资单位可辨认净资产公允价值被高估的迹象，需要复核被投资单位可辨认净资产公允价值，确实属于交易对手让步的，才能计入营业外收入。

【案例 3-19】 20×2 年 2 月 1 日，A 公司支付银行存款 9 000 万元取得 B 公司 40% 的股权，在取得 B 公司的股权后，能够对 B 公司施加重大影响。

假定 1：取得投资时，被投资单位净资产公允价值为 20 000 万元。

内含商誉 =9 000-20 000×40%=1 000（万元）

借：长期股权投资——投资成本   9 000

    贷：银行存款   9 000

不需要调整长期股权投资的账面价值。长期股权投资的初始投资成本9 000万元大于取得投资时应享有被投资单位可辨认净资产公允价值的份额8 000（=20 000×40%）万元，该差额1 000万元作为内含商誉包含在长期股权投资价值中，不调整长期股权投资的账面价值。

假定2：取得投资时被投资单位可辨认净资产的公允价值为25 000万元，A公司按持股比例40%计算应享有10 000万元，则初始投资成本与应享有被投资单位可辨认净资产公允价值份额之间的差额1 000万元，应计入取得投资当期的营业外收入。有关会计处理如下：

借：长期股权投资——投资成本   9 000

    贷：银行存款   9 000

借：长期股权投资——投资成本   1 000

    贷：营业外收入   1 000

对于负商誉，调整增加长期股权投资账面价值后，使得长期股权投资成本10 000万元和被投资方可辨认净资产公允价值相应份额相等。

（三）被投资方实现利润的核算

被投资方实现净利润，投资方按照份额做如下分录：

借：长期股权投资——损益调整

    贷：投资收益

如果被投资方发生亏损，则做相反分录。

投资方对被投资方实现利润的核算，要关注以下几个方面：

被投资方的会计政策、会计期间与投资方不一致的，应当将被投资方的会计政策、会计期间调整为和投资方一致。

以取得投资时被投资方各项资产、负债的公允价值为基础持续计算的净利润来计算投资方享有的投资收益。

投资方在取得被投资方股权时，以被投资方各项资产、负债的公允价值为基础，确定长期股权投资成本，相应地，后续应当以投资时被投资方各项资产、负债的公允价值为基础计算被投资方的净利润，并以此为基础来计算投资方的投资收益，这样前后数据才具有一致性，才能正确评价投资效益。由于被投资方不会在投资时将自身财务报表的资产与负债调整为公允价值，因此，在后续核算投资收益时，需要将被投资方利润表的净利润做适当调整。

【案例3-20】　甲公司于20×2年1月1日购入乙公司20%的表决权股份，购买价款为3 000万元，投资后，按照乙公司的公司章程，改选董事会成员，甲公司派1名董事参与乙公司的财务和生产经营决策。投资日，乙公司可辨认净资产公允价值为8 000万元，下列项目的账面价值与公允价值存在差异，其他项目的账面价值与公允价值相等。

表　3-2

项目	账面价值	公允价值	评估增值	预计尚可使用年限
存货	600	800	200	
固定资产	900	1 500	600	10
无形资产	500	800	300	6

上述固定资产和无形资产为乙公司管理用，乙公司按年限平均法计提折旧、摊销。年末，在甲公司取得投资时的乙公司账面存货全部对外出售。

假定乙公司于20×2年实现净利润2 310万元，甲公司与乙公司的会计年度及采用的会计政策相同。假定甲、乙公司间未发生其他交易。

甲公司在计算投资收益时，应在乙公司实现净利润的基础上，根据取得投资时有关资产账面价值与其公允价值差额的影响进行调整：

20×2年确认投资收益：

调整后的净利润 =2 310-200-600÷10-300÷6=2 000（万元）

甲公司应享有份额 =2 000×20%=400（万元）

借：长期股权投资——损益调整　　　　　　　　　　400

　　贷：投资收益　　　　　　　　　　　　　　　　　　400

【**案例 3-21**】20×2 年 7 月 1 日，甲公司发行 2 000 万股普通股换取丙公司原股东持有的丙公司 30% 表决权股份。在甲公司取得丙公司 30% 的表决权股份后，按照丙公司的公司章程，改选丙公司董事会成员，甲公司派出一名代表作为丙公司董事会成员，参与丙公司的财务和经营决策。甲公司对丙公司能施加重大影响。

股份发行日，甲公司每股股票的公允价格为 5 元，发行过程中支付券商手续费 50 万元；丙公司可辨认净资产的公允价值为 30 000 万元，账面价值为 28 500 万元，其差额为丙公司一项无形资产评估增值。该无形资产账面价值为 3 000 万元，公允价值为 4 500 万元，使用寿命不确定，不进行摊销，年末进行减值测试，如果发生减值，则计提无形资产减值准备。

20×2 年，丙公司按其净资产账面价值计算实现的净利润为 1 800 万元，假设全年均衡实现。甲公司投资时评估增值的丙公司无形资产发生减值，丙公司 20×2 年 12 月 31 日进行减值测试，可收回金额为 2 000 万元，丙公司计提无形资产减值准备 1 000 万元。

（1）甲公司对丙公司投资的初始投资成本 =5×2 000=10 000（万元）。

借：长期股权投资——投资成本　　　　　　　10 000

　　贷：股本　　　　　　　　　　　　　　　　　　　2 000

　　　　资本公积——股本溢价　　　　　　　　　　　8 000

借：资本公积——股本溢价　　　　　　50

　　贷：银行存款　　　　　　　　　　　　　　　　　　50

（2）甲公司因为投资后对丙公司能施加重大影响，采用权益法对长期股权投资进行后续计量。

（3）对初始投资成本无须调整，投资成本 10 000 万元大于被投资方净资产公允价值的 30%，属于正商誉。

（4）丙公司 20×2 年 12 月 31 日进行减值测试，无形资产可收回金额为 2 000 万元，以投资时该无形资产公允价值为基础，应计提减值损失 2 500（=4 500-2 000）万元，比丙公司多确认资产减值损失 1 500 万元。

以投资时丙公司净资产公允价值为基础确认 20×2 年 7 月 1 日到 20×2 年 12 月 31 日净利润 =1 800÷2-1 500=-600（万元）。

甲公司应确认投资收益 = -600×30%=-180（万元）。

借：投资收益   180

  贷：长期股权投资——损益调整   180

投资方确认应享有被投资方实现净损益份额时，要抵销投资方与被投资方未实现内部交易损益。

如前文所述，权益法属于部分合并的一种简易合并思路，长期股权投资对应被投资方净资产价值份额，投资收益对应被投资方净损益份额。那么，投资方与被投资方交易额的持股比例部分和 100% 持股的母、子公司之间的内部交易等效，将未实现的内部交易损益在确认投资方投资收益时予以抵销。

例如，甲公司持有乙公司 30% 的股权比例，对乙公司能施加重大影响，可以认为甲公司和"30% 乙公司"属于 100% 的母、子公司关系。假设甲公司销售一批产品给乙公司，可以理解为有 30% 属于 100% 持股的母、子公司之间的内部交易，有 70% 属于和无关联方之间的交易。

《企业会计准则第 2 号——长期股权投资（2014）》第十三条规定："投资方计算确认应享有或应分担被投资单位的净损益时，与联营企业、合营企业之间发生的未实现内部交易损益按照应享有的比例计算归属于投资方的部分，应当予以抵销，在此基础上确认投资收益。"

下面分别通过顺流交易与逆流交易两种情形讨论。顺流交易指投资方销售商品（资产）给被投资方的情形，逆流交易指被投资方销售商品（资产）给投资方的情形。

【案例 3-22】 A 公司持有 B 公司 20% 的股权，A 公司对 B 公司的影响力达到重大影响程度。假设 20×8 年 B 公司实现利润 500 万元，如果没有内部交易等情形，A 公司应确认投资收益 =500×20%=100（万元）。

假设 A 公司将成本为每件 1 万元的产品销售给 B 公司 100 件，作价每件 2 万元。B 公司没有对外销售。

相当于 A 公司销售给"20%B 公司"实现内部损益（200-100）×20%=20（万元），在这种情况下，A 公司应确认投资收益 =500×20%-100×20%=80（万元）。

再次假设，A 公司销售给 B 公司的产品，B 公司以每件 3 万元已经实现对外销售，又该如何处理呢？

此时，考虑 A 公司和"20%B 公司"内部交易，相当于销售给"20%B 公司"20 件（=100 件 ×20%）产品，因此，A 公司内部销售收入 =20×2=40（万元），A 公司内部销售成本 =20×1=20（万元），A 公司因为内部交易实现利润 20（=40-20）万元。"20%B 公司"按照每件 3 万元对外销售，"20%B 公司"实现收入 60 万元，发生成本 40 万元，"20%B 公司"实现利润 20 万元。将 A 公司与"20%B 公司"合为一体来看，成本为 20 万元，收入为 60 万元，总的利润为 40 万元。由此可见，在内部交易对外实现的情况下，A 公司和"20%B 公司"内部交易实现利润之和等于整体利润。在这种情况下，计算投资收益时不用抵销内部交易损益，A 公司确认投资收益 =500×20%=100（万元）(不考虑已经实现的内部交易损益)。

结论： 在顺流交易情形下，投资方与被投资方内部交易损益调整是对未对外实现的交易损益中投资方对被投资方持股比例部分的调整。也就是说，投资方与被投资方已经对外实现内部交易不用特别考虑，考虑未实现交易时只考虑投资方享有被投资方股权比例部分。

【案例 3-23】 A 公司持有 B 公司 20% 的股权，A 公司对 B 公司的影响力达到重大影响程度。假设 20×8 年 B 公司实现利润 500 万元。如果没有内部交易等情形，A 公司应确认投资收益 =500×20%=100（万元）。

假设 B 公司将成本为每件 1 万元的产品销售给 A 公司 100 件，作价每件 2 万元。A 公司没有对外销售。

相当于"20%B 公司"销售给 A 公司实现内部损益（200-100）×20%=20（万元），在这种情况下，A 公司应确认投资收益 =500×20%-100×20%=80（万元）。

再次假设，B公司销售给A公司的产品，A公司以每件3万元已经实现对外销售，又该如何处理呢？

此时，考虑A公司和"20%B公司"内部交易，相当于"20%B公司"销售给A公司20件（=100件×20%）产品，因此，"20%B公司"内部销售收入=20×2=40（万元），"20%B公司"内部销售成本=20×1=20（万元），"20%B公司"实现内部交易利润20（=40-20）万元。A公司按照每件3万元对外销售，实现收入60万元，发生成本40万元，A公司实现利润20万元。将A公司与"20%B公司"合为一体来看，成本为20万元，收入为60万元，总的利润为40万元。由此可见，在内部交易对外实现的情况下，A公司和"20%B公司"内部交易实现利润之和等于整体利润。在这种情况下，计算投资收益时不用抵销内部交易损益，A公司应确认投资收益=500×20%=100（万元）（不考虑已经实现的内部交易损益）。

结论： 在逆流交易情形下，投资方与被投资方内部交易损益调整是对未对外实现的交易损益中投资方对被投资方持股比例部分的调整。也就是说，投资方与被投资方已经对外实现内部交易不用特别考虑，考虑未实现交易时只考虑投资方享有被投资方股权比例部分。

综上所述，顺流交易案例及逆流交易案例，处理原则是一致的，都是针对未实现的投资方对被投资方的持股比例份额的交易额进行损益调整。

这时候引发一个问题：如果内部交易损益在第一年没有对外实现，在第二年对外实现，应该如何处理呢？站在第一年的角度，应该进行调整，而将两年合并来看，属于已经对外实现的内部交易损益，不需要进行调整。因此，正确做法是将第一年未对外实现的内部交易损益进行调整，第二年实现后再反向冲回，两年综合，一正一反，最终结果是没有进行额外调整。

【案例3-24】 甲公司于20×2年1月1日取得乙公司15%的表决权股份，能够对乙公司施加重大影响。假定甲公司取得该项投资时，乙公司各项可辨认资产、负债的公允价值与其账面价值相同。20×2年6月内部交易资料如下：

乙公司将其成本为1 600万元的某商品以2 000万元的价格出售给甲公司，甲公司将取得的商品作为存货。至20×2年12月31日，甲公司已经对外出售该存货的40%，其余60%形成期末存货。

乙公司20×2年实现净利润4 000万元。

解析： ①不考虑内部交易，甲公司应确认投资收益=4 000×15%=600（万元）。②内部交易中，甲公司与"15%乙公司"内部交易损益=（2 000-1 600）×15%=60（万元），在60万元中，未对外实现部分=60×60%=36（万元），已经对外实现40%部分不用额外调整。③最终确认投资收益=600-36=564（万元）。

甲公司会计分录为：

借：长期股权投资——损益调整　　　　　　　　　564

　　贷：投资收益　　　　　　　　　　　　　　　　　　564

假设乙公司20×3年实现净利润4 200万元，在20×3年已经对外实现20×2年内部交易存货剩余的60%。

解析： 20×2年未实现内部交易损益36万元应该反向加回，因此，20×3年甲公司确认投资收益=4 200×15%+36=666（万元）。

甲公司会计分录为：

借：长期股权投资——损益调整　　　　　　　　　666

　　贷：投资收益　　　　　　　　　　　　　　　　　　666

另外，需要特别说明的是，如果内部交易商品本身发生减值，内部未实现交易损失不得进行调整。《企业会计准则第2号——长期股权投资（2014）》第十三条规定："投资方与被投资单位发生的未实现内部交易损失，按照《企业会计准则第8号——资产减值》等的有关规定属于资产减值损失的，应当全额确认。"

【**案例 3-25**】　甲公司持有乙公司 30% 的表决权股份，根据乙公司的公司章程及投资者协议，甲公司对乙公司能施加重大影响。甲公司对乙公司股权投资采用权益法核算。甲公司和乙公司在以前期间未发生过内部交易。20×2 年 2 月 23 日，甲公司将一批账面余额为 2 000 万元的商品，以 1 600 万元的价格出售给乙公司，如果甲公司没有销售，应该计提 300 万元存货减值损失。至 20×2 年 12 月 31 日，该批商品未对外部第三方实现销售。乙公司 20×2 年净利润为 3 000 万元，不考虑其他因素。

解析： 不考虑内部交易，甲公司应该确认投资收益 =3 000×30%=900 万元。内部交易损失为 400（=1 600-2 000）万元，但是即便不因为内部交易，甲公司也要按照存货减值规定计提 300 万元的存货跌价准备，因此，需要考虑的内部交易未对外实现损益调整金额 =（400-300）×30%=30（万元）。综上，甲公司应确认投资收益 =900+30=930（万元）。

借：长期股权投资——损益调整　　　　　　　　　　930
　　贷：投资收益　　　　　　　　　　　　　　　　　　930

持有被投资方普通股的投资方确认投资收益仅限于被投资方归属于普通股股东的净利润，要在将被投资方净利润归属于非普通股股东的部分扣除后计算投资收益。

【**案例 3-26**】　甲公司持有乙公司 30% 的表决权股份，根据乙公司的公司章程及投资者协议，甲公司对乙公司能施加重大影响。乙公司 20×2 年净利润为 3 000 万元。乙公司之前发行划分为权益工具的优先股 1 000 万股，根据公司章程及优先股发行相关法律，当年归属于优先股股东利润为 1 000 万元。

解析： 甲公司持有乙公司股权投资的收益，应当以乙公司净利润归属于普通股股东的利润为基础计算，投资收益 =（3 000-1 000）×30%=600（万元）。甲公司会计分录如下：

借：长期股权投资——损益调整　　　　　　　　　　600
　　贷：投资收益　　　　　　　　　　　　　　　　　　600

（四）被投资方利润分配的核算

按照权益法核算的长期股权投资，投资方自被投资方取得的现金股利或利润，应抵减长期股权投资的账面价值。在被投资方宣告分配现金股利或利润时，按照相应份额做如下账务处理：

借：应收股利

贷：长期股权投资——损益调整

在实际收到被投资方分配的现金股利或利润时，做如下会计分录：

借：银行存款

贷：应收股利

（五）被投资方巨额亏损的核算

如果被投资方出现巨额亏损，投资方在确认投资亏损时，冲减长期股权投资账面价值以零为限，还有剩余亏损未确认的，不得将长期股权投资账面价值冲减为负数。在将长期股权投资账面价值冲减为零以后，如果存在投资方构成对被投资方实质性投资的债权，如没有收回计划，由被投资方无限期占用的长期应收款等，也做相应冲减，投资方构成对被投资方实质性投资的债权冲减为零以后，如果根据投资者协议等，投资方承担额外补偿义务的，确认为预计负债。当进行上述处理后还存在没有确认的投资损失，在备查簿中登记。

今后被投资方实现利润，按照上述顺序反向恢复，先恢复备查簿中未确认的投资损失，然后冲减预计负债，再恢复构成实质性投资的债权账面价值，最后恢复长期股权投资账面价值。

巨额亏损会计分录为：

借：投资收益

贷：长期股权投资——损益调整（长期股权投资账面价值为零不再冲减）

长期应收款（若有实质上构成投资、没有收回计划的债权）

预计负债（若有额外损失补偿义务）

若还有亏损金额，不再进行账面确认，在备查簿中登记。

（六）被投资方形成其他综合收益的核算

（1）被投资方其他综合收益发生变动的，投资方应当按照归属于本企业的部分，相应调整长期股权投资的账面价值，同时增加或减少其他综合收益。

借：长期股权投资——其他综合收益

　　贷：其他综合收益

（或反分录。）

（2）投资方全部处置权益法核算的长期股权投资时，原权益法长期股权投资形成的其他综合收益应当在终止确认长期股权投资时全部重分类计入投资收益；投资方部分处置权益法核算的长期股权投资时，剩余股权仍然采用权益法核算的，原权益法核算形成的其他综合收益按比例结转计入投资收益。但是需要特别说明的是，《企业会计准则第 2 号——长期股权投资（2014）》第十七条规定："采用权益法核算的长期股权投资，在处置该项投资时，采用与被投资单位直接处置相关资产或负债相同的基础，按相应比例对原计入其他综合收益的部分进行会计处理。"因此，被投资单位不能重分类计入损益的其他综合收益，投资方在处置该权益法长期股权投资时，也不能转入投资收益，只能结转计入留存收益（盈余公积与未分配利润）。

【案例 3-27】　A 公司持有 B 公司 48% 的股权并采用权益法核算。20×3 年 7 月 1 日，A 公司将持有的 B 公司全部股权出售给非关联方甲公司。A 公司出售价款为 3 000 万元，出售时的账面价值为 1 800 万元，"长期股权投资——其他综合收益"明细科目余额为 400 万元（其中：350 万元为按比例享有的 B 公司其他债权投资公允价值累计变动形成的其他综合收益，50 万元为按比例享有的 B 公司重新计量设定受益计划净负债或净资产所产生的变动形成的其他综合收益），"长期股权投资——投资成本"明细科目余额为 1 000 万元，"长期股权投资——损益调整"明细科目余额为 400 万元。不考虑其他因素影响。A公司按照10%计提盈余公积。

A公司进行会计处理：

借：银行存款　　　　　　　　　　　　　　　　　　　3 000

　　贷：长期股权投资——投资成本　　　　　　　　　　　1 000

　　　　　　　　　　——损益调整　　　　　　　　　　　400

　　　　　　　　　　——其他综合收益　　　　　　　　　400

　　　　投资收益　　　　　　　　　　　　　　　　　　1 200

对于被投资方其他债权投资公允价值累计变动形成的其他综合收益，被投资方在终止确认其他债权投资时可以重分类计入损益，投资方在终止确认长期股权投资时转入投资收益。

借：其他综合收益　　　　　　　　　　　　　　　　　　350

　　贷：投资收益　　　　　　　　　　　　　　　　　　　350

对于被投资方重新计量设定受益计划净负债或净资产所产生的变动形成的其他综合收益，被投资方在终止确认设定受益计划相关资产与负债时，不得重分类计入损益，因此，投资方在终止确认长期股权投资时转入留存收益。

借：其他综合收益　　　　　　　　　　　　　　　　　　50

　　贷：盈余公积　　　　　　　　　　　　　　　　　　　5

　　　　利润分配——未分配利润　　　　　　　　　　　　45

（七）被投资方其他净资产变动的核算

（1）被投资方除净损益、其他综合收益以及利润分配以外的所有者权益变动，投资方应按所持股权比例计算应享有的份额，调整长期股权投资的账面价值，同时计入资本公积（其他资本公积）。

借：长期股权投资——其他权益变动

　　贷：资本公积——其他资本公积

（或反分录。）

（2）投资方在后续处置股权投资但对剩余股权仍然采用权益法核算时，应按处置比例将这部分资本公积转入处置当期的投资收益；全部终止权益法核算时，将这部分资本公积全部转入处置当期的投资收益。

借：资本公积——其他资本公积

　　贷：投资收益

（或反分录。）

（八）被投资方增资扩股导致投资方股权被稀释但仍然属于权益法长期股权投资的核算

长期股权投资权益法核算，随着被投资企业净资产变动相应调整长期股权投资账面价值，同时，调整投资方净资产价值。被投资方增资扩股，属于股东之间的交易，原股东按照稀释后的股权比例获得新投入的经济资源，同时失去部分股权，可理解为原股东"间接处置"部分股权。

如果被投资方增资扩股后，投资方对被投资方仍然具有重大影响或共同控制，投资方按照被投资方净资产变动相应份额调整长期股权投资账面价值，同时将调整金额计入"资本公积——其他资本公积"。

【案例 3-28】 投资方长期股权投资没有内含商誉的情形：甲公司 20×1 年 1 月 1 日以 2 000 万元购入乙公司 20% 的股权，当日，乙公司可辨认净资产公允价值为 10 000 万元（假设乙公司各项资产、负债账面价值和公允价值相等）。投资后，甲公司对乙公司能施加重大影响，甲公司对该项投资采用权益法进行后续计量。

借：长期股权投资——投资成本　　　　　　　　2 000

　　贷：银行存款　　　　　　　　　　　　　　　　　2 000

注：投资时，初始投资成本 2 000 万元等于被投资方公允净资产的 20%，投资方长期股权投资没有包含商誉价值。

20×1 年，乙公司实现净利润 5 000 万元，不考虑其他因素，甲公司分录如下：

借：长期股权投资——损益调整　　　　　　　　　　1 000

　　贷：投资收益　　　　　　　　　　　　　　　　　　　　1 000

20×2年1月1日，其他方对乙公司增资10 000万元，甲公司持股比例被稀释为15%，但甲公司对乙公司仍然具有重大影响能力。

思路一

甲公司在股权变动后占有乙公司净资产份额=（10 000+5 000+10 000）×15%=3 750（万元），股权稀释前占有乙公司净资产份额=（10 000+5 000）×20%=3 000（万元），股权稀释利得=3 750−3 000=750（万元）。分录为：

借：长期股权投资——其他权益变动　　　　　　　　750

　　贷：资本公积——其他资本公积　　　　　　　　　　　750

思路二

增资金额10 000万元的15%为1 500万元，稀释后甲公司持有乙公司15%的股权比例，相当于处置掉原来持有乙公司20%股权中的5%，增资前甲公司长期股权投资账面价值为3 000万元，5%的投资价值为3 000×（5%÷20%）=750（万元）。增资交换利得为1 500−750=750（万元）。

分录为：

借：长期股权投资——其他权益变动　　　　　　　　750

　　贷：资本公积——其他资本公积　　　　　　　　　　　750

【**案例3-29**】 投资方长期股权投资包含内含商誉的情形：甲公司20×1年1月1日以3 000万元购入乙公司20%的股权，当日，乙公司可辨认净资产公允价值为10 000万元（假设乙公司各项资产、负债账面价值和公允价值相等）。投资后，甲公司对乙公司能施加重大影响，甲公司对该项投资采用权益法进行后续计量。

借：长期股权投资——投资成本　　　　　　　　　　3 000

　　贷：银行存款　　　　　　　　　　　　　　　　　　　3 000

注："长期股权投资——投资成本"包含内含商誉1 000（=3 000−10 000×20%）万元。

20×1年，乙公司实现净利润5 000万元，不考虑其他因素，甲公司分录如下：

借：长期股权投资——损益调整　　　　　　　　　　1 000
　贷：投资收益　　　　　　　　　　　　　　　　　　　　1 000

20×2年1月1日，其他方对乙公司增资10 000万元，甲公司持股比例被稀释为15%，但是甲公司对乙公司仍然具有重大影响。

思路一

（1）先不考虑内含商誉。甲公司在股权变动后占有乙公司净资产份额=（10 000+5 000+10 000）×15%=3 750（万元），股权稀释前占有乙公司净资产份额=（10 000+5 000）×20%=3 000（万元），不考虑内含商誉时股权稀释利得为750（=3 750-3 000）万元。

借：长期股权投资——其他权益变动　　　　　　　　750
　贷：资本公积——其他资本公积　　　　　　　　　　　750

（2）再考虑内含商誉。原来20%股权对应内含商誉1 000万元，通过稀释方式"转让5%"，对内含商誉结转1/4（=5%÷20%）比例的账面价值，金额为250（=1 000×1/4）万元。

借：资本公积——其他资本公积　　　　　　　　　　250
　贷：长期股权投资——其他权益变动　　　　　　　　　250

将上述分录合并，结果为：

借：长期股权投资——其他权益变动　　　　　　　　500
　贷：资本公积——其他资本公积　　　　　　　　　　　500

思路二

增资金额10 000万元的15%为1 500万元，原来持有乙公司20%的股权，间接处置掉乙公司5%的股权，处置前长期股权投资账面价值为4 000万元，5%的投资价值为4 000×（5%÷20%）=1 000（万元）。增资交易利得为1 500-1 000=500（万元）。

借：长期股权投资——其他权益变动   500

贷：资本公积——其他资本公积   500

 贴心提示

> 按照思路二计算更加便捷。

证监会发布的《监管规则适用指引——会计类第1号》规定：权益法下，因其他投资方对被投资单位增资而导致投资方的持股比例被稀释，且稀释后投资方仍对被投资单位采用权益法核算的情况下，投资方因股权比例被动稀释而"间接"处置长期股权投资，相关"内含商誉"的结转应当比照投资方直接处置长期股权投资处理，即应当按比例结转初始投资时形成的"内含商誉"，并将相关股权稀释影响计入资本公积（其他资本公积）。

（九）权益法下投资方再次增资后仍然属于权益法长期股权投资的核算

按照《企业会计准则第2号——长期股权投资》应用指南（2014年修订），投资方因增加投资等原因对被投资单位的持股比例增加，但被投资单位仍然是投资方的联营企业或合营企业时，投资方应当按照新的持股比例对股权投资继续采用权益法进行核算。在新增投资日，如果新增投资成本大于按新增持股比例计算的被投资单位可辨认净资产于新增投资日的公允价值份额，不调整长期股权投资成本；如果新增投资成本小于按新增持股比例计算的被投资单位可辨认净资产于新增投资日的公允价值份额，应按该差额，调整长期股权投资成本和营业外收入。进行上述调整时，应当综合考虑"原持有投资和追加投资"相关的商誉或计入损益的金额。

【案例3-30】A公司购买B公司股权相关业务资料如下：

（1）20×5年1月1日，A公司以现金4 000万元向非关联方购买B公司30%的股权，根据B公司的公司章程，A公司投资后可以向B公司董事会派出 2 名董事，B 公司董事会由 7 人构成，经营决策及财务决策由董事会 7 名董事简单多数通过方可做出。当日，B 公司可辨认净资产公允价值与账面价值相等，均为 10 000 万元。

借：长期股权投资——投资成本　　　　　　　　4 000

　　贷：银行存款　　　　　　　　　　　　　　　　　　4 000

第一次购买 B 公司股权时，应享有 B 公司可辨认净资产公允价值份额为 3 000（=10 000×30%）万元，A 公司支付对价的公允价值为 4 000 万元，因此 A 公司 20×5 年 1 月 1 日确认对 B 公司的长期股权投资的初始投资成本为 4 000 万元，其中包含 1 000 万元内含商誉。

（2）20×8 年 1 月 1 日，A 公司以现金 1 000 万元向另一非关联方购买 B 公司 10% 的股权，增资后仍能对 B 公司施加重大影响，相关手续于当日完成。当日，B 公司可辨认净资产公允价值为 16 000 万元。不考虑相关税费等其他因素影响。

借：长期股权投资——投资成本　　　　　　　　1 000

　　贷：银行存款　　　　　　　　　　　　　　　　　　1 000

第二次购买 B 公司股权时，应享有 B 公司可辨认净资产公允价值份额为 1 600（=16 000×10%）万元，A 公司支付对价的公允价值为 1 000 万元，A 公司本应调整第二次投资的长期股权投资成本，将 600 万元负商誉确认为营业外收入。然而，由于 A 公司第一次投资时确认了 1 000 万元内含商誉，两次商誉综合考虑后的金额为正商誉 400 万元，因此，A 公司 20×8 年 1 月 1 日确认第二次投资的长期股权投资成本为 1 000 万元，不进行调整。

（十）被投资单位编制合并财务报表情况下投资方长期股权投资权益法核算

如果被投资单位属于集团母公司，本身需要编制合并财务报表，投资方长期股权投资权益法核算以被投资方合并财务报表为基础进行。

【案例 3-31】 20×5 年 1 月 1 日，A 公司以现金 4 000 万元向非关联方购买 B 公司 30% 的股权，根据 B 公司的公司章程，A 公司投资后可以向 B

公司董事会派出 2 名董事，B 公司董事会由 7 人构成，经营决策及财务决策由董事会 7 名董事简单多数通过方可做出。当日，B 公司可辨认净资产公允价值与账面价值相等，均为 10 000 万元。B 公司是一家集团公司的母公司，按照《企业会计准则第 33 号——合并财务报表（2014）》的规定，B 公司需要编制合并财务报表。

> 借：长期股权投资——投资成本　　　　　　　　　　　　4 000
> 　　贷：银行存款　　　　　　　　　　　　　　　　　　　　　　4 000

根据 B 公司 20×5 年合并利润表，净利润为 1 000 万元，其中归属于母公司股东的净利润为 800 万元，少数股东损益为 200 万元，不考虑其他因素，A 公司做如下会计分录：

> 借：长期股权投资——损益调整（=800×30%）　　　　240
> 　　贷：投资收益　　　　　　　　　　　　　　　　　　　　　240

（十一）被投资方发放股票股利

通常而言，股票股利作为被投资企业所有者权益内部项目调整，投资方不做账务处理。因为股票股利不会增加被投资方净资产价值，根据权益法的基本思路，不对长期股权投资账面价值做出调整。

（十二）减值测试与计提减值准备

根据《企业会计准则第 8 号——资产减值（2006）》相关规定，企业应当在资产负债表日判断资产是否存在可能发生减值的迹象。出现减值迹象的，进行减值测试，发生资产减值的，计提资产减值准备。

在资产负债表日，长期股权投资以账面价值和可收回金额孰低计量。可收回金额以①资产的公允价值减去处置费用后的净额和②资产未来现金流量的现值两者孰高进行确定。只要资产的公允价值减去处置费用后的净额和资产未来现金流量的现值两项中有一项大于账面价值，长期股权投资就没有发生减值。

适用《企业会计准则第 8 号——资产减值（2006）》规范减值的资产，其减值损失一经确认，在以后会计期间不得转回。

长期股权投资计提减值准备的会计分录为：

借：资产减值损失

　　贷：长期股权投资减值准备

三、处置

对于联营、合营企业权益法长期股权投资，在处置时，收到的价款和处置长期股权投资账面价值的差额计入"投资收益"。

同时，对于长期股权投资权益法核算形成的其他综合收益，在长期股权投资部分终止确认，剩余部分仍然按照长期股权投资核算时，其他综合收益按照比例转销，如果长期股权投资全部终止确认，其他综合收益全部转销。其他综合收益按照和被投资方终止确认相关资产与负债相同的基础进行结转，如果被投资方形成的其他综合收益可以重分类进入损益，投资方按照份额确认的其他综合收益重分类转入投资收益，如果被投资方形成的其他综合收益不能重分类进入损益，那么投资方按照份额确认的其他综合收益转入留存收益（盈余公积和未分配利润）。

此外，对于长期股权投资权益法核算形成的资本公积，在长期股权投资部分终止确认，剩余部分仍然按照长期股权投资核算时，资本公积按照比例转销，如果长期股权投资全部终止确认，资本公积全部转销。终止确认长期股权投资，相应资本公积转入"投资收益"。

第四节　对子公司权益投资的核算

一、初始计量

个别财务报表对子公司长期股权投资的初始计量，由于属于企业合并行为，根据《企业会计准则第 20 号——企业合并（2006）》及《企业会计准则第 2 号——长期股权投资（2014）》的规定，需要按照非同一控制下的企业合并与同一控制下的企业合并两种情形分别讨论。非同一控制下的企业合并按照购买法思路进行处理，同一控制下的企业合并按照权益结合法思路进行处理。

（一）非同一控制下的企业合并长期股权投资初始计量

非同一控制下的企业合并长期股权投资初始计量成本按照付出对价的公允价值进行确定，但是不包括相关交易税费。在投资过程中形成的审计、评估、财务咨询、法律咨询等相关费用，直接计入当期管理费用。

付出非现金资产作为合并对价的，付出资产的公允价值与账面价值的差额按照与处置相关资产一样的原则进行处理。

合并对价为固定资产、无形资产的，公允价值与账面价值的差额，计入资产处置损益；合并对价为金融资产的，公允价值与账面价值的差额，计入投资收益（其他权益工具投资的差额计入留存收益）；合并对价为存货的，应当作为销售处理，以其公允价值确认收入，同时结转相应的成本；合并对价为投资性房地产的，以其公允价值确认其他业务收入，同时结转其他业务成本。

【案例 3-32】　甲公司于 20×2 年 11 月 11 日购入乙公司 80% 的股份，在购入乙公司股份之前，甲、乙公司没有关联关系，实际支付价款 1 500 万元，另支付直接相关的费用、税金及其他必要支出 8 万元（不考虑其他因素），并于同日完成了相关手续。甲公司取得该部分股权后能够对乙公司实施控制。

解析： 长期股权投资的初始投资成本为 1 500 万元。

借：长期股权投资　　　　　　　　　　　　　　1 500
　　管理费用　　　　　　　　　　　　　　　　　 8
　　贷：银行存款　　　　　　　　　　　　　　　　　　1 508

【案例3-33】　甲公司于20×2年11月11日购入乙公司80%的股份，在购入乙公司股份之前，甲、乙公司没有关联关系，实际支付价款1 500万元，乙公司已经宣告发放现金股利300万元。另支付直接相关的费用、税金及其他必要支出8万元（不考虑其他因素），并于同日完成了相关手续。甲公司取得该部分股权后能够对乙公司实施控制。

　　解析： 长期股权投资初始投资成本为1 260（=1 500−300×80%）万元。

借：长期股权投资　　　　　　　　　　　　　　1 260

　　应收股利　　　　　　　　　　　　　　　　　240

　　管理费用　　　　　　　　　　　　　　　　　　8

　　贷：银行存款　　　　　　　　　　　　　　　　　　　1 508

【案例3-34】　20×2年3月，A公司通过增发8 000万股普通股（面值1元/股），从非关联方处取得B公司70%的股权，所增发股份的公允价值为26 600万元。另外用银行存款支付券商发行佣金300万元。相关手续于增发当日完成。假定A公司取得该部分股权后能够对B公司实施控制。不考虑相关税费等其他因素影响。

借：长期股权投资　　　　　　　　　　　　　26 600

　　贷：股本　　　　　　　　　　　　　　　　　　　8 000

　　　　资本公积——股本溢价　　　　　　　　　　18 600

借：资本公积　　　　　　　　　　　　　　　　300

　　贷：银行存款　　　　　　　　　　　　　　　　　　300

【案例3-35】　甲公司和乙公司适用的不动产增值税税率为9%，计税价格等于公允价值，假定该项交换具有商业实质且其换出资产的公允价值能够可靠计量。

　　20×1年3月，甲公司以作为固定资产核算的一栋建筑物交换乙公司持有的丙公司60%的股权，交易前，甲公司和乙公司没有关联关系，完成该项交易后，甲公司对丙公司能实施控制。有关资料如下：

（1）甲公司换出建筑物，账面价值为 1 800 万元（原值为 2 000 万元，已经计提折旧 200 万元），甲公司开出增值税发票，不含税公允价值为 5 000 万元，含税公允价值为 5 450 万元。

（2）乙公司换出持有的丙公司 60% 的股权，公允价值为 4 500 万元。假设股权转让免征增值税。

甲公司收到补价 950 万元（＝建筑物含税公允价值 5 450 万元－股权公允价值 4 500 万元）。

为了核实丙公司净资产价值，甲公司聘请评估机构对丙公司进行评估，通过银行账户支付评估费 100 万元。

解析： 不考虑增值税的补价 =5 000－4 500=500（万元），500÷5 000 ＜ 25%，所以属于非货币性资产交换。

假设甲公司取得丙公司 60% 的股权入账价值为 x，则表 3-3 所示交易模型左右两边合计相等。

站在甲公司的角度，基于以独立交易为基础的公允价值交换，甲

表　3-3

甲公司获得		甲公司代价	
股权	x	建筑物	5 000
补价	950	销项税	450
合计	5 450	合计	5 450

公司换入公允价值和换出公允价值是相等的，所以模型右边合计为 5 450 万元，则模型左边合计也是 5 450 万元，进而可知换入股权的初始计量成本 = 5 450－950=4 500（万元）。

甲公司的会计处理：

借：固定资产清理　　　　　　　　　　　　　　　　1 800

　　累计折旧　　　　　　　　　　　　　　　　　　200

　　贷：固定资产　　　　　　　　　　　　　　　　　　2 000

借：长期股权投资　　　　　　　　　　　　　　　　4 500

　　银行存款　　　　　　　　　　　　　　　　　　950

　　贷：固定资产清理　　　　　　　　　　　　　　　　5 000

　　　　应交税费——应交增值税（销项税额）　　　　　450

借：固定资产清理   3 200

  贷：资产处置损益   3 200

借：管理费用   100

  贷：银行存款   100

（二）同一控制下的企业合并长期股权投资初始计量

同一控制下的企业合并在最终控制方角度而言，属于集团内部股权调整，不属于市场交易行为，仅仅是内部整合。因此，合并方取得长期股权投资按照原账面价值入账，换出非现金资产的，按照账面价值进行结转，不产生损益。合并方取得长期股权投资的成本，指被合并方所有者权益在最终控制方合并财务报表中的账面价值的份额。

【案例 3-36】 甲集团公司拥有子公司 A 公司和 B 公司，20×8 年 1 月 1 日，A 公司控股合并 B 公司，取得 B 公司 80% 的股权。

B 公司是 20×7 年初甲集团公司花 20 000 万元购入其 80% 的股权后纳入控制范围的，购买当日，B 公司资产账面价值为 15 000 万元，负债为 5 000 万元，可辨认净资产账面价值为 10 000 万元。B 公司资产公允价值为 17 000 万元，主要是因为一项无形资产评估增值。B 公司负债公允价值为 5 000 万元。B 公司可辨认净资产公允价值为 12 000 万元。

甲集团公司购买 B 公司控制权的购买日，购买成本是 20 000 万元，形成商誉 10 400（=20 000−12 000×80%）万元。除商誉外，购买 B 公司净资产份额公允价值为：12 000 万元 ×80%=9 600 万元。

B 公司 20×7 年损益情况如表 3-4 所示。

表 3-4

按照 B 公司账面基础计算	以甲集团公司购买 B 公司时 B 公司净资产公允价值为基础计算
3 000 万元	2 700 万元

问题 1： 站在甲集团公司角度，20×7 年 12 月 31 日，甲集团公司认可

的 B 公司可辨认净资产价值为多少？

解析： 按照购买时 B 公司可辨认净资产公允价值持续计量价值＝12 000+2 700=14 700（万元）。

问题 2：站在甲集团公司角度，20×7 年 12 月 31 日，甲集团公司合并财务报表中对 B 公司长期股权投资调整为权益法后的账面价值为多少？

思路一： 由两部分组成，第一部分是可辨认净资产公允价值持续计量价值＝（12 000+2 700）×80%=11 760（万元），第二部分为商誉价值 10 400 万元。两部分相加等于 22 160 万元。

思路二： 20 000（初始成本）+2 700×80%（损益调整）=22 160（万元）。

问题 3：20×8 年 1 月 1 日，A 公司取得 B 公司 80% 股权的长期股权投资初始计量成本是多少？

解析： 按照 B 公司所有者权益在甲集团公司合并财务报表中的账面价值份额进行初始计量，该账面价值是通过以集团取得时可辨认净资产公允价值为基础持续计量价值份额加上商誉价值确定的。

A 公司取得 B 公司 80% 股权的长期股权投资成本＝（12 000+2 700）×80%（以自集团外购买时可辨认净资产公允价值为基础持续计量价值的份额）+10 400（商誉）=22 160（万元）。

《企业会计准则第 2 号——长期股权投资（2014）》第五条规定："同一控制下的企业合并，合并方以支付现金、转让非现金资产或承担债务方式作为合并对价的，应当在合并日按照被合并方所有者权益在最终控制方合并财务报表中的账面价值的份额作为长期股权投资的初始投资成本。长期股权投资初始投资成本与支付的现金、转让的非现金资产以及所承担债务账面价值之间的差额，应当调整资本公积；资本公积不足冲减的，调整留存收益。合并方以发行权益性证券作为合并对价的，应当在合并日按照被合并方所有者权益在最终控制方合并财务报表中的账面价值的份额作为长期股权投资的初始投资成本。按照发行股份的面值总额作为股本，长期股权投资初始投资成本与所发行股份面值总额之间的差额，应当调整资本公积；资本公积不足冲减的，调整留存收益。"

对《企业会计准则第 2 号——长期股权投资（2014）》关于同一控制下形成长期股权投资初始成本规定的解读：①长期股权投资初始入账价值基于被合并方净资产价值，这称为账面价值法。②被合并方净资产价值，也就是资产减负债价值是基于被合并方所有者权益在最终控制方合并财务报表中的账面价值，而不是被合并方个别财务报表中的净资产价值。尤其是最终控制方通过非同一控制下的企业合并获得被合并方的控制权，被合并方所有者权益在最终控制方合并财务报表中的账面价值和被合并方个别财务报表中的净资产价值往往存在差异。③被合并方所有者权益在最终控制方合并财务报表中的账面价值份额，可以理解为最终控制方按照权益法对被合并方股权投资进行核算的价值，在合并财务报表中，对于子公司长期股权投资由成本法调整为权益法，而权益法是用长期股权投资对应被投资方净资产价值。④同一控制下的企业合并，投资方个别财务报表中的长期股权投资价值包括最终控制方取得被合并方控制权时确认的商誉价值。《企业会计准则第 2 号——长期股权投资（2014）》原文为"被合并方所有者权益在最终控制方合并财务报表中的账面价值"。如果表述为"被合并方可辨认净资产在最终控制方合并财务报表中的账面价值"，则不包含商誉，因为商誉具有不可辨认性。既然没有表述为"可辨认净资产"价值，则代表投资方个别财务报表中的长期股权投资价值包括最终控制方取得被合并方控制权时确认的商誉价值。⑤合并方取得被合并方控制权属于集团内部结构调整事务，按照权益交易处理，不属于对外交易行为，因此不能确认非现金合并对价终止损益。⑥付出对价账面价值与初始确认长期股权投资入账价值的差额，理解为权益交易，计入资本公积。如果冲减资本公积，资本公积不足冲减的，冲减留存收益。

【案例 3-37】 甲公司 20×3 年 12 月 1 日自母公司丁公司处取得乙公司

60%的股权，当日，乙公司个别财务报表中净资产账面价值为3 000万元。该股权系丁公司于20×1年6月自非关联方购入，丁公司在购入乙公司60%股权时确认了800万元商誉。20×3年12月1日，以丁公司取得该股权时乙公司可辨认净资产公允价值为基础持续计算的乙公司可辨认净资产价值为3 600万元。甲公司以一批存货与丁公司交换乙公司60%股权，该批存货（库存商品）公允价值为4 000万元，账面价值为2 800万元，尚未计提存货跌价准备。为进行该项交易，甲公司支付有关审计等中介机构费用120万元。甲公司取得乙公司60%股权后，即改组乙公司董事会，甲公司开始对乙公司实施控制。不考虑其他因素。甲公司账务处理如下：

（1）甲公司取得乙公司60%股权的股权投资成本为2 960（=3 600×60%+800）万元。

（2）甲公司不得确认换出存货损益。

（3）甲公司支付的有关审计等中介机构费用120万元计入当期损益。

（4）甲公司会计分录为：

借：长期股权投资　　　　　　　　　　　　　　　2 960

　　贷：库存商品　　　　　　　　　　　　　　　　　　2 800

　　　　资本公积　　　　　　　　　　　　　　　　　　　160

借：管理费用　　　　　　　　　　　　　　　　　120

　　贷：银行存款　　　　　　　　　　　　　　　　　　　120

同一控制下的企业合并的一种情形是：一项交易中同时涉及自最终控制方购买股权形成控制及自其他外部独立第三方购买股权的会计处理。站在集团最终控制方角度，被购买方控制权并没有发生变动，都在集团最终控制方控制之下，因此，按照权益结合法原理，一般认为自集团内取得的股权能够形成控制的，相关股权投资成本的确定按照同一控制下的企业合并的有关规定处理。而自外部独立第三方取得的股权，则视为在取得对被投资单位的控制权，形成同一控制下企业合并后的少数股权购买。该部分少数股权的购买不管与形成同一控制下的企业合并交易是否同时进行，在与同一控制下的企业合并不构成一揽子交易的情况下，有关股权投资成本按照实际支付的购买价款确定[○]。

（三）企业合并相关交易税费的处理

为企业合并发生的审计、法律服务、评估咨询等中介费用以及其他相关管理费用，应当于发生时计入当期损益（管理费用）。这与取得联营、合营企业长期股权投资不同，取得联营、合营企业长期股权投资发生的审计、法律服务、评估咨询等中介费用以及其他相关费用计入长期股权投资初始投资成本。

为什么为企业合并发生的审计、法律服务、评估咨询等中介费用以及其他相关管理费用，于发生时计入当期损益而不是计入长期股权投资初始投资成本呢？这主要是因为考虑到如果计入对子公司的长期股权投资初始投资成本，则在编制合并财务报表环节，会将审计、法律服务、评估咨询等中介费用以及其他相关费用计入商誉价值。商誉价值主要体现为子公司的超额收益能力及母、子公司协同效应价值，支付的中介服务费用不满足商誉价值的概念，不能确认为商誉价值。

（四）企业合并购买日或合并日的判断

权益类金融资产、长期股权投资是基于投资方对被投资方影响力大小而进行分类的，从理论上说，要确认为长期股权投资，必须满足投资方对被投资方能施加相应的影响力，对于企业合并确认为长期股权投资，首先得满足投资方能对被投资方实施控制这一前提条件。

投资方开始对被投资方实施控制的日期在非同一控制下称为购买日，在同一控制下称为合并日。只有在购买日或合并日才能确认企业合并形成的长期股权投资。

○ 中国注册会计师协会 . 会计 [M]. 北京：中国财政经济出版社，2021.

二、后续计量

投资方持有对子公司的权益投资应当采用成本法核算，投资方为投资性主体且子公司豁免纳入合并的除外。被投资单位宣告分派现金股利或利润的，投资方根据应享有的部分确认当期投资收益。

【案例 3-38 】　甲公司和乙公司均为我国境内居民企业。甲公司股权投资业务如下：

（1）20×7 年 12 月 31 日，甲公司自非关联方以银行存款 8 000 万元取得乙公司 60% 的股权，另付评估审计费用 100 万元。相关手续于当日完成，甲公司能够对乙公司实施控制。

借：长期股权投资　　　　　　　　　　　　　　　8 000

　　管理费用　　　　　　　　　　　　　　　　　　100

　　贷：银行存款　　　　　　　　　　　　　　　　　　8 100

（2）20×8 年 3 月，乙公司宣告分派现金股利 600 万元，20×8 年乙公司实现净利润 1 000 万元。不考虑相关税费等其他因素影响。

借：应收股利（=600×60%）　　　　　　　　　　360

　　贷：投资收益　　　　　　　　　　　　　　　　　　360

20×8 年末长期股权投资的账面价值为 8 000 万元。对于 20×8 年乙公司实现净利润 1 000 万元，成本法不进行账务处理。

在上述业务中，实务中在 20×8 年 3 月分配的利润，一般属于 20×7 年度或更早年度实现的净利润，也就是说，属于甲公司投资乙公司前实现的净利润。按理说，投资方分到属于被投资方在投资方投资以前实现的利润，不应该计入投资收益，属于收回初始投资成本，但目前会计准则采用简化处理方法，没有区分被投资方分配的利润是投资方投资以前还是投资方投资以后实现的利润，都计入投资收益。但是，实务工作者需要关注，投资方分到被投资方在投资方投资以前实现的利润，可能是引发长期股权投资减值的因素，需要注意长期股权投资减值问题。

期末，企业应当关注是否存在减值迹象。出现减值迹象的，进行减值测试，发生资产减值的，计提资产减值准备。在资产负债表日，长期股权投资以账面价值和可收回金额孰低计量。

三、处置

对投资子公司按照成本法核算的长期股权投资，在处置时，收到的价款和处置长期股权投资账面价值的差额计入"投资收益"。

第五节　权益投资资产转换

一、权益投资资产转换概述

权益投资资产转换，指因为增加投资、减少投资、被投资方增资扩股等，导致投资方对被投资方影响力发生变化，比如投资方对被投资方增资前，达不到重大影响，对该权益投资确认为金融资产，投资方对被投资方增资后，投资方对被投资方能施加重大影响，因而需要将投资方对被投资方的权益投资资产从金融资产转换为长期股权投资并采用权益法核算。

权益投资资产转换属于经济业务本身发生变化，不属于会计政策变更。

二、增资减资形成转换

（一）不涉及同一控制下的企业合并情形

1. 金融资产与长期股权投资转换

在不涉及同一控制下的企业合并情形下，权益投资类金融资产（包括交易性金融资产和其他权益工具投资）与长期股权投资（包括对联营、合营企业长期股权投资及对子公司长期股权投资）之间转换，按照公允价值计量。公允价值计量，也称为新起点计量，终止确认的资产作为处置处理，新确认的资产将公允价值作为初始入账成本。

（1）**金融资产转换为长期股权投资。**增资造成金融资产转换为长期股权投资（包括对联营、合营企业长期股权投资及对子公司长期股权投资），视同为金融资产按照公允价值处置，金融资产处置价款加上增资支付价款以公允价值对长期股权投资进行初始计量。

【**案例 3-39**】 A 公司是中国境内上市公司，按照 10% 计提盈余公积。近几年在资本市场开展一系列金融投资与资本运作业务，具体资料如下：

（1）20×7 年 3 月，A 公司以货币资金 2 000 万元自公开市场购买 B 公司 1.5% 的股权。A 公司根据《企业会计准则第 22 号——金融工具确认和计量》将其指定为以公允价值计量且其变动计入其他综合收益的非交易性权益工具投资。20×7 年末该金融资产的公允价值为 2 600 万元。A 公司 20×7 年会计处理如下：

借：其他权益工具投资——成本　　　　　　　　　2 000
　　贷：银行存款　　　　　　　　　　　　　　　　　　　2 000
借：其他权益工具投资——公允价值变动　　　　　600
　　贷：其他综合收益（＝2 600－2 000）　　　　　　　　　600

（2）20×8 年 6 月 6 日，A 公司又以 30 000 万元的现金自另一非关联方处取得 B 公司 15% 的股权，至此，A 公司对 B 公司持股比例达到 16.5%，取得该部分股权后，按照 B 公司的公司章程，A 公司能够对 B 公司施加重大影响，将该项股权投资转换为长期股权投资并采用权益法进行后续计量。当日，B 公司可辨认净资产公允价值为 210 000 万元，原 1.5% 股权投资的公允价值为 3 000 万元。A 公司的会计处理如下：

1）长期股权投资初始投资成本＝原持有的 1.5% 股权的公允价值 3 000 万元＋取得新增投资而支付的对价的公允价值 30 000 万元＝33 000 万元。

借：长期股权投资——投资成本　　　　　　　　33 000
　　贷：其他权益工具投资——成本　　　　　　　　　　2 000

——公允价值变动	600
盈余公积 [=（3 000−2 600）×10%]	40
利润分配——未分配利润 [=（3 000−2 600）×90%]	360
银行存款	30 000

注：视为其他权益工具投资按照公允价值 3 000 万元处置，公允价值与账面价值差额计入留存收益。如果原 1.5% 股权作为交易性金融资产核算，则公允价值与账面价值差额计入投资收益。长期股权投资入账成本 33 000 万元理解为处置金融资产获得 3 000 万元和支付银行存款 30 000 万元两项对价之和。

2）终止确认其他权益工具投资时，持有期间计入其他综合收益的累计利得或损失应当从其他综合收益中转出，计入留存收益。

借：其他综合收益　　　　　　　　　　　　　　600

　　贷：盈余公积（=600×10%）　　　　　　　　　　60

　　　　利润分配——未分配利润（=600×90%）　　　540

3）A 公司对 B 公司新持股比例为 16.5%，应享有 B 公司可辨认净资产公允价值的份额为 34 650（=210 000×16.5%）万元。由于初始投资成本 33 000 万元小于应享有 B 公司可辨认净资产公允价值的份额 34 650 万元，因此，A 公司需调整长期股权投资成本 1 650（=34 650−33 000）万元。

借：长期股权投资——投资成本　　　　　　　1 650

　　贷：营业外收入　　　　　　　　　　　　　　1 650

（2）**长期股权投资转换为金融资产**。减资造成长期股权投资（包括对联营、合营企业长期股权投资及对子公司长期股权投资）转换为金融资产，视同为长期股权投资全部处理，用处置长期股权投资取得价款的一部分按公允价值重新购入金融资产。

【**案例 3-40**】 20×2 年 6 月 30 日，甲公司出售乙公司 55% 的股权给非关联方，取得价款 55 000 万元。相关手续于当日完成。甲公司出售乙公司 55% 的股权前，持有乙公司 60% 股权，甲公司持有乙公司股权在处置前按成本法进行核算，账面价值为 40 000 万元。处置乙公司 55% 股权后，甲公司无法再对乙公司实施控制，也不能施加共同控制或重大影响，因此将剩余股权投资分类为以公允价值计量且其变动计入当期损益的金融资产。出售后剩余股权投资的公允价值为 4 500 万元。不考虑其他因素影响。甲公司会计处理如下：

借：银行存款　　　　　　　　　　　　　55 000

　　交易性金融资产　　　　　　　　　　　4 500

　　贷：长期股权投资　　　　　　　　　　　　　　40 000

　　　　投资收益　　　　　　　　　　　　　　　　19 500

2. 长期股权投资成本法和权益法之间转换（不涉及同一控制下的企业合并）

以权益法进行后续计量的长期股权投资可能因为增资转换为以成本法进行后续计量的长期股权投资，以成本法进行后续计量的长期股权投资也可能因为减资转换为以权益法进行后续计量的长期股权投资。长期股权投资之间的转换，不按照公允价值重新计量，具体而言分为如下两种情形。

（1）**权益法转换为成本法**。以权益法进行后续计量的长期股权投资因为增资转换为以成本法进行后续计量的长期股权投资，形成非同一控制下企业合并的，权益法计量结果按照账面价值转换为成本法，成本法长期股权投资入账成本等于原权益法后续计量的账面价值加上新增公允对价之和，简称"原账面加新公允"。对于原权益法后续计量长期股权投资持有期间形成的其他综合收益及其他资本公积暂不转销，待长期股权投资最终终止确认时再予以转销。

【案例 3-41】 A 公司是中国境内上市公司，按照 10% 计提盈余公积。近几年该公司在资本市场开展一系列金融投资与资本运作业务，具体资料如下：

（1）20×5 年 12 月 31 日，A 公司以货币资金 30 000 万元取得 B 公司 50% 股权，取得 B 公司股权后，B 公司的股东为 A 公司和甲公司，A 公司与甲公司分别持有 B 公司 50% 的股权，双方共同控制 B 公司。A 公司与甲公司没有关联关系。投资日，B公司可辨认净资产公允价值为58 000万元。A公司的会计处理如下：

借：长期股权投资——投资成本   30 000

    贷：银行存款   30 000

（2）20×6年B公司实现经必要调整的净利润300万元，指定为以公允价值计量且其变动计入其他综合收益的权益工具金融资产（其他权益工具投资）公允价值上升100万元。A公司账务处理如下：

借：长期股权投资——损益调整（=300×50%）   150

             ——其他综合收益（=100×50%）   50

    贷：投资收益   150

       其他综合收益   50

至20×6年12月31日，长期股权投资的账面价值=30 000+150+50=30 200（万元）。

（3）20×7年1月1日，A公司支付银行存款15 000万元，自甲公司处收购B公司20%的股权，收购B公司20%的股权后，A公司持有B公司70%的股权并取得对B公司的控制权。假设A公司购买B公司50%的股权和后续购买20%的股权不构成"一揽子交易"。以上交易的相关手续均于当日完成，企业合并购买日为20×7年1月1日。不考虑相关税费等其他因素影响。A公司会计处理如下：

1）购买日对子公司的长期股权投资成本=购买日前A公司原持有股权的账面价值30 200万元+本次投资支付对价的公允价值15 000万元=45 200万元，会计分录为：

借：长期股权投资   45 200

    贷：长期股权投资——投资成本   30 000

             ——损益调整   150

             ——其他综合收益   50

       银行存款   15 000

2）长期股权投资从权益法转换为成本法，并未终止确认长期股权投资，购买日前 A 公司原持有股权相关的其他综合收益 50 万元不进行结转处理。

（2）**成本法转换为权益法**。对子公司股权投资进行部分减资，投资方失去控制地位，但仍然能施加共同控制或重大影响，导致以成本法进行后续计量的长期股权投资转换为以权益法进行后续计量的长期股权投资。首先将处置部分股权取得的价款和对应的账面价值差额计入投资收益；其次，对于剩余股权，由于转换前按照成本法计量，而转换后按照权益法计量，数据口径需要衔接，所以准则特别规定，剩余股权视同从取得时开始，一直按照权益法核算，因此需要对剩余股权从成本法调整为权益法。

《企业会计准则第 2 号——长期股权投资（2014）》第十五条规定："……投资方因处置部分权益性投资等原因丧失了对被投资单位的控制的，在编制个别财务报表时，处置后的剩余股权能够对被投资单位实施共同控制或施加重大影响的，应当改按权益法核算，并对该剩余股权视同自取得时即采用权益法核算进行调整。"

【案例 3-42】 A 公司是中国境内上市公司，按照 10% 计提盈余公积。近几年该公司在资本市场开展一系列金融投资与资本运作业务，具体资料如下：

（1）20×7 年 1 月 1 日，A 公司以银行存款 4 800 万元从非关联方购入 B 公司 60% 的股权并取得 B 公司的控制权。当日 B 公司可辨认净资产公允价值为 9 000 万元。A 公司和 B 公司在合并前没有关联关系，20×7 年 1 月 1 日，改组 B 公司董事会，A 公司所派代表在 B 公司董事会中占多数席位，A 公司自当天起开始主导 B 公司的财务和经营政策。不考虑其他因素，A 公司会计处理如下：

借：长期股权投资　　　　　　　　　　　　　　　4 800

　　贷：银行存款　　　　　　　　　　　　　　　　　　4 800

（2）20×7 年 B 公司实现净利润 1 000 万元，B 公司向股东分配利润 600 万元，其中 A 公司分得利润 360 万元。

成本法下，子公司实现利润不编制会计分录。B公司向A公司分配利润360万元，会计分录如下：

借：应收股利　　　　　　　　　　　　　　360

　　贷：投资收益　　　　　　　　　　　　　　　　　360

借：银行存款　　　　　　　　　　　　　　360

　　贷：应收股利　　　　　　　　　　　　　　　　　360

（3）20×8年1月1日，A公司在公开市场上将其持有的B公司的40%股权出售给独立第三方，出售取得价款4 200万元，A公司出售B公司股权后还持有B公司20%的股权，并在B公司董事会指派了一名董事，能对B公司施加重大影响。对B公司长期股权投资的核算应由成本法改为权益法。A公司会计处理如下：

1）20×8年1月1日确认长期股权投资处置损益。

借：银行存款　　　　　　　　　　　　　　4 200

　　贷：长期股权投资（=4 800×40%÷60%）　　　　　3 200

　　　　投资收益　　　　　　　　　　　　　　　　　1 000

2）20×8年1月1日，将剩余持有B公司20%的股权视为自20×7年1月1日开始即按权益法核算，对其账面价值从成本法调整为权益法。

相关调整分录如下：

A.追溯商誉（负商誉）：剩余长期股权投资的账面价值=4 800-3 200=1 600（万元），小于原投资时应享有被投资单位可辨认净资产公允价值的份额200（=9 000×20%-1 600）万元，对于负商誉，调整为20×7年营业外收入。

借：长期股权投资——投资成本　　　　　　200

　　贷：盈余公积　　　　　　　　　　　　　　　　　20

　　　　利润分配——未分配利润　　　　　　　　　　180

注：如果是调整当年数据，贷方200万元计入"营业外收入"。

B.20×7年B公司实现净利润1 000万元。

借：长期股权投资——损益调整　　　　　　　　　　　　200

　　贷：盈余公积（=1 000×20%×10%）　　　　　　　　　　20

　　　利润分配——未分配利润（=1 000×20%×90%）　　　　180

注：如果是调整当年数据，贷方200万元计入"投资收益"。

C. 调整 20×7 年 B 公司向股东分配的利润 600 万元，其中 20% 股权分配金额为 120 万元。

假设是调整当年数据，则调整分录推导过程如下：

表　3-5　　　　　　　　　　　　　　（单位：万元）

成本法	权益法	调整分录
借：应收股利　　120 　贷：投资收益　　120	借：应收股利　　　　　120 　贷：长期股权投资　　120 　　　——损益调整	借：投资收益　　　　　120 　贷：长期股权投资　　120 　　　——损益调整

由于是跨年调整，将上述调整分录中的损益类项目换成留存收益项目即可：

借：盈余公积　　　　　　　　　　　　　　　　　　　12

　　利润分配——未分配利润　　　　　　　　　　　　108

　　贷：长期股权投资——损益调整　　　　　　　　　　120

调整后，持有 B 公司 20% 的股权投资账面价值 =1 600+200+200-120=1 880（万元）。

（二）涉及同一控制下的企业合并情形

无论是从金融资产增资变成同一控制下子公司的长期股权投资还是从权益法增资变成同一控制下子公司的长期股权投资，按照《企业会计准则第 2 号——长期股权投资（2014）》和《企业会计准则第 20 号——企业合并（2006）》的相关规定，合并方在合并日对子公司长期股权投资的计量，应当按照被合并方所有者权益在最终控制方合并财务报表中的账面价值的份额作为长期股权投资的初始投资成本。终止确认的资产的账面价值与长期股权投资入账成本的差额调整资本公积（股本溢价或资本溢价），如果冲减资本公积

（股本溢价或资本溢价），资本公积（股本溢价或资本溢价）不够冲减的，冲减留存收益。

【案例 3-43】 甲公司是中国境内上市公司，按照 10% 计提盈余公积。近几年甲公司在资本市场开展一系列金融投资与资本运作业务，具体资料如下：

（1）20×6 年 1 月 1 日，甲公司自母公司 A 公司处取得同一控制下的乙公司 20% 的股权，实际支付款项 5 000 万元，甲公司取得乙公司 20% 的股权后能够对乙公司施加重大影响。20×6 年 1 月 1 日，乙公司净资产在最终控制方合并财务报表中账面价值为 23 000 万元，乙公司可辨认净资产公允价值为 24 000 万元。甲公司有关会计处理如下：

借：长期股权投资——投资成本　　　　　　　　　　5 000
　　贷：银行存款　　　　　　　　　　　　　　　　　　　　5 000

提示 1： 甲公司虽然在母公司处购买乙公司 20% 的股权，但是甲公司对乙公司能施加重大影响，属于对合营企业投资，不属于企业合并，不能按照同一控制下企业合并的相关规则计量长期股权投资初始成本，应该以公允价值为基础计量。

提示 2： 初始投资成本 5 000 万元大于乙公司可辨认净资产公允价值 24 000 万元的 20%，长期股权投资 5 000 万元包含内含商誉 200（=5 000－24 000×20%）万元，不需要调整投资成本。

（2）20×6 年，乙公司实现净利润 1 000 万元（以投资时乙公司可辨认净资产公允价值为基础计算的净利润），无其他所有者权益变动。甲公司有关会计处理如下：

借：长期股权投资——损益调整　　　　　　　　　　200
　　贷：投资收益（=1 000×20%）　　　　　　　　　　　　200

20×6 年末长期股权投资账面价值为 5 200 万元。

（3）20×7 年 1 月 1 日，甲公司以定向增发 2 000 万股普通股（每股面值 1 元，每股公允价值 5.5 元）的方式取得同一控制下乙公司 40% 的股权，相关手续于当日完成。完成进一步投资后，甲公司持有乙公司的股权比例为60%，当日改组乙公司董事会，甲公司所派代表在乙公司董事会5个席位中占3个。甲公司能够对乙公司实施控制。当日，乙公司在最终控制方合并财务报表中的净资产账面价值为31 480万元，最终控制方合并财务报表中未确认商誉。假定甲公司和乙公司采用的会计政策与会计期间相同，甲公司和乙公司一直受同一最终控制方控制。上述交易不属于一揽子交易。不考虑其他因素影响。甲公司有关会计处理如下：

1）确定合并日长期股权投资的初始投资成本。

合并日甲公司享有乙公司在最终控制方合并财务报表中净资产的账面价值份额为18 888（=31 480×60%）万元。

2）长期股权投资初始投资成本与合并对价账面价值之间的差额的处理。

原20%的股权投资采用权益法核算，在合并日的账面价值为5 200万元；追加投资（40%）所支付对价的账面价值为2 000万元；合并对价账面价值为7 200（=5 200+2 000）万元。

长期股权投资初始投资成本与合并对价账面价值之间的差额为11 688（=18 888-7 200）万元，调整资本公积。

借：长期股权投资　　　　　　　　　　　　　　　　18 888
　　贷：长期股权投资——投资成本　　　　　　　　　　　5 000
　　　　　　　　——损益调整　　　　　　　　　　　　　200
　　　　股本　　　　　　　　　　　　　　　　　　　2 000
　　　　资本公积——股本溢价　　　　　　　　　　　11 688

三、股权稀释形成转换

除了增加投资和减少投资会造成权益投资资产转换外，当被投资方增资扩股，而投资方不对被投资方增资或增资较少，投资方持有被投资方的股权比例会被稀释，以至于投资方对被投资方的影响力发生实质变化，在股权稀释情形下，也会导致权益投资资产转换问题。

股权稀释造成转换，如果从长期股权投资（包括以权益法核算的长期股权投资与以成本法核算的长期股权投资）转换为金融资产，金融资产按照公允价值计量，终止确认长期股权投资，差额计入投资收益。

1. 以权益法核算的长期股权投资被稀释为金融资产

被投资方增资扩股，股权被稀释，导致投资方对被投资方不能施加重大影响的，原以权益法核算的长期股权投资视为全部处置，新的股权投资作为金融资产按照公允价值进行初始计量，差额计入投资收益。

原长期股权投资持有过程中形成的其他综合收益与其他资本公积，在终止确认长期股权投资时进行结转。

【**案例 3-44**】　A 公司是中国境内上市公司，按照 10% 计提盈余公积。近几年该公司在资本市场开展一系列金融投资与资本运作业务，具体资料如下：

（1）20×5 年 12 月 31 日，A 公司以货币资金 30 000 万元取得 B 公司 50% 股权，取得 B 公司股权后，B 公司的股东为 A 公司和甲公司，A 公司与甲公司分别持有 B 公司 50% 的股权，双方共同控制 B 公司。A 公司与甲公司没有关联关系。投资日，B 公司可辨认净资产公允价值为 58 000 万元。A 公司的会计处理如下：

借：长期股权投资——投资成本　　　　　　　　30 000
　　贷：银行存款　　　　　　　　　　　　　　　　　　30 000

（2）20×6 年 B 公司实现经必要调整的净利润 300 万元，指定为以公允价值计量且其变动计入其他综合收益的权益工具金融资产（其他权益工具投资）公允价值上升 100 万元。A 公司账务处理如下：

借：长期股权投资——损益调整（=300×50%）　　150
　　　　　　　　　——其他综合收益（=100×50%）　　50
　　贷：投资收益　　　　　　　　　　　　　　　　　　150
　　　　其他综合收益　　　　　　　　　　　　　　　　　50

至 20×6 年 12 月 31 日，长期股权投资的账面价值 =30 000+150+50=

30 200（万元）。

（3）20×7年1月1日，在B公司股东大会通过决议后，B公司引入第三方战略投资者H集团公司投资600 000万元，当天办理完相关手续，修改B公司的公司章程，并对B公司董事会进行改组。B公司增资后，A公司对B公司表决权比例被稀释为5%，不能再对B公司实施共同控制，也不能施加重大影响。A公司将对B公司的权益投资转换为金融工具，按照《企业会计准则第22号——金融工具确认和计量》的相关规定，将持有的B公司的5%股权指定为以公允价值计量且其变动计入其他综合收益的金融资产（会计科目：其他权益工具投资），该5%股权在B公司改组后的公允价值为40 000万元。A公司的会计处理如下：

借：其他权益工具投资——成本　　　　　　　　40 000
　贷：长期股权投资——投资成本　　　　　　　　　　　30 000
　　　　　　　　　——损益调整　　　　　　　　　　　　150
　　　　　　　　　——其他综合收益　　　　　　　　　　50
　　　投资收益　　　　　　　　　　　　　　　　　　9 800

同时，将持有B公司50%的股权期间形成的其他综合收益转入留存收益。

借：其他综合收益　　　　　　　　　　　　50
　贷：盈余公积　　　　　　　　　　　　　　　　　5
　　　利润分配——未分配利润　　　　　　　　　　　45

2. 以成本法核算的长期股权投资被稀释为金融资产

被投资方增资扩股，股权被稀释，导致投资方对被投资方达不到重大影响的，原以成本法核算的长期股权投资视为全部处置，新的股权投资作为金融资产按照公允价值进行初始计量，差额计入投资收益。

3. 成本法长期股权投资被稀释为权益法长期股权投资

被投资方增资扩股，股权被稀释，导致投资方失去对子公司的控制权，但稀释后能实施共同控制或重大影响的，应该将长期股权投资的核算从成本法转换为权益法，这种情形属于长期股权投资之间转换，对于被稀释部分，理解为间接交易，对于剩余股权，应该视同从取得时起即按照权益法核算，对其账面价值进行调整。

【案例3-45】　A公司是中国境内上市公司，按照10%计提盈余公积。近几年该公司在资本市场开展一系列金融投资与资本运作业务，具体资料如下：

（1）20×7年1月1日，A公司以银行存款4 800万元从非关联方购入B公司60%的股权并取得B公司的控制权。当日B公司可辨认净资产公允价值为9 000万元。A公司和B公司在合并前没有关联关系，20×7年1月1日，改组B公司董事会，A公司在B公司董事会中占多数席位，A公司自当天起开始主导B公司的财务和经营政策。不考虑其他因素，A公司会计处理如下：

借：长期股权投资　　　　　　　　　　　4 800
　　贷：银行存款　　　　　　　　　　　　　　　4 800

（2）20×7年B公司实现净利润1 000万元，B公司向股东分配利润600万元，其中A公司分得利润360万元。

成本法下，子公司实现利润不编制会计分录。B公司向A公司分配利润360万元，会计分录如下：

借：应收股利　　　　　　　　　　　　360
　　贷：投资收益　　　　　　　　　　　　　　360
借：银行存款　　　　　　　　　　　　360
　　贷：应收股利　　　　　　　　　　　　　　360

（3）20×8年1月1日，B公司增资扩股，引入第三方战略投资者H集团对B公司增资30 000万元，增资后A公司尚持有B公司20%的股权，A公司持有B公司股权被稀释40%份额，在B公司董事会指派了一名董事，能对B公司施加重大影响。对B公司长期股权投资的核算应由成本法改为权益法。A公司会计处理如下：

1）B公司20×8年1月1日的增资交易，A公司获得增资份额6 000万元（=30 000万元×稀释后股权的比例20%），A公司交易对价为3 200（=4 800×40%÷60%）万元。

借：长期股权投资   6 000
　　贷：长期股权投资   3 200
　　　　投资收益   2 800

2）20×8年1月1日，将剩余持有B公司20%的股权视为自20×7年1月1日开始即按权益法核算，对其账面价值从成本法调整为权益法。

相关调整分录如下：

A.追溯商誉（负商誉）：剩余长期股权投资账面价值=4 800-3 200=1 600（万元），小于原投资时应享有被投资单位可辨认净资产公允价值的份额，对于负商誉200（=9 000×20%-1 600）万元，调整20×7年营业外收入。

借：长期股权投资——投资成本   200
　　贷：盈余公积   20
　　　　利润分配——未分配利润   180

注：如果调整当年数据，贷方200万元计入"营业外收入"。

B.20×7年B公司实现净利润1 000万元。

借：长期股权投资——损益调整   200
　　贷：盈余公积（=1 000×20%×10%）   20
　　　　利润分配——未分配利润（=1 000×20%×90%）   180

注：如果调整当年数据，贷方200万元计入"投资收益"。

C.调整20×7年B公司向股东分配的利润600万元，其中20%股权分配金额为120万元。

借：盈余公积   12
　　利润分配——未分配利润   108
　　贷：长期股权投资——损益调整   120

4. 成本法下股权被稀释，但仍然能对被投资方实施控制的情形

例如甲公司持有乙公司 80% 的股权比例，由于乙公司增资扩股，导致甲公司持股比例减少到 60%，但是甲公司仍然能对乙公司实施控制。在这种情况下，股份被稀释前和被稀释后，个别财务报表都按照成本法进行核算，由于甲公司对乙公司投资成本没有发生变化，所以不用对股权稀释进行账务处理，只需要备查登记股权比例变动情况。

5. 权益法下股权被稀释，但仍然能对被投资方实施共同控制或重大影响的情形

参见本章第三节相关内容。

第二章

第四章

平行法编制合并财务报表

📁 **贴心提示**

> 　　本章依据实体理论和一体性原则，将母、子公司组成的企业集团视为一个"单体公司"，按照单体公司的编报程序编制合并财务报表，引导读者从基础原理思考合并财务报表，先扎根于合并财务报表的底层逻辑。
>
> 　　读者需要掌握平行法的基本思路，对本质的理解越扎实，理论功底越深厚，解决问题的思路越灵活多样，实务建树越高。越是涉及合并财务报表的复杂问题，越是需要基础理论扎实。本章难度不高，但是需要引起重视，本书后续一些高难度合并财务报表问题，会用本章的基本原理进行解决。
>
> 　　由于合并财务报表的研究对象主要在于报表层面，从本章开始，编制会计分录（包括调整抵销分录）全部使用报表项目。

第一节　平行法概述

平行法编制合并财务报表，指对母公司、子公司及合并层面分别进行会计处理，在编制合并财务报表时，按照单体公司的原理和程序进行编制。为了区别，本书将编写调整抵销分录的合并财务报表编制方法称为"抵销法"。

平行法编制合并财务报表的特点有：①不以个别财务报表为基础编制，不编写调整抵销分录；②独立对集团合并层面会计主体进行账务处理，编制试算平衡表，根据试算平衡表编制合并财务报表；③母公司个别财务报表、子公司个别财务报表、集团合并财务报表按照并行不悖的工作程序分别编制。

平行法编制合并财务报表有利于初学读者理解合并财务报表的原理，具有容易上手的优点。本章从两个方面展开平行法编制合并财务报表的实操案例：一是母公司投资成立子公司的合并财务报表编制，二是母公司购买子公司的合并财务报表编制。

第二节　母公司投资成立子公司的平行法合并财务报表实操案例

❖ 实操案例 4-1　投资成立子公司的平行法编制合并财务报表

上海皇东股份有限公司（以下简称"上海皇东"）20×5年1月1日期初余额如表 4-1 所示。

表 4-1　上海皇东 20×5 年 1 月 1 日期初余额　　（单位：万元）

货币资金	1 200	短期借款	500
应收账款	500	应交税费	100
存货	3 000	应付职工薪酬	1 100
固定资产	8 000	股本	5 000
		资本公积	3 000
		盈余公积	2 000
		未分配利润	1 000
资产总计	12 700	负债和所有者权益总计	12 700

20×5年该公司成立一家子公司，需要编制合并财务报表。该公司以及子公司具体发生的业务及会计分录如表 4-2 所示。

表 4-2　　　　　　　　　　　　　　　　　　　　　　　　　　　　　　　　（单位：万元）

业务	母公司账务处理	子公司账务处理	合并层面账务处理
上海皇东和贵茅集团分别出资800万元和贵西公司200万元成立西灵公司，分别占80%和20%股权	借：长期股权投资　800 　贷：货币资金　800	借：货币资金　1 000 　贷：实收资本　1 000	母公司对子公司投资属于集团内部两个账户之间转账。分录为： 借：货币资金　800 　贷：货币资金　800 取得少数股东投资分录： 借：货币资金　200 　贷：少数股东权益　200
母公司销售产品收取货款300万元，存货成本为200万元	借：货币资金　300 　贷：营业收入　300 借：营业成本　200 　贷：存货　200		借：货币资金　300 　贷：货币资金　300 借：营业成本　200 　贷：存货　200
母公司缴纳税金100万元	借：应交税费　100 　贷：货币资金　100		借：应交税费　100 　贷：货币资金　100
子公司取得银行借款500万元		借：货币资金　500 　贷：短期借款　500	借：货币资金　500 　贷：短期借款　500
母公司借500万元给子公司	借：其他应收款　500 　贷：货币资金　500	借：货币资金　500 　贷：其他应付款　500	集团两个账户之间转账： 借：货币资金　500 　贷：货币资金　500
子公司购买一项专利权，价款300万元		借：无形资产　300 　贷：货币资金　300	借：无形资产　300 　贷：货币资金　300
母公司销售一批产品给子公司，售价400万元，成本300万元，款项未收	借：应收账款　400 　贷：营业收入　400 借：营业成本　300 　贷：存货　300	借：存货　400 　贷：应付账款　400	存货在集团内部移转存放地点： 借：存货　300 　贷：存货　300

业务	分录	分录
母公司分配工资费用，管理部门600万元，销售部门400万元	借：管理费用　600 　　销售费用　400 　贷：应付职工薪酬　1 000	借：管理费用　600 　　销售费用　400 　贷：应付职工薪酬　1 000
母公司销售产品，成本1 000万元，售价2 010万元，款项通过银行收取	借：货币资金　2 010 　贷：营业收入　2 010 借：营业成本　1 000 　贷：存货　1 000	借：货币资金　2 010 　贷：营业收入　2 010 借：营业成本　1 000 　贷：存货　1 000
子公司销售从母公司购入的产品，售价600万元，成本400万元（母公司销售给子公司时成本为300万元），款项通过银行存款转账结算	借：货币资金　600 　贷：营业收入　600 借：营业成本　400 　贷：存货　400	借：货币资金　600 　贷：营业收入　600 集团角度成本为300万元： 借：营业成本　300 　贷：存货　300
子公司发放工资1 100万元，代扣个人所得税120万元	借：应付职工薪酬　1 100 　贷：货币资金　980 　　应交税费　120	借：应付职工薪酬　1 100 　贷：货币资金　980 　　应交税费　120
母公司支付付银行贷款利息5万元	借：财务费用　5 　贷：货币资金　5	借：财务费用　5 　贷：货币资金　5
母公司计提固定资产折旧10万元	借：管理费用　10 　贷：固定资产　10 固定资产产代替累计折旧科目	借：管理费用　10 　贷：固定资产　10
子公司对集团外客户提供一项设计服务，收取款项1 000万元	借：货币资金　1 000 　贷：营业收入　1 000	借：货币资金　1 000 　贷：营业收入　1 000
子公司分配职工薪酬，管理部门人员薪酬100万元，服务提供部门门人员薪酬300万元	借：管理费用　100 　　营业成本　300 　贷：应付履约成本　400 "合同履约成本"全部结转进入营业成本后的简化分录	借：管理费用　100 　　营业成本　300 　贷：应付职工薪酬　400

（续）

业务	母公司账务处理	子公司账务处理	合并层面账务处理
子公司支付当期利息5万元		借：财务费用　　　5 　贷：货币资金　　　5	借：财务费用　　　5 　贷：货币资金　　　5
子公司计提当期所得税费用200万元		借：所得税费用　200 　贷：应交税费　　200	借：所得税费用　200 　贷：应交税费　　200
子公司结转损益		借：营业收入　1 600 　贷：营业成本　　700 　　管理费用　　100 　　财务费用　　　5 　　所得税费用　200 　　未分配利润　595	合并层面独立结转损益，不随着 母公司及子公司结转
子公司按10%计提盈余公积		借：未分配利润　59.5 　贷：盈余公积　　59.5	
计算子公司利润中归少数股东的利润，子公司净利润×少数股东持股比例			借：少数股东损益　119 　贷：少数股东权益　119 595×20%=119
母公司计提当期所得税费用	借：所得税费用　50 　贷：应交税费　　50		借：所得税费用　50 　贷：应交税费　　50
合并角度结转损益			借：营业收入　3 910 　贷：营业成本　1 800 　　管理费用　　710 　　销售费用　　400 　　财务费用　　 10 　　所得税费用　250 　　少数股东损益　119 　　未分配利润　621

子公司分配现金股利 200 万元，分配给母公司 160 万元，分配给少数股东 40 万元

借：货币资金　160
　　贷：投资收益　160

借：未分配利润　200
　　贷：货币资金　200

子公司分配给母公司属于内部转账：
借：货币资金　160
　　贷：货币资金　160
子公司分配给少数股东：
借：少数股东权益　40
　　贷：货币资金　40

母公司结转损益

借：营业收入　2 710
　　投资收益　160
　　贷：营业成本　1 500
　　　　管理费用　610
　　　　销售费用　400
　　　　财务费用　5
　　　　所得税费用　50
　　　　未分配利润　305

母公司计提提盈余公积

借：未分配利润　30.5
　　贷：盈余公积　30.5

借：未分配利润　30.5
　　贷：盈余公积　30.5

合并层面认可母公司的分配业务

母公司向股东分配现金股利 100 万元

借：未分配利润　100
　　贷：货币资金　100

借：未分配利润　100
　　贷：货币资金　100

　　对上述业务进行账务处理，可以得到以下几点启示：

　　（1）合并财务报表可以用单体公司财务报表的程序进行会计处理。将合并范围内的公司视为一个"单体公司"进行账务处理即可，这称为"一体性原则"。合并范围内的公司即合并财务报表会计主体，其空间范围如图 4-1 虚线部分所示。

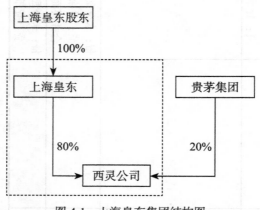

图 4-1　上海皇东集团结构图

　　（2）集团内部交易不属于"交易"，在合并层面仅仅属于将资源在企业内部"转移"。

　　（3）大多数对外购销业务，个别财务报表层面和合并财务报表层面的会计分录是相同的。

　　（4）在业务分录处理环节，按照母公司理论理解"少数股东权益"和"少数股东损益"，将"少数股东权益"理解为"负债"，将"少数股东损益"理解为"费用"。目前，合并财务报表列报格式遵循"实体理论"，但是"借用"母公司理论来理解少数股东权益与少数股东损益更有利于初学者上手。

　　（5）对于利润分配业务，合并财务报表认可母公司层面的分配。子公司计提盈余公积及子公司向母公司分配利润不被合并财务报表认可。子公司向子公司少数股东分配利润，作为冲减"少数股东权益"处理。

1. 画合并层面各项目 T 字账，编制试算平衡表，编制合并资产负债表、合并利润表、合并所有者权益变动表

T 字账略。

试算平衡表如表 4-3 所示。

表 4-3 试算平衡表 （单位：万元）

项目	期初余额		本期发生额		期末余额	
	借方	贷方	借方	贷方	借方	贷方
货币资金	1 200		6 070	2 990	4 280	
应收账款	500				500	
存货	3 000		300	1 800	1 500	
无形资产			300		300	
固定资产	8 000			10	7 990	
短期借款		500		500		1 000
应交税费		100	100	370		370
应付职工薪酬		1 100	1 100	1 400		1 400
股本		5 000				5 000
资本公积		3 000				3 000
盈余公积		2 000		30.5		2 030.5
未分配利润		1 000	130.5	621		1 490.5
少数股东权益			40	319		279
营业收入			3 910	3 910		
营业成本			1 800	1 800		
管理费用			710	710		
销售费用			400	400		
财务费用			10	10		
所得税费用			250	250		
少数股东损益			119	119		
合计	12 700	12 700	15 239.5	15 239.5	14 570	14 570

提示： 以母公司年初余额作为合并层面试算平衡表的期初余额。

合并资产负债表（简表）如表 4-4 所示。

表 4-4　合并资产负债表（简表）　（单位：万元）

资产	期末余额	上年年末余额	负债和所有者权益（或股东权益）	期末余额	上年年末余额
流动资产：			流动负债：		
货币资金	4 280	1 200	短期借款	1 000	500
应收账款	500	500	应付职工薪酬	1 400	1 100
存货	1 500	3 000	应交税费	370	100
流动资产合计	6 280	4 700	流动负债合计	2 770	1 700
非流动资产：			所有者权益（或股东权益）：		
固定资产	7 990	8 000	股本	5 000	5 000
无形资产	300		资本公积	3 000	3 000
非流动资产合计	8 290	8 000	盈余公积	2 030.5	2 000
			未分配利润	1 490.5	1 000
			归属于母公司所有者权益（或股东权益）合计	11 521	11 000
			少数股东权益	279	
			所有者权益（或股东权益）合计	11 800	11 000
资产总计	14 570	12 700	负债和所有者权益（或股东权益）总计	14 570	12 700

注：少数股东权益按照实体理论作为股东权益列示。

合并利润表（简表）如表 4-5 所示。

表 4-5　合并利润表（简表）　（单位：万元）

项目	本期金额	上期金额（略）
一、营业总收入	3 910	
其中：营业收入	3 910	
二、营业总成本	2 920	
其中：营业成本	1 800	
销售费用	400	
管理费用	710	
财务费用	10	
三、营业利润	990	
加：营业外收入		
减：营业外支出		

（续）

项目	本期金额	上期金额（略）
四、利润总额	990	
减：所得税费用	250	
五、净利润	740	
按所有权属分类		
1. 归属于母公司股东的净利润	621	
2. 少数股东损益	119	

注：按照实体理论，少数股东损益不属于费用，合并财务报表将实体净利润分类为"归属于母公司股东的净利润"和"少数股东损益"。

合并所有者权益变动表（简表）如表 4-6 所示。

表 4-6　合并所有者权益变动表（简表）　（单位：万元）

项目	本年金额				少数股东权益	所有者权益合计
	归属于母公司所有者权益					
	股本	资本公积	盈余公积	未分配利润		
一、上年年末余额	5 000	3 000	2 000	1 000		11 000
加：会计政策变更						
前期差错更正						
二、本年年初余额	5 000	3 000	2 000	1 000		11 000
三、本年增减变动金额（减少以"－"填列）			30.5	490.5	279	800
（一）综合收益总额				621	119	740
（二）所有者投入和减少资本					200	200
1. 所有者投入的普通股					200	200
（三）利润分配			30.5	130.5	40	140
1. 提取盈余公积			30.5	30.5		
2. 对股东的分配				100	40	140
四、本年年末余额	5 000	3 000	2 030.5	1 490.5	279	11 800

2. 整理合并层面货币资金序时账，编制合并现金流量表

（1）整理现金资料（表 4-7 左边为现金及现金等价物 T 字账，右边为现金流量表分类项目及金额）。

表 4-7 （单位：万元）

货币资金				现金流量分析	
摘要	金额	摘要	金额	项目	金额
期初余额	1 200			期初现金及现金等价物余额	1 200
母公司投资给子公司	800	母公司投资给子公司	800	内部流动，不影响现金流量表	
接受少数股东投资	200			吸收投资收到的现金	200
母公司销售商品	300			销售商品、提供劳务收到的现金	300
		母公司缴纳税金	100	支付的各项税费	100
子公司取得借款	500			取得借款收到的现金	500
母公司借款给子公司	500	母公司借款给子公司	500	内部流动，不影响现金流量表	
		子公司购专利权	300	购建固定资产、无形资产和其他长期资产支付的现金	300
母公司销售产品	2 010			销售商品、提供劳务收到的现金	2 010
子公司销售产品	600			销售商品、提供劳务收到的现金	600
		母公司发放工资	980	支付给职工以及为职工支付的现金	980
		母公司支付利息	5	分配股利、利润或偿付利息支付的现金	5
子公司提供设计服务	1 000			销售商品、提供劳务收到的现金	1 000
		子公司支付利息	5	分配股利、利润或偿付利息支付的现金	5
子公司向母公司分配现金股利	160	子公司向母公司分配现金股利	160	内部流动，不影响现金流量表	
		子公司向少数股东分配现金股利	40	分配股利、利润或偿付利息支付的现金	40
母公司向股东支付现金股利		母公司向股东支付现金股利	100	分配股利、利润或偿付利息支付的现金	100
借方合计：	6 070	贷方合计：	2 990		
期末余额	4 280				

（2）合并现金流量表（简表）如表 4-8 所示。

表 4-8　合并现金流量表（简表）　　　　　（单位：万元）

项目	本期金额	上期金额（略）
一、经营活动产生的现金流量		
销售商品、提供劳务收到的现金	3 910	
经营活动现金流入小计	3 910	
支付给职工以及为职工支付的现金	980	
支付的各项税费	100	
经营活动现金流出小计	1 080	
经营活动产生的现金流量净额	2 830	
二、投资活动产生的现金流量		
购建固定资产、无形资产和其他长期资产支付的现金	300	
投资活动现金流出小计	300	
投资活动产生的现金流量净额	−300	
三、筹资活动产生的现金流量		
吸收投资收到的现金	200	
其中：子公司吸收少数股东投资收到的现金	200	
取得借款收到的现金	500	
筹资活动现金流入小计	700	
分配股利、利润或偿付利息支付的现金	150	
其中：子公司支付给少数股东的股利、利润	40	
筹资活动现金流出小计	150	
筹资活动产生的现金流量净额	550	
四、汇率变动对现金及现金等价物的影响		
五、现金及现金等价物净增加额	3 080	
加：期初现金及现金等价物余额	1 200	
六、期末现金及现金等价物余额	4 280	

第三节　母公司购买子公司的平行法合并财务报表实操案例

❖ **实操案例 4-2　收购子公司的平行法编制合并财务报表**

财社兼搜投资控股集团公司是一家多元化投资控股集团。20×5 年 1 月 1 日期初余额如表 4-9 所示。

表　4-9　　　　　　　　　　　　　（单位：万元）

货币资金	30 000	应付职工薪酬	8 000
交易性金融资产	20 000	应交税费	5 000
长期股权投资	50 000	应付债券	40 000
固定资产	9 000	股本	50 000
		资本公积	3 000
		盈余公积	2 000
		未分配利润	1 000
资产总计	109 000	负债和所有者权益总计	109 000

注：长期股权投资 50 000 万元为持有黔灵独秀旅游投资开发有限公司 30% 的股权，对黔灵独秀旅游投资开发有限公司具有重大影响，因此，该长期股权投资采用权益法核算。

20×5 年 1 月 1 日，财社兼搜投资控股集团公司收购大营金狮王汽车股份有限公司 70% 的股权，在当日改组大营金狮王汽车股份有限公司，财社兼搜投资控股集团公司开始对大营金狮王汽车股份有限公司进行控股。

收购前，财社兼搜投资控股集团公司与大营金狮王汽车股份有限公司没有关联关系，该收购属于非同一控制下的控股合并。

购买日，大营金狮王汽车股份有限公司各项资产、负债的账面价值及公允价值如表 4-10 所示。

根据双方协商谈判，购买方案如下：大营金狮王汽车股份有限公司 70% 的股权作价 10 亿元，财社兼搜投资控股集团公司发行 2 亿股股票给大营金狮王汽车股份有限公司原股东，每股作价 4.5 元，剩余金额 1 亿元以现金支付。

企业合并分析：财社兼搜投资控股集团公司以 10 亿元对价取得大营金

狮王汽车股份有限公司价值 12（=20-8）亿元"资产负债组合"中 70% 的份额，为 8.4（=12×70%）亿元，超额支付金额 1.6（=10-8.4）亿元为商誉价值。

表 4-10 （单位：万元）

资产	账面价值	公允价值	负债	账面价值	公允价值
货币资金	5 000	5 000	应付职工薪酬	30 000	30 000
应收账款	30 000	30 000	应交税费	20 000	20 000
存货	65 000	65 000	应付账款	15 000	15 000
固定资产	40 000	45 000	应付债券	15 000	15 000
无形资产	50 000	55 000			
资产合计	190 000	200 000	负债合计	80 000	80 000

注：固定资产评估增值 5 000 万元，评估增值的固定资产是一栋办公楼，该办公楼预计尚可使用 10 年；无形资产评估增值 5 000 万元属于一项非专利技术，该非专利技术使用年限不确定，根据会计准则不进行摊销，无论是否存在减值迹象，每年都应当进行减值测试。不考虑所得税会计。

20×5 年财社兼搜投资控股集团公司及大营金狮王汽车股份有限公司业务如表 4-11 所示，并按照平行法进行账务处理。

1. 画合并层面各项目 T 字账，编制试算平衡表，编制合并资产负债表、合并利润表、合并所有者权益变动表

T 字账略。

试算平衡表如表 4-12 所示。

合并资产负债表（简表）如表 4-13 所示。

合并利润表（简表）如表 4-14 所示。

合并所有者权益变动表（简表）如表 4-15 所示。

2. 整理合并层面货币资金序时账，编制合并现金流量表

（1）整理现金资料（见表 4-16）。

（2）合并现金流量表（简表）如表 4-17 所示。

表 4-11 （单位：万元）

业务	母公司账务处理	子公司账务处理	合并层面账务处理
财社兼搜购买大营金狮王70%的股权。在母公司个别财务报表中作为成本法长期股权投资核算，在合并财务报表中作为购买"资产负债组合"处理	借：长期股权投资　100 000 贷：股本　20 000 　　资本公积　70 000 　　货币资金　10 000		借：货币资金　5 000 　　应收账款　30 000 　　存货　65 000 　　固定资产　45 000 　　无形资产　55 000 　　商誉　16 000 贷：应付职工薪酬　30 000 　　应交税费　20 000 　　应付账款　15 000 　　应付债券　15 000 　　股本　20 000 　　资本公积　70 000 　　货币资金　10 000 　　少数股东权益　36 000
母公司出售交易性金融资产，取得价款26 000万元，处置时账面价值为20 000万元	借：货币资金　26 000 贷：交易性金融资产　20 000 　　投资收益　6 000		借：货币资金　26 000 贷：交易性金融资产　20 000 　　投资收益　6 000
子公司购买原材料5亿元，母公司代付1亿元，另外4亿元未付	借：其他应收款　10 000 贷：货币资金　10 000	借：存货　50 000 贷：其他应付款　10 000 　　应付账款　40 000	借：存货　50 000 贷：货币资金　10 000 　　应付账款　40 000
子公司销售商品，价款为15亿元，收取现款10亿元，5亿元未收。产品成本为10亿元		借：货币资金　100 000 　　应收账款　50 000 贷：营业收入　150 000 借：营业成本　100 000 贷：存货　100 000	借：货币资金　100 000 　　应收账款　50 000 贷：营业收入　150 000 借：营业成本　100 000 贷：存货　100 000

业务	会计分录	会计分录
子公司支付货款 5 亿元	借：应付账款　50 000 　贷：货币资金　50 000	借：应付账款　50 000 　贷：货币资金　50 000
子公司收取货款 4 亿元	借：货币资金　40 000 　贷：应收账款　40 000	借：货币资金　40 000 　贷：应收账款　40 000
子公司支付工资 3 亿元	借：应付职工薪酬　30 000 　贷：货币资金　30 000	借：应付职工薪酬　30 000 　贷：货币资金　30 000
子公司缴纳税金 2.2 亿元	借：应交税费　22 000 　贷：货币资金　22 000	借：应交税费　22 000 　贷：货币资金　22 000
母公司发生管理费用 1 000 万元，全部为应付职工薪酬	借：管理费用　1 000 　贷：应付职工薪酬　1 000	借：管理费用　1 000 　贷：应付职工薪酬　1 000
母公司发放工资 5 000 万元	借：应付职工薪酬　5 000 　贷：货币资金　5 000	借：应付职工薪酬　5 000 　贷：货币资金　5 000
母公司缴纳税金 5 000 万元	借：应交税费　5 000 　贷：货币资金　5 000	借：应交税费　5 000 　贷：货币资金　5 000
子公司分配工资费用，管理人员 5 000 万元，销售人员 5 000 万元，研发人员 10 000 万元（符合资本化条件），生产部门人员 20 000 万元	借：管理费用　5 000 　　销售费用　5 000 　　开发支出　10 000 　　存货　20 000 　贷：应付职工薪酬　40 000	借：管理费用　5 000 　　销售费用　5 000 　　开发支出　10 000 　　存货　20 000 　贷：应付职工薪酬　40 000
母公司计提债券利息 2 000 万元（到期一次还本付息）	借：财务费用　2 000 　贷：应付债券　2 000	借：财务费用　2 000 　贷：应付债券　2 000

（续）

业务	母公司账务处理	子公司账务处理	合并层面账务处理
子公司计提固定资产折旧，行政管理用固定资产折旧1 000万元，生产部门固定资产折旧2 000万元		借：管理费用　1 000 　　存货　2 000 　贷：固定资产　3 000	借：管理费用　1 500 　　存货　2 000 　贷：固定资产　3 500 注：合并层面折旧在公允基础上计提，办公楼评估增值5 000万元，尚可使用10年，合并层面多比子公司折旧500万元
子公司计提债券利息1 000万元（到期一次还本付息债券）		借：财务费用　1 000 　贷：应付债券　1 000	借：财务费用　1 000 　贷：应付债券　1 000
子公司计提所得税费用9 500万元		借：所得税费用　9 500 　贷：应交税费　9 500	借：所得税费用　9 500 　贷：应交税费　9 500
黔灵独秀旅游投资开发有限公司实现利润3亿元，母公司确认投资收益9 000万元	借：长期股权投资　9 000 　贷：投资收益　9 000		借：长期股权投资　9 000 　贷：投资收益　9 000
黔灵独秀旅游投资开发有限公司向财社兼搜分配现金股利6 000万元	借：货币资金　6 000 　贷：长期股权投资　6 000		借：货币资金　6 000 　贷：长期股权投资　6 000
母公司计提折旧1 000万元	借：管理费用　1 000 　贷：固定资产　1 000		借：管理费用　1 000 　贷：固定资产　1 000
母公司计提所得税500万元	借：所得税费用　500 　贷：应交税费　500		借：所得税费用　500 　贷：应交税费　500
母公司结转损益	借：投资收益　15 000 　贷：管理费用　2 000 　　财务费用　2 000 　　所得税费用　500 　　未分配利润　10 500		

母公司计提盈余公积

借：未分配利润 1 050
　　贷：盈余公积 1 050

子公司结转损益

借：营业收入 150 000
　　贷：营业成本 100 000
　　　　管理费用 6 000
　　　　财务费用 1 000
　　　　销售费用 5 000
　　　　所得税费用 9 500
　　　　未分配利润 28 500

子公司计提盈余公积

借：未分配利润 2 850
　　贷：盈余公积 2 850

合并层面确认少数股东损益

借：少数股东损益 8 400
　　贷：少数股东权益 8 400
注：子公司个别利润数据为 28 500 万元，合并层面调整后为 28 000 万元公允折旧调整减去 500 万元，少数股东损益=28 000 万元×30%=8 400 万元

合并层面结转损益

借：投资收益 15 000
　　营业收入 150 000
　　贷：营业成本 100 000
　　　　管理费用 8 500
　　　　销售费用 5 000
　　　　财务费用 3 000
　　　　所得税费用 10 000
　　　　少数股东损益 8 400
　　　　未分配利润 30 100

表 4-12　试算平衡表　　　　　（单位：万元）

项目	期初余额		本期发生额		期末余额	
	借方	贷方	借方	贷方	借方	贷方
货币资金	30 000		177 000	132 000	75 000	
交易性金融资产	20 000			20 000		
应收账款			80 000	40 000	40 000	
存货			137 000	100 000	37 000	
长期股权投资	50 000		9 000	6 000	53 000	
固定资产	9 000		45 000	4 500	49 500	
开发支出			10 000		10 000	
无形资产			55 000		55 000	
商誉			16 000		16 000	
应付职工薪酬		8 000	35 000	71 000		44 000
应交税费		5 000	27 000	30 000		8 000
应付账款			50 000	55 000		5 000
应付债券		40 000		18 000		58 000
股本		50 000		20 000		70 000
资本公积		3 000		70 000		73 000
盈余公积		2 000		1 050		3 050
未分配利润		1 000	1 050	30 100		30 050
少数股东权益				44 400		44 400
营业收入			150 000	150 000		
营业成本			100 000	100 000		
管理费用			8 500	8 500		
销售费用			5 000	5 000		
财务费用			3 000	3 000		
投资收益			15 000	15 000		
所得税费用			10 000	10 000		
少数股东损益			8 400	8 400		
合计	109 000	109 000	941 950	941 950	335 500	335 500

表 4-13　合并资产负债表（简表）　（单位：万元）

资产	期末余额	上年年末余额	负债和所有者权益（或股东权益）	期末余额	上年年末余额
流动资产：			流动负债：		
货币资金	75 000	30 000	应付职工薪酬	44 000	8 000
交易性金融资产		20 000	应交税费	8 000	5 000
应收账款	40 000		应付账款	5 000	
存货	37 000		流动负债合计	57 000	13 000
流动资产合计	152 000	50 000	非流动负债：		
非流动资产：			应付债券	58 000	40 000
长期股权投资	53 000	50 000	非流动负债合计	58 000	40 000
固定资产	49 500	9 000	负债合计	115 000	53 000
无形资产	55 000		所有者权益（或股东权益）：		
开发支出	10 000		股本	70 000	50 000
商誉	16 000		资本公积	73 000	3 000
非流动资产合计	183 500	59 000	盈余公积	3 050	2 000
			未分配利润	30 050	1 000
			归属于所有者权益（或股东权益）合计	176 100	56 000
			少数股东权益	44 400	
			所有者权益（或股东权益）合计	220 500	56 000
资产总计	335 500	109 000	负债和所有者权益（或股东权益）总计	335 500	109 000

表 4-14　合并利润表（简表）　（单位：万元）

项目	本期金额	上期金额（略）
一、营业总收入	150 000	
其中：营业收入	150 000	
二、营业总成本	116 500	
其中：营业成本	100 000	
销售费用	5 000	
管理费用	8 500	

（续）

项目		本期金额	上期金额（略）
	财务费用	3 000	
	加：投资收益	15 000	
三、营业利润		48 500	
	加：营业外收入		
	减：营业外支出		
四、利润总额		48 500	
	减：所得税费用	10 000	
五、净利润		38 500	
	按所有权属分类		
	1. 归属于母公司股东的净利润	30 100	
	2. 少数股东损益	8 400	

表 4-15　合并所有者权益变动表（简表）　（单位：万元）

项目	本年金额					
	归属于母公司所有者权益				少数股东权益	所有者权益合计
	股本	资本公积	盈余公积	未分配利润		
一、上年年末余额	50 000	3 000	2 000	1 000		56 000
加：会计政策变更						
前期差错更正						
二、本年年初余额	50 000	3 000	2 000	1 000		56 000
三、本年增减变动金额（减少以"–"填列）	20 000	70 000	1 050	29 050	44 400	164 500
（一）综合收益总额				30 100	8 400	38 500
（二）所有者投入和减少资本	20 000	70 000			36 000	126 000
1. 所有者投入的普通股	20 000	70 000				90 000
（三）利润分配			1 050	1 050		
1. 提取盈余公积			1 050	1 050		
2. 对股东的分配						
四、本年年末余额	70 000	73 000	3 050	30 050	44 400	220 500

表　4-16　　　　　　　　　　　　　　（单位：万元）

货币资金				现金流量分析	
摘要	金额	摘要	金额	项目	金额
期初余额	30 000			期初现金及现金等价物余额	30 000
财社兼搜收购大营金狮王70%股权	5 000	财社兼搜收购大营金狮王70%股权	10 000	取得子公司及其他营业单位支付的现金净额=10 000－5 000	5 000
母公司出售交易性金融资产	26 000			收回投资收到的现金	26 000
		子公司购买原材料5亿元，母公司代付1亿元	10 000	购买商品、接受劳务支付的现金	10 000
子公司销售商品，价款为15亿元，收取款项10亿元	100 000			销售商品、提供劳务收到的现金	100 000
		子公司支付货款5亿元	50 000	购买商品、接受劳务支付的现金	50 000
子公司收取货款4亿元	40 000			销售商品、提供劳务收到的现金	40 000
		子公司支付工资3亿元	30 000	支付给职工以及为职工支付的现金	30 000
		子公司缴纳税金2.2亿元	22 000	支付的各项税费	22 000
		母公司发放工资5 000万元	5 000	支付给职工以及为职工支付的现金	5 000
		母公司缴纳税金	5 000	支付的各项税费	5 000
黔灵独秀旅游投资开发有限公司向财社兼搜分配现金股利6 000万元	6 000			取得投资收益收到的现金	6 000
借方合计：	177 000	贷方合计：	132 000		
期末余额	75 000				

表 4-17　合并现金流量表（简表）　　　　（单位：万元）

项目	本期金额	上期金额（略）
一、经营活动产生的现金流量		
销售商品、提供劳务收到的现金	140 000	
经营活动现金流入小计	140 000	
购买商品、接受劳务支付的现金	60 000	
支付给职工以及为职工支付的现金	35 000	
支付的各项税费	27 000	
经营活动现金流出小计	122 000	
经营活动产生的现金流量净额	18 000	
二、投资活动产生的现金流量		
收回投资收到的现金	26 000	
取得投资收益收到的现金	6 000	
投资活动现金流入小计	32 000	
取得子公司及其他营业单位支付的现金净额	5 000	
投资活动现金流出小计	5 000	
投资活动产生的现金流量净额	27 000	
三、筹资活动产生的现金流量		
筹资活动现金流入小计		
筹资活动现金流出小计		
筹资活动产生的现金流量净额		
四、汇率变动对现金及现金等价物的影响		
五、现金及现金等价物净增加额	45 000	
加：期初现金及现金等价物余额	30 000	
六、期末现金及现金等价物余额	75 000	

贴心提示

　　本章我们采用平行法编制了两个公司的合并财务报表，这需要把握好以下几方面：

　　1. 平行法操作程序。

　　2. 母公司理论如何理解"少数股东权益"与"少数股东损益"。

　　3. 实体理论如何理解"少数股东权益"与"少数股东损益"。

4. 合并资产负债表和合并所有者权益变动表关于少数股东权益的列示结构；合并利润表关于少数股东损益的列示结构。

5. 注意理解"一体性原则"，这是合并财务报表的理论基础。

📁 实务交流

运用平行法编制合并财务报表的主要缺点在于要在合并层面编制会计凭证，工作量大，同时，如果集团子公司层次较多，会出现多个层级的"子集团"，如果全部编制会计凭证，工作量会进一步增大。然而，目前无论是在大型企业还是小型企业，财务软件都得到普遍运用。结构简单的小型企业集团受制于人才缺乏等客观因素，可以在财务软件服务商的协助下运用平行法简单、快速地编制合并财务报表，在财务软件数据系统中设置"集团合并财务报表"账套，将母、子公司的会计凭证利用软件功能复制进"集团合并财务报表"账套，再进行适当调整即可。

第五章

非同一控制下的企业合并购买日合并资产负债表编制

贴心提示

　　本章采用实操案例 4-2 的背景，分别用平行法和抵销法编制非同一控制下购买日合并资产负债表，在学习上，能起到承上启下的作用，引导读者从基本原理角度认识到抵销法的本质，为学习第六章权益投资抵销铺垫基础。

第一节　购买日合并资产负债表编制原理概述

　　《企业会计准则第 20 号——企业合并（2006）》第十七条规定："企业合并形成母子公司关系的，母公司应当编制购买日的合并资产负债表，因企业合并取得的被购买方各项可辨认资产、负债及或有负债应当以公允价值列示。"

　　非同一控制下的企业合并在合并财务报表层面，理解为购买子公司"资产负债组合", 采用购买法按照公允价值进行初始计量, 合并成本以支付对价的公允价值计量。合并成本大于子公司可辨认净资产公允价值份额的差额, 作为商誉列示。

同时, 根据实体理论, 子公司 100% 的资产、负债都纳入合并, 将子公司可辨认净资产公允价值归少数股东份额的部分, 列报为少数股东权益。

由于购买法按照公允价值在合并财务报表层面对子公司资产、负债进行初始计量, 在后续计量过程中, 要以购买日子公司各项资产、负债的公允价值为基础持续计量。

第二节 平行法编制非同一控制下购买日合并资产负债表

❖ 实操案例 5-1 平行法编制非同一控制下购买日合并资产负债表

平行法编制非同一控制下购买日合并资产负债表, 比较简单, 在母公司科目余额的基础上, 编制购买子公司的分录后计算余额, 就可以编制购买日合并资产负债表了。

财社兼搜投资控股集团公司是一家多元化投资控股集团。20×5 年 1 月 1 日期初余额如表 5-1 所示。

表 5-1 财社兼搜投资控股集团公司 20×5 年 1 月 1 日期初余额 （单位: 万元）

货币资金	30 000	应付职工薪酬	8 000
交易性金融资产	20 000	应交税费	5 000
长期股权投资	50 000	应付债券	40 000
固定资产	9 000	股本	50 000
		资本公积	3 000
		盈余公积	2 000
		未分配利润	1 000
资产总计	109 000	负债和所有者权益总计	109 000

注: 长期股权投资 50 000 万元为持有黔灵独秀旅游投资开发有限公司 30% 的股权, 对黔灵独秀旅游投资开发有限公司具有重大影响, 因此, 该长期股权投资采用权益法核算。

20×5年1月1日，财社兼搜投资控股集团公司收购大营金狮王汽车股份有限公司70%的股权，在当日改组大营金狮王汽车股份有限公司，财社兼搜投资控股集团公司开始对大营金狮王汽车股份有限公司进行控股。

收购前，财社兼搜投资控股集团公司与大营金狮王汽车股份有限公司没有关联关系，该收购属于非同一控制下的控股合并。

购买日，大营金狮王汽车股份有限公司各项资产、负债的账面价值及公允价值如表5-2所示。

表　5-2　　　　　　　　　　　　　　　（单位：万元）

资产	账面价值	公允价值	负债	账面价值	公允价值
货币资金	5 000	5 000	应付职工薪酬	30 000	30 000
应收账款	30 000	30 000	应交税费	20 000	20 000
存货	65 000	65 000	应付账款	15 000	15 000
固定资产	40 000	45 000	应付债券	15 000	15 000
无形资产	50 000	55 000			
资产总计	190 000	200 000	负债总计	80 000	80 000

注：固定资产评估增值5 000万元，评估增值的固定资产是一栋办公楼，该办公楼预计尚可使用10年；无形资产评估增值5 000万元属于一项非专利技术，该非专利技术使用年限不确定，根据会计准则不进行摊销，无论是否存在减值迹象，每年都应当进行减值测试。不考虑所得税会计。

根据双方协商谈判，购买方案如下：大营金狮王汽车股份有限公司70%的股权作价10亿元，财社兼搜投资控股集团公司发行2亿股股票给大营金狮王汽车股份有限公司原股东，每股作价4.5元，剩余金额1亿元以现金支付。

企业合并分析：财社兼搜投资控股集团公司以10亿元对价取得大营金狮王汽车股份有限公司可辨认净资产公允价值12（＝20-8）亿元中70%的份额，为8.4(＝12×70%)亿元，超额支付金额1.6(＝10-8.4)亿元为商誉价值。子公司可辨认净资产公允价值中30%份额3.6亿元确认为少数股东权益。

购买子公司大营金狮王汽车股份有限公司会计分录如下：

借：货币资金　　　　　　　　　　　　　　 5 000

　　应收账款　　　　　　　　　　　　　　 30 000

　　存货　　　　　　　　　　　　　　　　 65 000

　　固定资产　　　　　　　　　　　　　　 45 000

　　无形资产　　　　　　　　　　　　　　 55 000

　　商誉　　　　　　　　　　　　　　　　 16 000

　贷：应付职工薪酬　　　　　　　　　　　　　　　 30 000

　　　应交税费　　　　　　　　　　　　　　　　　 20 000

　　　应付账款　　　　　　　　　　　　　　　　　 15 000

　　　应付债券　　　　　　　　　　　　　　　　　 15 000

　　　股本　　　　　　　　　　　　　　　　　　　 20 000

　　　资本公积　　　　　　　　　　　　　　　　　 70 000

　　　货币资金　　　　　　　　　　　　　　　　　 10 000

　　　少数股东权益　　　　　　　　　　　　　　　 36 000

报表编制程序如下。

1. 在母公司期初余额及购买分录的基础上，编制试算平衡表

试算平衡表如表 5-3 所示。

2. 根据试算平衡表编制购买日合并资产负债表

合并资产负债表（简表）如表 5-4 所示。

目前主流的合并财务报表编制方法不是"平行法"，是进行"调整抵销"。用平行法编制，有利于理解合并财务报表的基本原理，而且对于少部分集团结构简单的企业，借助财务软件功能，容易实施平行法编制合并财务报表，手工实施平行法具有以下两大缺陷：

第一，在集团合并角度单独建立账簿体系才能编报。

第二，对于复杂的集团结构，存在多层次的合并财务报表，单独建立如

此众多的"合并角度"账簿体系更是工作繁重，除非专门开发针对平行法的计算机软件程序，否则平行法难以得到实际运用。

当前主流合并财务报表编制思路没有采用平行法，而是采用在汇总母、子公司个别财务报表的基础上进行调整抵销的思路编制合并财务报表。

接下来，我们介绍用调整抵销思路编制非同一控制下购买日合并资产负债表。

表 5-3　试算平衡表　（单位：万元）

项目	期初余额		本期发生额		期末余额	
	借方	贷方	借方	贷方	借方	贷方
货币资金	30 000		5 000	10 000	25 000	
交易性金融资产	20 000				20 000	
应收账款			30 000		30 000	
存货			65 000		65 000	
长期股权投资	50 000				50 000	
固定资产	9 000		45 000		54 000	
无形资产			55 000		55 000	
商誉			16 000		16 000	
应付职工薪酬		8 000		30 000		38 000
应交税费		5 000		20 000		25 000
应付账款				15 000		15 000
应付债券		40 000		15 000		55 000
股本		50 000		20 000		70 000
资本公积		3 000		70 000		73 000
盈余公积		2 000				2 000
未分配利润		1 000				1 000
少数股东权益				36 000		36 000
合计	109 000	109 000	216 000	216 000	315 000	315 000

表 5-4 合并资产负债表（简表） （单位：万元）

资产	期末余额	上年年末余额（略）	负债和所有者权益（或股东权益）	期末余额	上年年末余额（略）
流动资产：			**流动负债：**		
货币资金	25 000		应付职工薪酬	38 000	
交易性金融资产	20 000		应交税费	25 000	
应收账款	30 000		应付账款	15 000	
存货	65 000		流动负债合计	78 000	
流动资产合计	140 000		**非流动负债：**		
非流动资产：			应付债券	55 000	
长期股权投资	50 000		非流动负债合计	55 000	
固定资产	54 000		负债合计	133 000	
无形资产	55 000		**所有者权益（或股东权益）：**		
开发支出			股本	70 000	
商誉	16 000		资本公积	73 000	
非流动资产合计	175 000		盈余公积	2 000	
			未分配利润	1 000	
			归属于母公司所有者权益（或股东权益）合计	146 000	
			少数股东权益	36 000	
			所有者权益（或股东权益）合计	182 000	
资产总计	315 000		**负债和所有者权益（或股东权益）总计**	315 000	

第三节 抵销法编制非同一控制下购买日合并资产负债表

❖ **实操案例 5-2 抵销法编制非同一控制下购买日合并资产负债表**

以实操案例 5-1 为背景，按照调整抵销程序编制购买日合并资产负债表。

（1）财社兼搜投资控股集团公司 20×5 年 1 月 1 日期初余额如表 5-5 所示。

表 5-5 财社兼搜投资控股集团公司 20×5 年 1 月 1 日期初余额 （单位：万元）

货币资金	30 000	应付职工薪酬	8 000
交易性金融资产	20 000	应交税费	5 000
长期股权投资	50 000	应付债券	40 000
固定资产	9 000	股本	50 000
		资本公积	3 000
		盈余公积	2 000
		未分配利润	1 000
资产总计	109 000	负债和所有者权益总计	109 000

（2）财社兼搜投资控股集团公司发行 2 亿股股票，每股作价 4.5 元，另外支付现金 1 亿元收购大营金狮王汽车股份有限公司 70% 的股权。会计分录为：

借：长期股权投资　　　　　　　　　　　　100 000

　　贷：股本　　　　　　　　　　　　　　　　　　20 000

　　　　资本公积　　　　　　　　　　　　　　　　70 000

　　　　货币资金　　　　　　　　　　　　　　　　10 000

（3）进行如上处理后，购买日母公司个别资产负债表数据如表 5-6 所示。

表 5-6 购买日母公司个别资产负债表数据 （单位：万元）

货币资金	20 000	应付职工薪酬	8 000
交易性金融资产	20 000	应交税费	5 000
长期股权投资	150 000	应付债券	40 000
固定资产	9 000	股本	70 000
		资本公积	73 000
		盈余公积	2 000
		未分配利润	1 000
资产总计	199 000	负债和所有者权益总计	199 000

（4）被购买方大营金狮王汽车股份有限公司资产负债表数据如表 5-7 所示。

表 5-7　被购买方大营金狮王汽车股份有限公司资产负债表数据　（单位：万元）

资产	账面价值	公允价值	负债和所有者权益	账面价值	公允价值
货币资金	5 000	5 000	应付职工薪酬	30 000	30 000
应收账款	30 000	30 000	应交税费	20 000	20 000
存货	65 000	65 000	应付账款	15 000	15 000
固定资产	40 000	45 000	应付债券	15 000	15 000
无形资产	50 000	55 000	股本	30 000	
			资本公积	20 000	120 000
			盈余公积	3 000	
			未分配利润	57 000	
资产总计	190 000	200 000	负债和所有者权益总计	190 000	200 000

（5）将母、子公司个别资产负债表数据填入合并工作底稿，合并工作底稿格式如表 5-8 所示。

表 5-8　合并工作底稿（部分）　（单位：万元）

项目	母公司	子公司	合计数	调整抵销分录 借方	调整抵销分录 贷方	合并数
货币资金	20 000	5 000	25 000			25 000
交易性金融资产	20 000		20 000			20 000
应收账款		30 000	30 000			30 000
存货		65 000	65 000			65 000
长期股权投资	150 000		150 000			150 000
固定资产	9 000	40 000	49 000			49 000
无形资产		50 000	50 000			50 000
应付职工薪酬	8 000	30 000	38 000			38 000
应交税费	5 000	20 000	25 000			25 000
应付账款		15 000	15 000			15 000
应付债券	40 000	15 000	55 000			55 000
股本	70 000	30 000	100 000			100 000
资本公积	73 000	20 000	93 000			93 000
盈余公积	2 000	3 000	5 000			5 000
未分配利润	1 000	57 000	58 000			58 000

注：本表母公司数据为购买子公司长期股权投资入账后个别财务报表的数据，子公司数据为其个别资产负债表数据（账面价值）。

贴心提示

　　需要特别注意的是，将子公司资产负债表与母公司资产负债表汇总，与在母公司账套中编制如下分录是一样的结果，该笔分录借方是子公司账面资产，贷方是子公司账面负债及所有者权益。

借：货币资金　　　　　　　　　　　　　　　　　5 000
　　应收账款　　　　　　　　　　　　　　　　　30 000
　　存货　　　　　　　　　　　　　　　　　　　65 000
　　固定资产　　　　　　　　　　　　　　　　　40 000
　　无形资产　　　　　　　　　　　　　　　　　50 000
　　贷：应付职工薪酬　　　　　　　　　　　　　　　　　30 000
　　　　应交税费　　　　　　　　　　　　　　　　　　　20 000
　　　　应付账款　　　　　　　　　　　　　　　　　　　15 000
　　　　应付债券　　　　　　　　　　　　　　　　　　　15 000
　　　　股本　　　　　　　　　　　　　　　　　　　　　30 000
　　　　资本公积　　　　　　　　　　　　　　　　　　　20 000
　　　　盈余公积　　　　　　　　　　　　　　　　　　　3 000
　　　　未分配利润　　　　　　　　　　　　　　　　　　57 000

注：本笔分录是通过数据汇总方式实现的。

　　（6）根据子公司资产、负债评估资料，将子公司资产、负债调整为公允价值，调整分录为：

借：固定资产　　　　　　　　　　　　　　　　　5 000
　　无形资产　　　　　　　　　　　　　　　　　5 000
　　贷：资本公积　　　　　　　　　　　　　　　　　　　10 000

将调整分录填列到合并工作底稿，如表 5-9 所示。

表 5-9　合并工作底稿（部分）　　　　　（单位：万元）

项目	母公司	子公司	合计数	调整抵销分录		合并数
				借方	贷方	
货币资金	20 000	5 000	25 000			25 000
交易性金融资产	20 000		20 000			20 000
应收账款		30 000	30 000			30 000
存货		65 000	65 000			65 000
长期股权投资	150 000		150 000			150 000
固定资产	9 000	40 000	49 000	5 000		54 000
无形资产		50 000	50 000	5 000		55 000
开发支出						
商誉						
应付职工薪酬	8 000	30 000	38 000			38 000
应交税费	5 000	20 000	25 000			25 000
应付账款		15 000	15 000			15 000
应付债券	40 000	15 000	55 000			55 000
股本	70 000	30 000	100 000			100 000
资本公积	73 000	20 000	93 000		10 000	103 000
盈余公积	2 000	3 000	5 000			5 000
未分配利润	1 000	57 000	58 000			58 000
少数股东权益						

注：合并工作底稿中，资产项目合并数＝合计数＋调整抵销借方数－调整抵销贷方数，负债及所有者权益项目合并数＝合计数＋调整抵销贷方数－调整抵销借方数。

（7）抵销母公司长期股权投资与子公司所有者权益（公允价值），抵销分录如下：

借：股本　　　　　　　　　　　　　　　　　30 000

　　资本公积（=20 000+10 000）　　　　　　30 000

　　盈余公积　　　　　　　　　　　　　　　　3 000

　　未分配利润　　　　　　　　　　　　　　57 000

　　商誉　　　　　　　　　　　　　　　　　16 000

　　贷：长期股权投资　　　　　　　　　　　　　　　100 000

　　　　少数股东权益　　　　　　　　　　　　　　　　36 000

将此笔抵销分录填列入合并工作底稿，如表 5-10 所示。

表 5-10　合并工作底稿（部分）　　　（单位：万元）

项目	母公司	子公司	合计数	调整抵销分录		合并数
				借方	贷方	
货币资金	20 000	5 000	25 000			25 000
交易性金融资产	20 000		20 000			20 000
应收账款		30 000	30 000			30 000
存货		65 000	65 000			65 000
长期股权投资	150 000		150 000		100 000	50 000
固定资产	9 000	40 000	49 000	5 000		54 000
无形资产		50 000	50 000	5 000		55 000
商誉				16 000		16 000
应付职工薪酬	8 000	30 000	38 000			38 000
应交税费	5 000	20 000	25 000			25 000
应付账款		15 000	15 000			15 000
应付债券	40 000	15 000	55 000			55 000
股本	70 000	30 000	100 000	30 000		70 000
资本公积	73 000	20 000	93 000	30 000	10 000	73 000
盈余公积	2 000	3 000	5 000	3 000		2 000
未分配利润	1 000	57 000	58 000	57 000		1 000
少数股东权益					36 000	36 000

实务交流

　　实务中，部分会计师事务所设计了另外一种工作底稿，资产项目以"正数"填列，负债和所有者权益项目以"负数"填列，合并工作底稿资产负债表部分最下方设计"平衡校正"（balance check）栏，资产、负债、所有者权益汇总数为零，则表示数据平衡。调整抵销分录中，借方一律填列为正数，贷方一律填列为负数，调整抵销分录汇总数为零，则表示平衡。合并数＝合计数＋调整抵销数，最后的合并数，资产显示为正数，负债和所有者权益显示为负数，汇总数为零，表示平衡。同时，在合并利润表部分，收入类项目以负数填列，费用类项目以正数填列。

（8）整理合并工作底稿，购买日合并资产负债表如表 5-11 所示。

表 5-11　合并资产负债表（简表）　　　　（单位：万元）

资产	期末余额	上年年末余额	负债和所有者权益（或股东权益）	期末余额	上年年末余额
流动资产：			流动负债：		
货币资金	25 000		应付职工薪酬	38 000	
交易性金融资产	20 000		应交税费	25 000	
应收账款	30 000		应付账款	15 000	
存货	65 000		流动负债合计	78 000	
流动资产合计	140 000		非流动负债：		
非流动资产：			应付债券	55 000	
长期股权投资	50 000		非流动负债合计	55 000	
固定资产	54 000		负债合计	133 000	
无形资产	55 000		所有者权益（或股东权益）：		
开发支出			股本	70 000	
商誉	16 000		资本公积	73 000	
非流动资产合计	175 000		盈余公积	2 000	
			未分配利润	1 000	
			归属于母公司所有者权益（或股东权益）合计	146 000	
			少数股东权益	36 000	
			所有者权益（或股东权益）合计	182 000	
资产总计	315 000		负债和所有者权益（或股东权益）总计	315 000	

 贴心提示

　　对照实操案例 5-1 和实操案例 5-2 的结果，用调整抵销思路得到的购买日合并资产负债表和用平行法思路得到的购买日合并资产负债表完全一致。为什么两种方法结论一致呢？我们把调整抵销思路的整个过程做一个整理，如表 5-12 所示。

表 5-12

	借：长期股权投资	100 000	
母公司购买子公司——分录 A	贷：股本		20 000
	资本公积		70 000
	货币资金		10 000
	借：货币资金	5 000	
	应收账款	30 000	
	存货	65 000	
	固定资产	40 000	
将子公司账面资产负债表并入	无形资产	50 000	
合并工作底稿——分录 B	贷：应付职工薪酬		30 000
注意：这是通过母、子公司数	应交税费		20 000
据汇总实现的，相当于做了一笔	应付账款		15 000
分录	应付债券		15 000
	股本		30 000
	资本公积		20 000
	盈余公积		3 000
	未分配利润		57 000
调整子公司资产公允价值——	借：固定资产	5 000	
分录 C	无形资产	5 000	
	贷：资本公积		10 000
	借：股本	30 000	
	资本公积	30 000	
母公司长期股权投资与子公司	盈余公积	3 000	
所有者权益抵销——分录 D	未分配利润	57 000	
	商誉	16 000	
	贷：长期股权投资		100 000
	少数股东权益		36 000

将上述"分录 A ~ 分录 D"汇总，就是平行法购买子公司"资产负债组合"的会计分录：

借：货币资金   5 000

    应收账款   30 000

    存货   65 000

    固定资产   45 000

无形资产	55 000	
商誉	16 000	
贷：应付职工薪酬		30 000
应交税费		20 000
应付账款		15 000
应付债券		15 000
股本		20 000
资本公积		70 000
货币资金		10 000
少数股东权益		36 000

贴心提示

学习完第五章，我们需要掌握：

1. 明白调整抵销思路和平行法思路的内在逻辑是一致的。调整抵销思路在个别财务报表的基础上进行编制，虽然初学时理解障碍较大，但是在实务工作中，调整抵销的工作量比平行法的工作量少。

2. 熟悉合并工作底稿的格式。

第六章

权益投资抵销分期法与分段法

📁 **贴心提示**

　　权益投资抵销是合并财务报表的理论中枢，也是实务工作的关键环节。为了降低读者理解的难度，本章先引入相对容易理解的"分期法"抵销思路，然后在"分期法"抵销思路的基础上推导目前主流做法——"分段法"抵销思路。

　　在第四章，我们通过平行法拨开合并财务报表的神秘面纱，发现合并财务报表可以采用与单体公司报表一样的编报思路进行处理；在第五章，我们引入调整抵销思路解决了非同一控制下购买日合并资产负债表的编制，发现调整抵销程序和平行法思路的最终结果完全一致。第六章主要解决母、子公司存续期间母公司长期股权投资和子公司所有者权益抵销，以及母公司投资收益与子公司利润分配抵销的问题。这个问题是合并财务报表的经典难题。"擒贼先擒王"，建议先"拿下"本章再进行后续章节的学习，如果接受本章比较困难，可以采用迂回策略，回头强化第四章和第五章，积蓄"能量"后，再次发起对第六章的冲锋。

第一节 合并财务报表编制程序探索

 贴心提示

> 掌握合并财务报表编制程序是理解合并财务报表的关键环节，不可轻视。

一、再次认识会计报表

假设某公司销售产品，售价 100 万元，成本 80 万元，我们做如下分录：

借：银行存款　　　　　　　　　　　　　　　　　　100

　　贷：未分配利润——营业收入　　　　　　　　　　　　　　100

借：未分配利润——营业成本　　　　　　　　　　　80

　　贷：存货　　　　　　　　　　　　　　　　　　　　　　　80

上述分录将损益类项目作为"未分配利润"的明细科目，其处理结果，和目前单独核算各损益项目，然后将损益类项目结转计入未分配利润是一样的。我们可以认为损益类项目是留存收益的明细和补充。

相同道理，现金流量表是资产负债表现金项目的补充说明，所有者权益变动表是资产负债表各所有者权益项目变动的补充说明。

按照这样的思路，可以认为资产负债表居于会计报表的中心地位，利润表、现金流量表、所有者权益变动表都是对资产负债表"上年年末余额"和"期末余额"之间增减变动额的补充说明。

将损益类项目视为"未分配利润"的明细科目，同时用"资产负债表报表项目"代替"会计科目"进行账务处理，那么将企业会计分录进行汇总就是资产负债表！也就是说，资产负债表就是一笔汇总分录，"上年年末余额"是企业至上年年末的会计分录汇总，"期末余额"是在上年年末余额的基础上累计汇总当期所有分录的结果。

这样，从理论上就解决了一个问题，编制合并财务报表时，母公司汇总子公司的"分录"和汇总子公司的"报表"完全一样。

二、合并财务报表工作程序探索

目前合并财务报表采用以母公司和子公司个别财务报表数据为基础，先加总合计，再进行调整抵销的程序进行编制。我们将这种方法称为"抵销法"。

抵销法和平行法有什么区别吗？两种方法殊途同归，平行法适合初学者理解合并财务报表的基本原理，抵销法工作量较小，更加适合集团复杂架构模式下的合并财务报表编制。

我们在研究平行法时，大家已经发现，对于大多数经济业务，个别财务报表角度的处理和合并财务报表角度的处理是一致的，只是对于少部分集团内部业务，个别财务报表角度与合并财务报表角度处理不一样。因此，出现大量平行法下合并层面的会计分录"复制"个别财务报表中会计分录的现象，这就是合并财务报表向个别财务报表"抄作业"。

复制分录是一笔一笔地复制，既然是"复制"，那么有更先进、更快速的复制方式吗？

有，直接将母、子公司个别财务报表数据进行"汇总"。个别财务报表的若干分录，最后形成了个别财务报表。那么，编制合并财务报表时，将个别财务报表进行汇总，就相当于将母、子公司所有个别财务报表的会计分录利用"吸星大法"都吸收进入合并财务报表。

合并工作底稿汇总母、子公司个别财务报表，就是"抄作业"的"吸星大法"，瞬间吸收母、子公司个别财务报表层面的若干笔会计分录。

所以，母、子公司的任何分录都会"体现"在合并财务报表的工作底稿中。但是，需要注意的是，母、子公司个别财务报表汇总是基于个别层面的分录，因此，需要在母、子公司个别数据汇总的基础上进行调整或抵销，调整抵销之后才能得到真正的合并数据。

"吸星大法"效率很高，但是引发一个新的问题：每期合并财务报表编制都是在个别财务报表的基础上进行汇总，再进行调整抵销，在连续编报的情况下，上期调整抵销分录在合并工作底稿中完成，根本不影响个别财务报表数据，下期编制合并财务报表时，要将上期的合并调整抵销分录重新编制。

三、"抵销法"合并财务报表工作程序

（1）设计合并工作底稿。

（2）将母、子公司个别财务报表过入合并工作底稿并计算出汇总数。

（3）编制内部抵销分录、调整分录并过入合并工作底稿，在连续编报情形下，上期的调整抵销分录本期要重新编制。

（4）根据个别财务报表汇总数和抵销分录、调整分录计算合并财务报表各项目合并数。

（5）根据合并数填列合并财务报表。

四、连续编报情况下，以前期间调整抵销分录要重新编制

【案例 6-1】 假设 20×6 年，王某投资 100 元成立 A 公司，成立后 A 公司资产负债表如表 6-1 所示。

表　6-1　　　　　　　　　　　　　（单位：元）

资产负债表			
货币资金	100	实收资本	100
合计	100	合计	100

然后，王某通过 A 公司投资 50 元成立 B 公司，A、B 公司 20×6 年没有开展其他经济业务。

20×6 年底，A 公司个别资产负债表如表 6-2 所示。

表　6-2　　　　　　　　　　　　　（单位：元）

资产负债表			
货币资金	50	实收资本	100
长期股权投资	50		
合计	100	合计	100

20×6年底，B公司个别资产负债表如表6-3所示。

表　6-3

（单位：元）

资产负债表			
货币资金	50	实收资本	50
合计	50	合计	50

A、B公司报表汇总如表6-4所示。

表　6-4

（单位：元）

资产负债表			
货币资金	100	实收资本	150
长期股权投资	50		
合计	150	合计	150

没有开展具体经营业务，但是数据汇总后资产负债表就膨胀了50%！

20×6年底合并工作需要编制一笔抵销分录（单位：元）：

借：实收资本　　　　　　　　　　　　　　　　　　　　　50

　　贷：长期股权投资　　　　　　　　　　　　　　　　　　　　50

本笔抵销分录推导过程如表6-5所示。

表　6-5

（单位：元）

业务	母公司	子公司	合并层面	抵销分录
A公司投资50元成立B公司	借：长期股权投资50　贷：货币资金　50	借：货币资金 50　贷：实收资本 50	资金内部转移：借：货币资金 50　贷：货币资金50	借：实收资本　　50　贷：长期股权投资50

合并工作底稿如表6-6所示。

表　6-6

（单位：元）

项目	A公司	B公司	汇总	抵销分录		合并数
				借	贷	
货币资金	50	50	100			100
长期股权投资	50		50		50	0
实收资本	100	50	150	50		100

接下来，到了20×7年。

20×7年，假设两家公司还是没有开展其他经济业务。到了20×7年底，A、B公司个别财务报表和20×6年底一样。

20×7年底A公司个别资产负债表如表6-7所示。

表　6-7　　　　　　　　　　　　　　（单位：元）

资产负债表			
货币资金	50	实收资本	100
长期股权投资	50		
合计	100	合计	100

20×7年底B公司个别资产负债表如表6-8所示。

表　6-8　　　　　　　　　　　　　　（单位：元）

资产负债表			
货币资金	50	实收资本	50
合计	50	合计	50

按照合并财务报表编制程序，按A、B公司个别财务报表数据汇总，20×7年底两公司报表汇总如表6-9所示。

表　6-9　　　　　　　　　　　　　　（单位：元）

资产负债表			
货币资金	100	实收资本	150
长期股权投资	50		
合计	150	合计	150

我们在20×6年已经进行了合并抵销，为什么底稿数据还是出现虚增？

这就是合并财务报表工作程序造成的，20×7年用个别财务报表汇总，20×6年的抵销分录是在合并工作底稿中完成的，根本不影响个别财务报表数据，20×7年合并时，得重新编制20×6年的抵销分录。

所以，20×7年的合并工作底稿还得重新编制上年的抵销分录（单位：元）：

借：实收资本　　　　　　　　　　　　　　　　　50

　　贷：长期股权投资　　　　　　　　　　　　　　　　　50

第二节　权益投资抵销分期法与分段法

一、权益投资抵销要点概述

权益投资抵销，主要解决母公司长期股权投资与子公司所有者权益的抵销，以及母公司投资收益与子公司利润分配的抵销。

少数股东权益，指子公司的非控制性权益股东在子公司享有的利益要求权，不可误解为母公司的非控股股东享有的权益。

（一）实体理论与母公司理论关于合并净利润的定性差异

从实体理论角度，合并层面会计主体的净利润划分为"归属于母公司股东的净利润"和"少数股东损益"。实体理论隐含的假设是，无论是归属于母公司股东的净利润还是少数股东损益，都以"在一致的基础上确认的净利润"为存在前提。比如子公司销售产品给母公司，母公司没有对外销售的情况下，从整个集团角度，并没有实现利润，因此实体理论将子公司个别利润表中的集团内部未实现利润全部抵销，不单独确认子公司销售利润中的少数股东损益。

从母公司理论角度，合并净利润 - 少数股东损益 = 归属于母公司股东的净利润。母公司理论隐含的假设是，少数股东损益属于独立确认的费用，归属于母公司股东的净利润属于"剩余收益"。

（二）实体理论与母公司理论关于合并净利润在数据关系上的一致性

从实体理论角度，合并净利润分为归属于母公司股东的净利润和少数股东损益。从母公司理论角度，合并净利润 - 少数股东损益 = 归属于母公司股东的净利润。两种理论在数据逻辑上具有内在一致性。也就是说，只要解决了合并净利润"定性与确认"问题，而仅仅在数据关系上，实体理论和母公司理论没有本质差异。

（三）权益投资抵销实务处理对于实体理论与母公司理论的选择与运用

目前，合并所有者权益变动表及合并资产负债表结构设计上，归属于母公司股东的所有者权益分为"股本（实收资本）、资本公积、盈余公积、未分配利润"等项目，对于少数股东权益，并没有区分具体项目。因此，合并财务报表中"未分配利润"指归属于母公司股东所有者权益的未分配利润，而少数股东的未分配利润并没有单独区分，全部计入"少数股东权益"中。

在合并工作底稿处理环节，为了最终"未分配利润"的正确处理，必然运用到母公司理论的逻辑关系：合并净利润 - 少数股东损益 = 归属于母公司股东的净利润。将少数股东损益视为"费用"。相应地，将"少数股东权益"视为"负债"。

《企业会计准则——基本准则（2014）》第二十三条："负债是指企业过去的交易或者事项形成的、预期会导致经济利益流出企业的现时义务。现时义务是指企业在现行条件下已承担的义务。"少数股东权益并不符合负债的概念，同时按照实体理论，少数股东权益是集团多层次股权融资结构形成的所有者权益，少数股东损益是集团净利润应该归属于少数股东的部分。所以，在报表列报环节，将少数股东权益列报为所有者权益，将净利润划分为归属于母公司股东的净利润与少数股东损益。

综上所述，权益投资抵销实务处理对于实体理论与母公司理论的选择与运用，采用"三段论"模式。第一，合并净利润定性与确认方面，按照实体理论，从母、子公司构成的经营实体角度出发，对合并净利润进行界定。归属于母公司股东的净利润与少数股东损益，都服从于"合并净利润"的确定。第二，在确定"合并净利润"的基础上，在工作底稿的具体处理中，按照母公司理论的数据形式进行处理，利用的等式是"合并净利润 - 少数股东损益 = 归属于母公司股东的净利润"。在合并工作底稿中，少数股东损益是"费用"，少数股东权益是"负债"。第三，在列报环节，按照实体理论，少数股东损益是合并净利润归属于子公司非控制性权益股东的部分，少数股东权益是多层次股权融资体系形成的"股权权益"。

（四）权益投资抵销的工作特点

为了简化处理程序，与个别财务报表相比，合并工作底稿的抵销及调整分录省去了损益结转工作环节。因此，合并工作底稿中的损益类项目（包括少数股东损益）有两个作用：一是影响合并利润表数据，二是影响合并资产负债表未分配利润项目。

合并财务报表利润分配主要体现母公司对母公司股东的利润分配信息。合并财务报表层面体现的盈余公积，是母公司个别财务报表的盈余公积。子公司计提盈余公积，属于子公司的利润分配，不属于母公司向母公司股东"报告"层面的利润分配，所以合并财务报表对于子公司计提的盈余公积予以抵销。

二、母、子公司存续期间权益投资抵销分期法和分段法

【案例 6-2】 20×9 年 12 月 1 日，投资者投资 2 000 万元成立 A 公司（下文中的母公司），20×9 年 12 月 15 日，A 公司和非关联方分别投资 800 万元及 200 万元成立 B 公司。B 公司成立后，A 公司能对 B 公司实施控制。

截至 20×9 年底，A、B 公司除了上述业务外，尚未发生其他业务。

20×9 年合并抵销分录：

借：实收资本　　　　　　　　　　　　　　　　　1 000

　　贷：长期股权投资　　　　　　　　　　　　　　　800

　　　　少数股东权益　　　　　　　　　　　　　　　200

20×0 年业务：20×0 年，B 公司实现现金收入 200 万元，发生现金成本费用 100 万元。B 公司提取盈余公积 10 万元，向股东分配利润 50 万元。

A 公司个别财务报表按照成本法核算，取得 B 公司分配利润 40（=50×80%）万元作为投资收益，A 公司没有发生其他业务，A 公司个别利润表净利润为 40 万元，提取盈余公积 4 万元。

案例业务简单，省略母、子公司个别财务报表，读者可以自己编制本案

例的个别财务报表。

上述业务在个别财务报表层面非常简单，问题是在合并财务报表层面如何看待。

（1）子公司收入 200 万元，成本费用 100 万元，这也是集团层面的收入和成本费用。但是，子公司利润 100 万元，归少数股东享有的 20%，即 20 万元要确认为少数股东损益，同时增加少数股东权益。

（2）子公司计提盈余公积，合并财务报表不予认可。

（3）母公司计提盈余公积，合并财务报表给予认可。

（4）子公司向母公司分配利润，属于资金在集团内部转移，合并财务报表予以抵销，子公司分给少数股东的利润冲减少数股东权益。

（5）合并层面，认为母公司个别财务报表对子公司的长期股权投资按照成本法核算是不科学的，应该按照权益法核算。但是，按照权益法核算后，合并财务报表层面认为按照权益法核算的长期股权投资也要抵销掉。

20×0 年合并调整（抵销）分录如下：

（1）将长期股权投资成本法调整为权益法。

①子公司实现利润调整：

借：长期股权投资   80

    贷：投资收益   80

②子公司向母公司分配利润调整（成本法下取得子公司利润分配调整为权益法）如表 6-10 所示。

表 6-10 （单位：万元）

母公司个别财务报表：成本法	合并角度：权益法	调整分录

借：货币资金   40
  贷：投资收益   40
	借：货币资金 40
	  贷：长期股权投资 40
		借：投资收益 40
		  贷：长期股权投资 40

调整后，长期股权投资账面价值为 800+80-40=840（万元）。

说明：既然已经调整为权益法，后续在思维上直接理解为母公司按照权益法对子公司长期股权投资进行核算（"个别财务报表分录"结合"调整分录"后的结果实际上就是权益法核算分录)。

(2)确认子公司少数股东应分享的收益(A)。

借:少数股东损益 20

　贷:少数股东权益 20

(3)冲回子公司计提的盈余公积(B)。

借:盈余公积 10

　贷:未分配利润——提取盈余公积 10

提示: 合并调整抵销分录并没有"明细科目","——"主要起标记作用,并非为了注明明细科目。

(4)向母公司分配40万元的调整(C)。

借:长期股权投资 40

　贷:未分配利润——向股东分配利润 40

本调整分录推导思路如表6-11所示。

表　6-11　　　　　　　　　　(单位:万元)

母公司	子公司	合并角度	调整分录
借:货币资金　40 　贷:长期股权投资 40 注:成本法已经调整为权益法,直接理解为母公司按权益法核算	借:未分配利润40 ——向股东分配利润 贷:货币资金　40	借:货币资金 40 　贷:货币资金 40	借:长期股权投资40 　贷:未分配利润　40 ——向股东分配利润

(5)调整子公司向少数股东分配利润(D)。

借:少数股东权益 10

　贷:未分配利润——向股东分配利润 10

本调整分录推导思路如表6-12所示。

表　6-12　　　　　　　　　　(单位:万元)

子公司	合并角度	调整分录
借:未分配利润　　10 ——向股东分配利润 贷:货币资金　　10	借:少数股东权益　10 　贷:货币资金 10	借:少数股东权益　10 　贷:未分配利润　10 ——向股东分配利润

（6）将母公司权益法确认的投资收益与对应的长期股权投资金额抵销（E）。

借：投资收益　　　　　　　　　　　　　　　80

　贷：长期股权投资　　　　　　　　　　　　　　　80

（7）重新编制上年抵销分录（F）。

借：实收资本　　　　　　　　　　　　　　1 000

　贷：长期股权投资　　　　　　　　　　　　　800

　　少数股东权益　　　　　　　　　　　　　200

按照合并财务报表调整抵销思路，本年调整抵销分录已经编制完毕。我们按照当年发生的业务进行调整抵销，同时重新编制上年调整抵销分录，这属于合并财务报表编制的分期法技术思路。

目前的经典做法是分段法，分段法思路在长期股权投资从成本法调整为权益法后，主要编制两笔抵销分录：一笔分录抵销资产负债表项目，另一笔分录抵销利润表项目及所有者权益变动表项目。

（8）为了将分期法抵销分录推导为分段法抵销分录，虚设一笔借贷方项目与金额都相同的分录，项目与金额都是子公司年末未分配利润（G）。

借：未分配利润——年末　　　　　　　　　　40

　贷：未分配利润——年末　　　　　　　　　　　40

将上面 A～G 分录进行合并、汇总，就能得到下面两笔抵销分录：

① 借：实收资本　　　　　　　　　　　　　1 000

　　盈余公积　　　　　　　　　　　　　　　10

　　未分配利润　　　　　　　　　　　　　　40

　　贷：长期股权投资　　　　　　　　　　　　840

　　　少数股东权益　　　　　　　　　　　　210

② 借：投资收益　　　　　　　　　　　　　　80

　　少数股东损益　　　　　　　　　　　　　20

　　贷：未分配利润——向股东分配利润　　　　　50

未分配利润——提取盈余公积	10
未分配利润——年末	40

说明：这两笔分录是上面 A～G 分录的汇总分录。第一笔主要体现资产负债表项目抵销，巧妙地包含了以前期间抵销数和本期业务调整抵销数，呈现形式上按照"余额"进行抵销，本质上包含了前期数据和本期数据抵销。第二笔分录不影响合并资产负债表，借方投资收益和少数股东损益都代表未分配利润项目减少。贷方全部是未分配利润项目，所以这笔分录借方和贷方都是未分配利润。操作中，可以把"未分配利润——向股东分配利润"简写为"向股东分配利润"，把"未分配利润——提取盈余公积"简写为"提取盈余公积"。这笔分录会影响合并利润表与合并所有者权益变动表。这笔分录很容易记忆，借方是子公司可供分配利润，贷方是当期分配与期末未分配利润，自然找平。

需要注意的是，分段法抵销分录过于浓缩，特别是"少数股东权益"按照余额呈现，不理解分期法思路的话，填列合并所有者权益变动表时会出现思维障碍。我们要能够在分期法思路下明确少数股东权益期初余额（200 万元）、本期增加发生额（子公司净利润 100 万元 ×20%=20 万元）、本期减少发生额（子公司向少数股东分配利润 10 万元）、期末余额（200 万元 +20 万元 −10 万元 =210 万元）。这样才利于填列合并所有者权益变动表中的少数股东权益增减变动及期初、期末余额数据。

按照分期法思路接着编制 20×1 年合并财务报表，需要重新编制的上年抵销分录是上述分段法的第一笔分录，第二笔分录次年完全不必再写，因为借方和贷方都是未分配利润。

20×1 年业务：20×1 年，B 公司实现现金收入 200 万元，发生现金成本费用 100 万元。B 公司提取盈余公积 10 万元，向股东分配利润 25 万元。

A 公司个别财务报表按照成本法核算取得 B 公司分红 20（=25×80%）万元作为投资收益，A 公司没有其他业务，账面净利润为 20 万元，提取盈余公积 2 万元。

20×1 年合并调整（抵销）分录如下：

（1）将长期股权投资成本法调整为权益法。

①子公司实现利润调整。

重新编写上年调整分录：

借：长期股权投资 　　　　　　　　　　　　　　　　80

　　贷：年初未分配利润 　　　　　　　　　　　　　　　　80

注："年初未分配利润"或"未分配利润——年初"指"未分配利润"项目，"年初"起标记作用，同时也能在合并工作底稿中起到年度数据之间的勾稽作用。

当年权益法投资收益：

借：长期股权投资 　　　　　　　　　　　　　　　　80

　　贷：投资收益 　　　　　　　　　　　　　　　　80

②子公司向母公司分配利润调整。

重新编写上年调整分录：

借：年初未分配利润 　　　　　　　　　　　　　　　　40

　　贷：长期股权投资 　　　　　　　　　　　　　　　　40

当年利润分配调整：

借：投资收益 　　　　　　　　　　　　　　　　20

　　贷：长期股权投资 　　　　　　　　　　　　　　　　20

调整后，长期股权投资账面价值为 =840（上年余额）+80（20×1 年权益法投资收益）−20（20×1 年分配利润）=900（万元）。

说明：已经调整为权益法，后续在思维上直接理解为母公司按照权益法对子公司长期股权投资进行核算。

（2）确认 20×1 年子公司少数股东应分享的收益（A）。

借：少数股东损益 　　　　　　　　　　　　　　　　20

　　贷：少数股东权益 　　　　　　　　　　　　　　　　20

（3）冲回 20×1 年子公司计提的盈余公积（B）。

借：盈余公积   10

    贷：未分配利润——计提盈余公积   10

（4）调整向母公司分配的利润 20 万元（C）。

借：长期股权投资   20

    贷：未分配利润——向股东分配利润   20

本调整分录推导思路如表 6-13 所示。

表　6-13　　　　　　　　　　（单位：万元）

母公司	子公司	合并角度	调整分录
借：货币资金　　20 　贷：长期股权投资20 注：母公司已经从成本法调整为权益法，直接理解为母公司按权益法核算	借：未分配利润20 ——向股东分配利润 　贷：货币资金　20	借：货币资金 20 　贷：货币资金20	借：长期股权投资20 　贷：未分配利润 ——向股东分配利润　20

（5）调整子公司向少数股东分配利润（D）。

借：少数股东权益   5

    贷：未分配利润——向股东分配利润   5

本调整分录推导思路如表 6-14 所示。

表　6-14　　　　　　　　　　（单位：万元）

子公司	合并角度	调整分录
借：未分配利润　　5 ——向股东分配利润 　贷：货币资金　　5	借：少数股东权益　　5 　贷：货币资金　　　5	借：少数股东权益　　5 　贷：未分配利润　　5 ——向股东分配利润

（6）将母公司权益法确认的投资收益抵销（E）。

借：投资收益   80

    贷：长期股权投资   80

（7）重新编制上年抵销分录（F）。

借：实收资本   1 000

    盈余公积   10

未分配利润	40
贷：长期股权投资	840
少数股东权益	210

注：只需要编制上年分段法的第一笔抵销分录。

（8）为了将分期法抵销分录推导为分段法抵销分录，虚设一笔借贷方项目与金额都相同的分录，项目与金额都是子公司年末未分配利润（G）。

借：未分配利润——年末	105
贷：未分配利润——年末	105

将上面的 20×1 年 A～G 分录进行合并、汇总，就能得到下面两笔抵销分录：

① 借：实收资本	1 000
盈余公积	20
未分配利润——年末	105
贷：长期股权投资	900
少数股东权益	225
② 借：投资收益	80
少数股东损益	20
未分配利润——年初	40
贷：未分配利润——向股东分配利润	25
未分配利润——提取盈余公积	10
未分配利润——年末	105

分段法的两笔权益投资抵销汇总分录，在编写时显得简洁，容易记忆，工作量少，但是在初学时，理解难度相对较高。

本书在后续编写调整抵销分录时，将"未分配利润——向股东分配利润"简写为"向股东分配利润"，将"未分配利润——提取盈余公积"简写为"提取盈余公积"。

贴心提示

　　在合并工作底稿中，损益类项目、少数股东损益、"未分配利润——年初"或"年初未分配利润"、未分配利润、"未分配利润——年末"或"年末未分配利润""向股东分配利润""提取盈余公积"，都是影响合并工作底稿未分配利润的因素，上述项目借方减少未分配利润，贷方增加未分配利润。

第三节　权益投资抵销实操案例

贴心提示

　　本节利用与实操案例 4-2 相同的背景资料，用抵销法编制合并财务报表，读者可以对照比较平行法与抵销法的编制结果，加深对合并财务报表原理的掌握。

❖ 实操案例 6-1　权益投资抵销分段法思路运用

　　财社兼搜投资控股集团公司是一家多元化投资控股集团。20×5 年 1 月 1 日，财社兼搜投资控股集团公司收购大营金狮王汽车股份有限公司 70% 的股权，在当日改组大营金狮王汽车股份有限公司，财社兼搜投资控股集团公司开始对大营金狮王汽车股份有限公司进行控股。

　　收购前，财社兼搜投资控股集团公司与大营金狮王汽车股份有限公司没有关联关系，该收购属于非同一控制下控股合并。

　　财社兼搜投资控股集团公司收购大营金狮王汽车股份有限公司 70% 的股权时，大营金狮王汽车股份有限公司的固定资产评估增值 5 000 万元，评估增值的固定资产是一栋办公楼，该办公楼预计尚可使用 10 年；无形资产评估增值 5 000 万元，评估增值的无形资产是一项非专利技术，该非专利技术使用年限不确定，根据会计准则不做摊销，无论是否存在减值迹象，每年都应当进行减值测试。本案例不考虑所得税会计。

购买日，大营金狮王汽车股份有限公司可辨认净资产公允价值为 12 亿元。大营金狮王汽车股份有限公司 70% 的股权作价 10 亿元，财社兼搜投资控股集团公司发行 2 亿股股票给大营金狮王汽车股份有限公司原股东，每股作价 4.5 元，剩余金额 1 亿元以现金支付。并购商誉为 1.6（=10−12×70%）亿元。

购买日，大营金狮王汽车股份有限公司所有者权益账面金额如下：

股本：30 000 万元；资本公积：20 000 万元；盈余公积：3 000 万元；未分配利润：57 000 万元。

20×5 年 12 月 31 日，财社兼搜投资控股集团公司个别资产负债表（简表）如表 6-15 所示。

表 6-15　资产负债表（简表）　　（单位：万元）

资产	期末余额	负债和所有者权益（或股东权益）	期末余额
流动资产：		**流动负债：**	
货币资金	32 000	应付职工薪酬	4 000
交易性金融资产		应交税费	500
应收账款		应付账款	
其他应收款	10 000	其他应付款	
存货		流动负债合计	4 500
流动资产合计	42 000	**非流动负债：**	
非流动资产：		应付债券	42 000
长期股权投资	153 000	非流动负债合计	42 000
固定资产	8 000	负债合计	46 500
无形资产		**所有者权益（或股东权益）：**	
开发支出		股本	70 000
商誉		资本公积	73 000
非流动资产合计	161 000	盈余公积	3 050
		未分配利润	10 450
		所有者权益（或股东权益）合计	156 500
资产总计	203 000	**负债和所有者权益（或股东权益）总计**	203 000

20×5年，财社兼搜投资控股集团公司个别利润表（简表）如表6-16所示。

表 6-16　利润表（简表）　　　（单位：万元）

项目	本期金额
一、营业总收入	
其中：营业收入	
二、营业总成本	4 000
其中：营业成本	
销售费用	
管理费用	2 000
财务费用	2 000
加：投资收益	15 000
三、营业利润	11 000
加：营业外收入	
减：营业外支出	
四、利润总额	11 000
减：所得税费用	500
五、净利润	10 500

20×5年，财社兼搜投资控股集团公司个别现金流量表（简表）如表6-17所示。

表 6-17　现金流量表（简表）　　　（单位：万元）

项目	本期金额
一、经营活动产生的现金流量	
销售商品、提供劳务收到的现金	
经营活动现金流入小计	
购买商品、接受劳务支付的现金	
支付给职工以及为职工支付的现金	5 000
支付的各项税费	5 000
支付其他与经营活动有关的现金	10 000
经营活动现金流出小计	20 000
经营活动产生的现金流量净额	−20 000
二、投资活动产生的现金流量	
收回投资收到的现金	26 000

（续）

项目	本期金额
取得投资收益收到的现金	6 000
投资活动现金流入小计	32 000
取得子公司及其他营业单位支付的现金净额	10 000
投资活动现金流出小计	10 000
投资活动产生的现金流量净额	22 000
三、筹资活动产生的现金流量	
筹资活动现金流入小计	
筹资活动现金流出小计	
筹资活动产生的现金流量净额	
四、汇率变动对现金及现金等价物的影响	
五、现金及现金等价物净增加额	2 000
加：期初现金及现金等价物余额	30 000
六、期末现金及现金等价物余额	32 000

20×5年，财社兼搜投资控股集团公司个别所有者权益变动表（简表）如表6-18所示。

表6-18　所有者权益变动表（简表）　　（单位：万元）

项目	本年金额				
	归属于母公司所有者权益				所有者权益合计
	股本	资本公积	盈余公积	未分配利润	
一、上年年末余额	50 000	3 000	2 000	1 000	56 000
加：会计政策变更					
前期差错更正					
二、本年年初余额	50 000	3 000	2 000	1 000	56 000
三、本年增减变动金额（减少以"–"填列）	20 000	70 000	1 050	9 450	100 500
（一）综合收益总额				10 500	10 500
（二）所有者投入和减少资本	20 000	70 000			90 000
1. 所有者投入的普通股	20 000	70 000			90 000
（三）利润分配			1 050	1 050	
1. 提取盈余公积			1 050	1 050	
2. 对股东的分配					
四、本年年末余额	70 000	73 000	3 050	10 450	156 500

20×5年12月31日，大营金狮王汽车股份有限公司个别资产负债表（简表）如表6-19所示。

表6-19　资产负债表（简表）　　　　（单位：万元）

资产	期末余额	负债和所有者权益（或股东权益）	期末余额
流动资产：		**流动负债：**	
货币资金	43 000	应付职工薪酬	40 000
交易性金融资产		应交税费	7 500
应收账款	40 000	应付账款	5 000
其他应收款		其他应付款	10 000
存货	37 000	流动负债合计	62 500
流动资产合计	120 000	**非流动负债：**	
非流动资产：		应付债券	16 000
长期股权投资		非流动负债合计	16 000
固定资产	37 000	负债合计	78 500
无形资产	50 000	**所有者权益（或股东权益）：**	
开发支出	10 000	股本	30 000
商誉		资本公积	20 000
非流动资产合计	97 000	盈余公积	5 850
		未分配利润	82 650
		所有者权益（或股东权益）合计	138 500
资产总计	217 000	**负债和所有者权益（或股东权益）总计**	217 000

20×5年，大营金狮王汽车股份有限公司个别利润表（简表）、个别现金流量表（简表）、所有者权益变动表（简表）如表6-20～表6-22所示。

20×5年，财社兼搜投资控股集团公司与大营金狮王汽车股份有限公司内部交易资料：财社兼搜投资控股集团公司为大营金狮王汽车股份有限公司支付1亿元货款，双方挂账其他应收款和其他应付款。

其他资料：

（1）大营金狮王汽车股份有限公司当年实现净利润28 500万元，除计提盈余公积2 850万元外，没有进行其他分配。

（2）大营金狮王汽车股份有限公司个别财务报表年末所有者权益如下：股本：30 000万元；资本公积：20 000万元；盈余公积：5 850万元；未分配利润：82 650万元。

表 6-20 利润表（简表） （单位：万元）

项目	本期金额
一、营业总收入	150 000
其中：营业收入	150 000
二、营业总成本	112 000
其中：营业成本	100 000
销售费用	5 000
管理费用	6 000
财务费用	1 000
加：投资收益	
三、营业利润	38 000
加：营业外收入	
减：营业外支出	
四、利润总额	38 000
减：所得税费用	9 500
五、净利润	28 500

表 6-21 现金流量表（简表） （单位：万元）

项目	本期金额
一、经营活动产生的现金流量	
销售商品、提供劳务收到的现金	140 000
经营活动现金流入小计	140 000
购买商品、接受劳务支付的现金	50 000
支付给职工以及为职工支付的现金	30 000
支付的各项税费	22 000
支付其他与经营活动有关的现金	
经营活动现金流出小计	102 000
经营活动产生的现金流量净额	38 000
二、投资活动产生的现金流量	
收回投资收到的现金	
取得投资收益收到的现金	
投资活动现金流入小计	
取得子公司及其他营业单位支付的现金净额	
投资活动现金流出小计	
投资活动产生的现金流量净额	
三、筹资活动产生的现金流量	
筹资活动现金流入小计	
筹资活动现金流出小计	
筹资活动产生的现金流量净额	
四、汇率变动对现金及现金等价物的影响	
五、现金及现金等价物净增加额	38 000
加：期初现金及现金等价物余额	5 000
六、期末现金及现金等价物余额	43 000

表 6-22　所有者权益变动表（简表）　　（单位：万元）

项目	本年金额				
	归属于母公司所有者权益				所有者权益合计
	股本	资本公积	盈余公积	未分配利润	
一、上年年末余额	30 000	20 000	3 000	57 000	110 000
加：会计政策变更					
前期差错更正					
二、本年年初余额	30 000	20 000	3 000	57 000	110 000
三、本年增减变动金额（减少以"–"填列）			2 850	25 650	28 500
（一）综合收益总额				28 500	28 500
（二）所有者投入和减少资本					
1. 所有者投入的普通股					
（三）利润分配			2 850	2 850	
1. 提取盈余公积			2 850	2 850	
2. 对股东的分配					
四、本年年末余额	30 000	20 000	5 850	82 650	138 500

调整（抵销）分录如下：

（1）调整购买日资产评估增值及调整公允净利润。

借：固定资产　　　　　　　　　　　　　　　5 000

　　无形资产　　　　　　　　　　　　　　　5 000

　　贷：资本公积　　　　　　　　　　　　　　　　　　10 000

评估增值的办公楼预计尚可使用 10 年，调整增加当年折旧费用 500 万元。

借：管理费用　　　　　　　　　　　　　　　500

　　贷：固定资产　　　　　　　　　　　　　　　　　　500

（2）将成本法调整为权益法。

大营金狮王汽车股份有限公司公允基础利润 = 个别财务报表净利润 28 500
万元 −500 万元折旧调整 =28 000 万元。投资收益 =28 000 万元 × 70%=19 600
万元，调整分录为：

借：长期股权投资　　　　　　　　　　　　　19 600

　　贷：投资收益　　　　　　　　　　　　　　　　　　19 600

权益法长期股权投资余额=100 000万元（个别财务报表成本法金额）+ 19 600万元（权益法调整金额）=119 600万元。

（3）权益投资抵销。

借：股本	30 000	
资本公积（=20 000+10 000）	30 000	
盈余公积	5 850	
未分配利润（=57 000+28 500-500-2 850）	82 150	
商誉	16 000	
贷：长期股权投资		119 600
少数股东权益		44 400
借：年初未分配利润	57 000	
投资收益	19 600	
少数股东损益（=28 000×30%）	8 400	
贷：提取盈余公积		2 850
年末未分配利润		82 150

（4）内部交易抵销。

借：其他应付款	10 000	
贷：其他应收款		10 000

（5）现金流量调整抵销。

1）母公司为子公司垫付1亿元货款，母公司作为"支付其他与经营活动有关的现金"，合并现金流量表中列报为"购买商品、接受劳务支付的现金"，调整分录为：

借：支付其他与经营活动有关的现金	10 000	
贷：购买商品、接受劳务支付的现金		10 000

2）母公司购买子公司时，现金对价1亿元，母公司个别现金流量表"取得子公司及其他营业单位支付的现金净额"为1亿元。购买日，子公司账面现金为5 000万元，因此合并层面调减"取得子公司及其他营业单位支

付的现金净额"5 000万元。调整分录为：

借：取得子公司及其他营业单位支付的现金净额　　5 000

　贷：期初现金及现金等价物余额　　　　　　　　　　　5 000

说明：按照购买法，子公司可辨认净资产是"购买"获得的，子公司期初现金及现金等价物不属于集团合并现金流量表期初数，所以，对应调减子公司"期初现金及现金等价物余额"（参见后续合并现金流量表工作底稿）。

将母、子公司个别财务报表及合并调整抵销分录过入合并工作底稿，相应合并工作底稿如表6-23所示。

表6-23　合并工作底稿（部分）　　　　　（单位：万元）

项目	母公司	子公司	合计数	调整抵销分录 借方	调整抵销分录 贷方	合并数
资产负债表项目：						
货币资金	32 000	43 000	75 000			75 000
交易性金融资产						
应收账款		40 000	40 000			40 000
存货		37 000	37 000			37 000
其他应收款	10 000		10 000		10 000	
长期股权投资	153 000		153 000	19 600	119 600	53 000
固定资产	8 000	37 000	45 000	5 000	500	49 500
无形资产		50 000	50 000	5 000		55 000
开发支出		10 000	10 000			10 000
商誉				16 000		16 000
应付职工薪酬	4 000	40 000	44 000			44 000
应交税费	500	7 500	8 000			8 000
应付账款		5 000	5 000			5 000
其他应付款		10 000	10 000	10 000		
应付债券	42 000	16 000	58 000			58 000
股本	70 000	30 000	100 000	30 000		70 000
资本公积	73 000	20 000	93 000	30 000	10 000	73 000
盈余公积	3 050	5 850	8 900	5 850		3 050
未分配利润	10 450	82 650	93 100	167 650	104 600	30 050
少数股东权益					44 400	44 400
利润表项目：						
营业收入		150 000	150 000			150 000

（续）

项目	母公司	子公司	合计数	调整抵销分录 借方	调整抵销分录 贷方	合并数
营业成本		100 000	100 000			100 000
销售费用		5 000	5 000			5 000
管理费用	2 000	6 000	8 000	500		8 500
财务费用	2 000	1 000	3 000			3 000
投资收益	15 000		15 000	19 600	19 600	15 000
营业外收入						
营业外支出						
所得税费用	500	9 500	10 000			10 000
净利润	10 500	28 500	39 000			38 500
净利润按所有权归属分类						
1. 归属于母公司股东的净利润						30 100
2. 少数股东损益				8 400		8 400
所有者权益变动表项目：						
提取盈余公积	1 050	2 850	3 900		2 850	1 050
对股东的分配						
年末未分配利润	10 450	82 650	93 100	167 650	104 600	30 050

贴心提示

①合并工作底稿费用损失类项目合并数 = 合计数 + 调整抵销分录借方 – 调整抵销分录贷方，收入利得类项目合并数 = 合计数 + 调整抵销分录贷方 – 调整抵销分录借方；②特别说明，合并工作底稿中，未分配利润调整抵销数据包括：损益类项目、少数股东损益、年初未分配利润、向股东分配利润、提取盈余公积的调整抵销数据；③分段法母公司投资收益和子公司利润分配的抵销分录整体上不影响"未分配利润"，但是建议读者在设计电子表格工作底稿时，将母公司投资收益和子公司利润分配抵销分录各项目考虑在未分配利润计算范围内，这样便于电子表格设置计算公式。

根据合并工作底稿，合并资产负债表、合并利润表、合并所有者权益变动表如表 6-24 ～表 6-26 所示。

合并现金流量表工作底稿和合并现金流量表如表 6-27、表 6-28 所示。

到此，读者会发现，用抵销法编制的合并财务报表和第四章实操案例 4-2 中用平行法编制的合并财务报表完全一样。

在思维上，可以把平行法理解为"复制"母、子公司的会计凭证到"合并账套"，将部分不符合合并角度的会计分录按照合并角度编制；抵销法将母、子公司会计凭证的最终结果"报表数据"进行汇总，然后调整抵销个别报表角度与合并财务报表角度不一致的会计分录。所以两种方法殊途同归，结果一样。

表 6-24　合并资产负债表（简表）　　　　（单位：万元）

资产	期末余额	上年年末余额	负债和所有者权益（或股东权益）	期末余额	上年年末余额
流动资产：			**流动负债：**		
货币资金	75 000	30 000	应付职工薪酬	44 000	8 000
交易性金融资产		20 000	应交税费	8 000	5 000
应收账款	40 000		应付账款	5 000	
存货	37 000		流动负债合计	57 000	13 000
流动资产合计	152 000	50 000	**非流动负债：**		
非流动资产：			应付债券	58 000	40 000
长期股权投资	53 000	50 000	非流动负债合计	58 000	40 000
固定资产	49 500	9 000	负债合计	115 000	53 000
无形资产	55 000		**所有者权益（或股东权益）：**		
开发支出	10 000		股本	70 000	50 000
商誉	16 000		资本公积	73 000	3 000
非流动资产合计	183 500	59 000	盈余公积	3 050	2 000
			未分配利润	30 050	1 000
			归属于母公司所有者权益（或股东权益）合计	176 100	56 000
			少数股东权益	44 400	
			所有者权益（或股东权益）合计	220 500	56 000
资产总计	335 500	109 000	**负债和所有者权益（或股东权益）总计**	335 500	109 000

表 6-25　合并利润表（简表）　　　　　　（单位：万元）

项目	本期金额	上期金额
一、营业总收入	150 000	
其中：营业收入	150 000	
二、营业总成本	116 500	
其中：营业成本	100 000	
销售费用	5 000	
管理费用	8 500	
财务费用	3 000	
加：投资收益	15 000	
三、营业利润	48 500	
加：营业外收入		
减：营业外支出		
四、利润总额	48 500	
减：所得税费用	10 000	
五、净利润	38 500	
按所有权属分类		
1. 归属于母公司股东的净利润	30 100	
2. 少数股东损益	8 400	

表 6-26　合并所有者权益变动表（简表）　　　　　　（单位：万元）

项目	本年金额					
	归属于母公司所有者权益				少数股东权益	所有者权益合计
	股本	资本公积	盈余公积	未分配利润		
一、上年年末余额	50 000	3 000	2 000	1 000		56 000
加：会计政策变更						
前期差错更正						
二、本年年初余额	50 000	3 000	2 000	1 000		56 000
三、本年增减变动金额（减少以"-"填列）	20 000	70 000	1 050	29 050	44 400	164 500
（一）综合收益总额				30 100	8 400	38 500
（二）所有者投入和减少资本	20 000	70 000			36 000	126 000
1. 所有者投入的普通股	20 000	70 000				90 000
（三）利润分配			1 050	1 050		
1. 提取盈余公积			1 050	1 050		
2. 对股东的分配						
四、本年年末余额	70 000	73 000	3 050	30 050	44 400	220 500

表 6-27　合并现金流量表工作底稿（部分）

（单位：万元）

项目	母公司	子公司	合计数	调整抵销 借方	调整抵销 贷方	合并数
一、经营活动产生的现金流量						
销售商品、提供劳务收到的现金		140 000	140 000			140 000
经营活动现金流入小计		140 000	140 000			140 000
购买商品、接受劳务支付的现金		50 000	50 000		10 000	60 000
支付给职工以及为职工支付的现金	5 000	30 000	35 000			35 000
支付的各项税费	5 000	22 000	27 000			27 000
支付其他与经营活动有关的现金	10 000		10 000	10 000		
经营活动现金流出小计	20 000	102 000	122 000			122 000
经营活动产生的现金流量净额	−20 000	38 000	18 000			18 000
二、投资活动产生的现金流量						
收回投资收到的现金	26 000		26 000			26 000
取得投资收益收到的现金	6 000		6 000			6 000
投资活动现金流入小计	32 000		32 000			32 000
取得子公司及其他营业单位支付的现金净额	10 000		10 000	5 000		5 000
投资活动现金流出小计	10 000		10 000			5 000
投资活动产生的现金流量净额	22 000		22 000			27 000
三、筹资活动产生的现金流量						
筹资活动现金流入小计						
筹资活动现金流出小计						
筹资活动产生的现金流量净额						
四、汇率变动对现金及现金等价物的影响						
五、现金及现金等价物净增加额	2 000	38 000	40 000			45 000
加：期初现金及现金等价物余额	30 000	5 000	35 000		5 000	30 000
六、期末现金及现金等价物余额	32 000	43 000	75 000			75 000

表 6-28 合并现金流量表（简表） （单位：万元）

项目	本期金额
一、经营活动产生的现金流量	
销售商品、提供劳务收到的现金	140 000
经营活动现金流入小计	140 000
购买商品、接受劳务支付的现金	60 000
支付给职工以及为职工支付的现金	35 000
支付的各项税费	27 000
经营活动现金流出小计	122 000
经营活动产生的现金流量净额	18 000
二、投资活动产生的现金流量	
收回投资收到的现金	26 000
取得投资收益收到的现金	6 000
投资活动现金流入小计	32 000
取得子公司及其他营业单位支付的现金净额	5 000
投资活动现金流出小计	5 000
投资活动产生的现金流量净额	27 000
三、筹资活动产生的现金流量	
筹资活动现金流入小计	
筹资活动现金流出小计	
筹资活动产生的现金流量净额	
四、汇率变动对现金及现金等价物的影响	
五、现金及现金等价物净增加额	45 000
加：期初现金及现金等价物余额	30 000
六、期末现金及现金等价物余额	75 000

贴心提示

①读者需要掌握分期法抵销思路，才能推导出分段法抵销思路抵销分录。同时注意，填列合并所有者权益变动表"少数股东权益"需要从分期法思路入手才能得出数据。②结合实操案例6-1，读者需要领悟到在合并财务报表编制工作中，编制合并现金流量表是一项独立

性较强的工作，需要独立编制调整抵销分录，登记独立的合并现金流量表工作底稿，进而编制合并现金流量表。

 实务交流

在理论学习阶段，我们总是先编制调整抵销分录，然后将调整抵销分录过入合并工作底稿。在调整抵销分录较多的情况下，操作不够便捷。于是实务中利用电子表格编制合并财务报表时，单独制作一张表格将调整抵销分录进行归集，再将归集结果直接填列到合并工作底稿中。

调整抵销分录列表格式[⊖]如表 6-29 所示。

表 6-29　调整抵销分录列表

序号	摘要	报表项目	借方	贷方	关联公司
1					
2					
3					
4					
5					
6					
7					

利用调整抵销分录列表，可以进行调整抵销分录借方合计数与贷方合计数是否相等的验证，也可以利用电子表格功能将相同报表项目的调整抵销数进行汇总，便于登记合并工作底稿。

当然，如果使用财务软件的合并财务报表编制功能，这些过程由软件程序在后台运行，不需要人工处理。

⊖　宋明月.轻松合并财务报表：原理、过程与 Excel 实战 [M].北京：机械工业出版社，2019.

第七章

内部交易及债权债务抵销

 贴心提示

　　内部交易抵销只要抓住一体性原则，难度相对不大。本章难点在于第四节的逆流交易损益未对外实现的特殊问题……

第一节　内部交易抵销分录编制原理

一、债权债务抵销

（一）内部应收账款和应付账款的抵销

　　【**案例 7-1**】　甲公司和乙公司属于同一企业集团，20×3 年乙公司应收账款中有应收甲公司的款项 5 万元，20×4 年结算 1 万元，20×4 年末应收账款中有应收甲公司的款项 4 万元，假定乙公司提取坏账准备的比例为 10%。

要求： 做出编制合并财务报表时有关内部债权、债务的抵销分录。

解析： 分析思路如表 7-1 所示。

表 7-1 （单位：万元）

年度	乙公司	甲公司	抵销分录

20×3 年	借：应收账款 5
	  贷：营业收入等 5
	借：信用减值损失 0.5
	  贷：坏账准备 0.5
		借：存货等 5
		  贷：应付账款 5
			借：应付账款 5
			  贷：应收账款 5
			借：应收账款（坏账准备）0.5
			  贷：信用减值损失 0.5

20×4 年	借：货币资金 1
	  贷：应收账款 1
	借：坏账准备 0.1
	  贷：信用减值损失 0.1
		借：应付账款 1
		  贷：货币资金 1
			首先，重新编制 20×3 年抵销分录
			A. 借：应付账款 5
			    贷：应收账款 5
			B. 借：应收账款 0.5
			    贷：年初未分配利润 0.5
			其次，抵销 20×4 年业务：
			C. 借：应收账款 1
			    贷：应付账款 1
			D. 借：信用减值损失 0.1
			    贷：应收账款 0.1

将 20×4 年抵销分录 A 和抵销分录 C 汇总即是：

借：应付账款　　　　　　　　　　　　　　　　　　　　　4

　贷：应收账款　　　　　　　　　　　　　　　　　　　　　4

所以，对于债权债务项目抵销，可以直接按照期末余额抵销，其中包含了以前年度的抵销数据。

由于集团合并财务报表层面不认可内部债权债务，所以对于个别财务报表针对集团内部单位债权计提的坏账准备也需要抵销。对于坏账准备抵销，需要重新编制以前年度坏账准备抵销分录，再编制反冲当年个别财务报表坏账准备的抵销分录。

（二）其他债权债务的抵销

按照一体化原则，比照"（一）内部应收账款和应付账款的抵销"中的思路进行处理。

二、集团内部存货交易的抵销

（一）不考虑存货减值准备

1. 当年内部交易存货未对外实现销售

抵销分录为：

借：营业收入

　贷：营业成本

　　　存货

抵销分录解析：假设同一集团甲公司销售给乙公司一批存货，成本为100万元，售价为200万元，双方通过银行存款结算，乙公司购进后未对外销售。抵销分录推导思路如表7-2所示。

表　7-2　　　　　　　　　　　　　　　　（单位：万元）

甲公司	乙公司	合并角度	合并抵销
借：货币资金　200 　贷：营业收入　200 借：营业成本　100 　贷：存货　　　100	借：存货　　　　200 　贷：货币资金　200	存货转移存放地点 借：存货　　　100 　贷：存货　　100	借：营业收入　200 　贷：营业成本　100 　　　存货　　　100

2. 当年内部交易存货已对外实现销售

抵销分录为：

借：营业收入

　贷：营业成本

抵销分录解析：假设同一集团甲公司销售给乙公司一批存货，成本为100万元，售价为200万元，双方通过银行存款结算，乙公司购进后以300万元对外销售。抵销分录推导思路如表7-3所示。

3. 当年内部交易存货部分对外实现销售，部分未对外实现销售

抵销分录为：

借：营业收入

　贷：营业成本

　　　存货

表   7-3   （单位：万元）

甲公司	乙公司	合并角度	合并抵销
借：货币资金 200 　贷：营业收入 200 借：营业成本 100 　贷：存货　　 100	借：存货　　 200 　贷：货币资金 200 借：货币资金 300 　贷：营业收入 300 借：营业成本 200 　贷：存货　　 200	存货转移： 借：存货　　 100 　贷：存货　　 100 资金转移： 借：货币资金 200 　贷：货币资金 200 销售存货： 借：营业成本 100 　贷：存货　　 100 借：货币资金 300 　贷：营业收入 300	借：营业收入 200 　贷：营业成本 200

抵销分录解析： 假设同一集团甲公司销售给乙公司一批存货，成本为 100 万元，售价为 200 万元，双方通过银行存款结算，乙公司购进后，60% 以 180 万元对外销售，40% 尚未对外销售。

思路： 可以将上述内部交易存货分为两批，一批对外实现销售，一批未对外实现销售。

（1）60% 对外实现销售抵销分录：

借：营业收入　　　　　　　　　　　　　　　　　　　120

　贷：营业成本　　　　　　　　　　　　　　　　　　　　120

（2）40% 未对外实现销售抵销分录：

借：营业收入　　　　　　　　　　　　　　　　　　　80

　贷：营业成本　　　　　　　　　　　　　　　　　　　　40

　　存货　　　　　　　　　　　　　　　　　　　　　　40

（3）将上述两笔抵销分录合并，则为：

借：营业收入　　　　　　　　　　　　　　　　　　　200

　贷：营业成本　　　　　　　　　　　　　　　　　　　　160

　　存货　　　　　　　　　　　　　　　　　　　　　　40

4. 以前年度内部交易存货未对外实现销售

抵销分录为：

借：年初未分配利润

　　贷：存货

抵销分录解析： 假设上年同一集团甲公司销售给乙公司一批存货，成本为 100 万元，售价为 200 万元，双方通过银行存款结算，乙公司购进后直到当年未对外销售。

思路： 将以前年度抵销分录重新编写，损益类项目换为"年初未分配利润"。

抵销分录为：

借：年初未分配利润　　　　　　　　　　　　　　　　100

　　贷：存货　　　　　　　　　　　　　　　　　　　　　100

5. 以前年度内部交易存货已对外实现销售

抵销分录为：

借：年初未分配利润

　　贷：营业成本

抵销分录解析： 假设上年同一集团甲公司销售给乙公司一批存货，成本为 100 万元，售价为 200 万元，双方通过银行存款结算，乙公司上年购进后未对外销售，当年以 300 万元实现对外销售。

思路： 按年度分析抵销分录。

（1）第一年抵销分录推导思路如表 7-4 所示。

表　7-4　　　　　　　　　　　　　　　　　（单位：万元）

甲公司	乙公司	合并角度	合并抵销
借：货币资金 200 　　贷：营业收入 200 借：营业成本 100 　　贷：存货 100	借：存货 200 　　贷：货币资金 200	存货内部转移存放地点	借：营业收入 200 　　贷：营业成本 100 　　　　存货 100

（2）第二年抵销分录推导思路如表 7-5 所示。

表 7-5　　　　　　　　　（单位：万元）

甲公司	乙公司	合并角度	合并抵销
	借：营业成本　200 　　贷：存货　　　200 借：货币资金　300 　　贷：营业收入　300	借：营业成本　100 　　贷：存货　　　100 借：货币资金　300 　　贷：营业收入　300	首先将上年抵销分录重新编制： 借：年初未分配利润　　　100 　　贷：存货　　　　　　　100 再编制当年业务抵销分录： 借：存货　　　　　　　　100 　　贷：营业成本　　　　　100

将第二年两笔抵销分录合并则为：

借：年初未分配利润　　　　　　　　　　　　　　　　　100

　　贷：营业成本　　　　　　　　　　　　　　　　　　　　100

6. 以前年度内部交易存货部分对外实现销售，部分未对外实现销售

抵销分录为：

借：年初未分配利润

　　贷：营业成本

　　　　存货

抵销分录解析： 假设上年同一集团甲公司销售给乙公司一批存货，成本为 100 万元，售价为 200 万元，双方通过银行存款结算，乙公司上年购进后未对外销售，当年将上年交易存货中 60% 以 180 万元实现对外销售，另外40% 尚未实现销售。

思路：（1）上年交易当年实现对外销售 60%：

借：年初未分配利润　　　　　　　　　　　　　　　　　60

　　贷：营业成本　　　　　　　　　　　　　　　　　　　　60

（2）上年交易当年未实现对外销售 40%：

借：年初未分配利润　　　　　　　　　　　　　　　　　40

　　贷：存货　　　　　　　　　　　　　　　　　　　　　　40

（3）将上述两笔分录汇总则为：

借：年初未分配利润　　　　　　　　　　　　　　　100

　　贷：营业成本　　　　　　　　　　　　　　　　　　　　60

　　　　存货　　　　　　　　　　　　　　　　　　　　　　40

（二）内部交易存货资产减值抵销

内部交易存货考虑资产减值，首先重新编制存货跌价准备上年抵销分录，损益类项目换为"年初未分配利润"，再对当年存货跌价准备进行抵销。

【案例7-2】 甲公司和乙公司是同一集团内成员企业，20×1年甲公司销售商品给乙公司，售价为100万元，成本为60万元，乙公司购入后当年并未售出，年末该存货的可变现净值为80万元。

要求： 做出编制合并财务报表时20×1年的抵销分录。

解析：（1）不考虑存货跌价准备。

借：营业收入　　　　　　　　　　　　　　　　　　100

　　贷：营业成本　　　　　　　　　　　　　　　　　　　　60

　　　　存货　　　　　　　　　　　　　　　　　　　　　　40

（2）存货跌价准备抵销（见表7-6）。

表　7-6　　　　　　　　　　　　　　　　（单位：万元）

甲公司	乙公司	合并角度	抵销分录
无	存货成本：100万元 可变现净值：80万元 借：资产减值损失　20 　　贷：存货跌价准备　20	存货成本：60万元 可变现净值：80万元 没有减值	借：存货（存货跌价准备）　20 　　贷：资产减值损失　20

20×2年乙公司将上年购入的商品对外销售50%，还有50%未对外实现销售，年末商品的可变现净值为25万元，则20×2年的抵销分录如下：

（1）不考虑存货减值。

借：年初未分配利润　　　　　　　　　　　　　　　40

　　贷：营业成本　　　　　　　　　　　　　　　　　　　　20

　　　　存货　　　　　　　　　　　　　　　　　　　　　　20

（2）存货跌价准备抵销（见表 7-7）。

表　7-7　　　　　　　　　　　　　　　（单位：万元）

乙公司	合并角度	抵销分录
对上年计提存货跌价准备 20 万元中，对外实现销售的部分计入营业成本： 借：存货跌价准备　　　10 　贷：营业成本　　　　　10 当年留存 50% 的存货减值准备： 存货成本：50 万元 可变现净值：25 万元 应计提减值损失 25 万元，已经计提 10 万元，补提 15 万元： 借：资产减值损失　　　15 　贷：存货跌价准备　　　15	上年没有计提 当年留存 50% 的存货减值准备： 成本：30 万元 可变现净值：25 万元 应计提 5 万元： 借：资产减值损失　　5 　贷：存货跌价准备　　5	重新编制上年抵销分录： 借：存货　　　　　　20 　贷：年初未分配利润　20 当年存货跌价准备抵销： 借：营业成本　　　　10 　贷：存货　　　　　　10 借：存货（=15-5）　10 　贷：资产减值损失　　10

（三）内部交易增值税问题

增值税是法定事项，其债权债务结算是和税务机关进行的，因此，对于内部交易增值税项目，不做抵销处理。

三、固定资产内部交易抵销

固定资产内部交易主要涉及交易当年对固定资产原值虚增进行抵销，在内部交易后，还需要对折旧进行调整等。

【案例 7-3】 甲公司是一家国内领先设备制造商，乙公司是甲公司的子公司。甲公司 20×3 年 12 月 31 日销售一台设备给乙公司，成本为 800 万元，售价为 1 000 万元。乙公司购入后作为固定资产用于管理部门，假定该固定资产折旧期为 5 年，没有残值，乙公司采用直线法提取折旧。

要求：根据上述资料，做出如下会计处理：

（1）编制 20×3 ～ 20×7 年的抵销分录。

（2）如果 20×8 年该设备不被清理，则当年的抵销分录将如何处理？

（3）如果20×8年底该设备被清理，则当年的抵销分录如何处理？

（4）如果该设备用至20×9年仍没有被清理，编制20×9年的抵销分录。

（5）如果该设备在20×6年底被提前清理，则当年的抵销分录将如何处理？

解析：（1）20×3～20×7年的抵销分录如下：

1）20×3年，抵销固定资产原值虚增，同时抵销内部交易损益，抵销分录为：

借：营业收入　　　　　　　　　　　　　　　1 000
　　贷：营业成本　　　　　　　　　　　　　　　　　800
　　　　固定资产　　　　　　　　　　　　　　　　　200

2）20×4年，除对上年抵销分录重新编制外，还需要对个别财务报表多计提折旧进行调整。

借：年初未分配利润　　　　　　　　　　　　200
　　贷：固定资产　　　　　　　　　　　　　　　　　200
借：固定资产（累计折旧）　　　　　　　　　　40
　　贷：管理费用　　　　　　　　　　　　　　　　　40

3）20×5年的抵销分录：

借：年初未分配利润　　　　　　　　　　　　200
　　贷：固定资产　　　　　　　　　　　　　　　　　200
借：固定资产　　　　　　　　　　　　　　　　40
　　贷：年初未分配利润　　　　　　　　　　　　　　40
借：固定资产　　　　　　　　　　　　　　　　40
　　贷：管理费用　　　　　　　　　　　　　　　　　40

4）20×6年的抵销分录：

借：年初未分配利润　　　　　　　　　　　　200
　　贷：固定资产　　　　　　　　　　　　　　　　　200
借：固定资产　　　　　　　　　　　　　　　　80
　　贷：年初未分配利润　　　　　　　　　　　　　　80

借：固定资产　　　　　　　　　　　　　　40

　　贷：管理费用　　　　　　　　　　　　　　40

5）20×7年的抵销分录：

借：年初未分配利润　　　　　　　　　　　200

　　贷：固定资产　　　　　　　　　　　　　200

借：固定资产　　　　　　　　　　　　　　120

　　贷：年初未分配利润　　　　　　　　　　120

借：固定资产　　　　　　　　　　　　　　40

　　贷：管理费用　　　　　　　　　　　　　　40

（2）如果20×8年不清理，则抵销分录如下：

1）借：年初未分配利润　　　　　　　　　200

　　　贷：固定资产　　　　　　　　　　　　200

2）借：固定资产　　　　　　　　　　　　160

　　　贷：年初未分配利润　　　　　　　　　160

3）借：固定资产　　　　　　　　　　　　40

　　　贷：管理费用　　　　　　　　　　　　　40

（3）如果20×8年底清理该设备，则抵销分录如下：

将（2）中的"固定资产"全部换为"资产处置收益"即可。

1）借：年初未分配利润　　　　　　　　　200

　　　贷：资产处置收益　　　　　　　　　　200

2）借：资产处置收益　　　　　　　　　　160

　　　贷：年初未分配利润　　　　　　　　　160

3）借：资产处置收益　　　　　　　　　　40

　　　贷：管理费用　　　　　　　　　　　　　40

（4）如果乙公司使用该设备至20×9年仍没有清理，则20×9年的抵销
分录如下：

1）抵销原值虚增：

借：年初未分配利润   200

    贷：固定资产   200

2）调整折旧：

借：固定资产   200

    贷：年初未分配利润   200

提示：两笔分录汇总金额为 0，可以不编制抵销分录。

（5）如果乙公司于 20×6 年末清理该设备，则当年的抵销分录如下：

1）借：年初未分配利润   200

      贷：资产处置收益   200

2）借：资产处置收益   80

      贷：年初未分配利润   80

3）借：资产处置收益   40

      贷：管理费用   40

提示：把 20×6 年没有清理情况下的抵销分录中的"固定资产"换为"资产处置收益"。

企业集团内部无形资产交易抵销，比照内部固定资产交易抵销处理。

四、企业内部租赁抵销

企业集团内部租赁资产，不属于集团合并财务报表层面的租赁，应当按照一体性原则予以抵销。

【案例 7-4】 20×8 年 1 月 1 日，母公司 A 公司与子公司 B 公司签订租赁协议，将 A 公司一栋办公楼出租给 B 公司，租赁期开始日为 20×8 年 1 月 1 日，年租金为 200 万元，租金每年年末支付，租赁期为 5 年。B 公司将租赁的资产用于管理部门。

A 公司根据《企业会计准则第 21 号——租赁（2018）》判断，该租赁没有转移该办公楼的风险与报酬，属于经营租赁，A 公司按照《企业会计准则第 3 号——投资性房地产（2006）》的规定，将该栋出租的办公楼作为投资性房地产核算，并按公允价值进行后续计量。

该办公楼租赁期开始日的公允价值为 1 800 万元，20×8 年 12 月 31 日的公允价值为 2 000 万元。该办公楼于 20×8 年租赁期开始日账面价值为 1 000 万元，其建造成本为 2 000 万元，预计使用年限为 20 年，已经使用 10 年，累计折旧 1 000 万元，尚可使用 10 年，预计净残值为零。出租前 A 公司对该固定资产按年限平均法计提折旧。

假设 B 公司不能准确测算 A 公司的内含报酬率，相同条件下 B 公司增量借款资金成本为 8%。B 公司根据《企业会计准则第 21 号——租赁（2018）》将租入的办公楼作为使用权资产核算。

解析： A 公司个别财务报表的会计处理如下。

（1）固定资产转换为投资性房地产：

借：投资性房地产	1 800
累计折旧	1 000
贷：固定资产	2 000
其他综合收益	800

（2）资产负债表日调整投资性房地产公允价值：

借：投资性房地产（=2 000-1 800）	200
贷：公允价值变动损益	200

（3）收取当年租金：

借：银行存款	200
贷：其他业务收入	200

B 公司个别财务报表的会计处理如下。

使用权资产入账价值 =200×（P/A，8%，5）=200×3.992 7≈800（万元）

借：使用权资产	800
租赁负债——未确认融资费用	200
贷：租赁负债——租赁付款额	1 000

计提折旧 =800÷5=160（万元）

借：管理费用　　　　　　　　　　　　　　　　160

　　贷：使用权资产累计折旧　　　　　　　　　　　160

利息支出 =800×8%=64（万元）

借：财务费用　　　　　　　　　　　　　　　　64

　　贷：租赁负债——未确认融资费用　　　　　　64

支付租金：

借：租赁负债——租赁付款额　　　　　　　　　200

　　贷：银行存款　　　　　　　　　　　　　　　200

从合并财务报表看，该办公楼仍然作为自用办公楼，按照固定资产列报，合并财务报表抵销分录如下。

（1）冲回出租方投资性房地产转换分录：

借：固定资产　　　　　　　　　　　　　　　　2 000

　　其他综合收益　　　　　　　　　　　　　　800

　　贷：投资性房地产　　　　　　　　　　　　　1 800

　　　　固定资产（累计折旧）　　　　　　　　　1 000

（2）冲回出租方年底调整公允价值：

借：公允价值变动损益　　　　　　　　　　　　200

　　贷：投资性房地产　　　　　　　　　　　　　200

（3）内部租赁需要抵销以下项目：

使用权资产 =800-160=640（万元）

租赁负债 =800+64-200=664（万元）

计提使用权资产折旧的管理费用：160 万元。

承租方财务费用：64 万元。

出租方租金收入：200 万元。

借：营业收入　　　　　　　　　　　　　　　　200

　　租赁负债　　　　　　　　　　　　　　　　664

  贷：使用权资产   640

     管理费用   160

     财务费用   64

（4）将办公楼按照固定资产计提折旧：

 借：管理费用（=2 000÷20）   100

  贷：固定资产（累计折旧）   100

第二节 集团内部交易实操案例

❖ 实操案例 7-1 集团母、子公司内部交易抵销案例

  猴探实业股份有限公司（以下简称"猴探公司"）是桃园创客股份有限公司（以下简称"桃园公司"）的母公司。桃园公司是猴探公司 20×5 年投资成立的子公司，猴探公司占桃园公司 80% 的表决权资本比例。

  20×5 年 7 月 1 日，猴探公司投资 80 万元，无关联方黔灵山公司投资 20 万元共同组建桃园公司，桃园公司董事会由 5 人组成，其中猴探公司任命 4 人，黔灵山公司任命 1 人。桃园公司相关经营事项由董事会决策，根据公司章程，董事会过半数成员同意则可以通过相关决议。

  20×5 年，桃园公司实现净利润 200 万元。除计提 20 万元盈余公积外，没有进行其他分配。

  母、子公司内部交易数据如下：

  （1）20×5 年 7 月，猴探公司将一项商标权转让给桃园公司。转让时，该商标权账面价值为 160 万元，原价为 200 万元，已经摊销 40 万元，没有计提减值准备。转让作价 200 万元。预计该商标尚可使用 5 年。桃园公司购进该商标主要用于促进产品销售。

  （2）20×5 年 8 月 1 日，猴探公司将账面价值为 100 万元的存货作价 120 万元销售给桃园公司，桃园公司将该批存货以 150 万元对外出售。相关

款项已经通过银行存款结算。

（3）20×5 年 12 月 20 日，猴探公司将账面价值为 50 万元的存货作价
60 万元销售给桃园公司，20×5 年 12 月 31 日，桃园公司尚未将该批存货对
外出售。内部购销款 60 万元没有支付结算。假设猴探公司针对桃园公司的
应收账款 60 万元进行风险特征分析后，没有计提坏账准备。

20×5 年 12 月 31 日，猴探公司个别资产负债表（简表）如表 7-8 所示。

表 7-8　资产负债表（简表）　　　　　（单位：万元）

资产	期末余额	负债和所有者权益（或股东权益）	期末余额
流动资产：		**流动负债：**	
货币资金	100	短期借款	500
交易性金融资产	20	应付职工薪酬	300
应收账款	1 800	应交税费	460
存货	3 000	应付账款	1 200
其他应收款	700	其他应付款	300
其他流动资产	50	流动负债合计	2 760
流动资产合计	5 670	**非流动负债：**	
非流动资产：		长期借款	3 000
长期股权投资	800	应付债券	1 000
固定资产	5 000	非流动负债合计	4 000
无形资产	1 000	负债合计	6 760
开发支出	300	**所有者权益（或股东权益）：**	
非流动资产合计	7 100	股本	3 000
		资本公积	500
		盈余公积	800
		未分配利润	1 710
		所有者权益（或股东权益）合计	6 010
资产总计	12 770	**负债和所有者权益（或股东权益）总计**	12 770

20×5 年，猴探公司个别利润表（简表）如表 7-9 所示。

20×5 年 12 月 31 日，桃园公司个别资产负债表（简表）如表 7-10 所示。

表 7-9　利润表（简表）　　　　　　　（单位：万元）

项目	本期金额
一、营业总收入	12 000
其中：营业收入	12 000
二、营业总成本	8 520
其中：营业成本	7 000
销售费用	820
管理费用	300
财务费用	400
加：投资收益	
资产处置收益	40
三、营业利润	3 520
加：营业外收入	180
减：营业外支出	20
四、利润总额	3 680
减：所得税费用	940
五、净利润	2 740

20×5 年，桃园公司个别利润表（简表）如表 7-11 所示。

调整抵销分录如下：

（1）长期股权投资成本法调整为权益法。

借：长期股权投资（=200×80%）　　　　　　　160

　　贷：投资收益　　　　　　　　　　　　　　　　　160

调整后长期股权投资金额为 240 万元（＝个别财务报表成本法金额 80 万元 + 权益法调整增加 160 万元）。

（2）权益投资抵销。

借：股本　　　　　　　　　　　　　　　　100

　　盈余公积　　　　　　　　　　　　　　20

　　未分配利润　　　　　　　　　　　　　180

　　贷：长期股权投资　　　　　　　　　　　　　240

　　　　少数股东权益　　　　　　　　　　　　　60

表 7-10 资产负债表（简表） （单位：万元）

资产	期末余额	负债和所有者权益（或股东权益）	期末余额
流动资产：		**流动负债：**	
货币资金	32	短期借款	
交易性金融资产		应付职工薪酬	30
应收账款	55	应交税费	15
存货	10	应付账款	60
其他应收款	23	其他应付款	10
其他流动资产		流动负债合计	115
流动资产合计	120	**非流动负债：**	
非流动资产：		长期借款	
长期股权投资		应付债券	
固定资产	115	非流动负债合计	
无形资产	180	负债合计	115
开发支出		**所有者权益（或股东权益）：**	
非流动资产合计	295	股本	100
		资本公积	
		盈余公积	20
		未分配利润	180
		所有者权益（或股东权益）合计	300
资产总计	415	**负债和所有者权益（或股东权益）总计**	415

表 7-11 利润表（简表） （单位：万元）

项目	本期金额
一、营业总收入	400
其中：营业收入	400
二、营业总成本	222
其中：营业成本	100
销售费用	30
管理费用	90
财务费用	2
加：投资收益	
资产处置收益	
三、营业利润	178
加：营业外收入	130
减：营业外支出	
四、利润总额	308
减：所得税费用	108
五、净利润	200

借：投资收益   160

  少数股东损益   40

 贷：计提盈余公积   20

   年末未分配利润   180

（3）内部交易抵销。

1）商标权内部交易。

借：资产处置收益   40

 贷：无形资产   40

借：无形资产（累计摊销）   4

 贷：销售费用   4

注：该无形资产当年按照半年摊销。

2）20×5年8月1日，猴探公司将账面价值为100万元的存货作价120万元销售给桃园公司，桃园公司将该批存货以150万元对外出售。

借：营业收入   120

 贷：营业成本   120

3）20×5年12月20日，猴探公司将账面价值为50万元的存货作价60万元销售给桃园公司，20×5年12月31日，桃园公司尚未将该批存货对外出售。内部购销款60万元没有支付结算。

借：营业收入   60

 贷：营业成本   50

   存货   10

借：应付账款   60

 贷：应收账款   60

合并工作底稿如表7-12所示。

表 7-12 合并工作底稿（部分）　　　　（单位：万元）

项目	母公司	子公司	合计数	调整抵销分录借方	调整抵销分录贷方	合并数
资产负债表项目：						
货币资金	100	32	132			132
交易性金融资产	20		20			20
应收账款	1 800	55	1 855		60	1 795
存货	3 000	10	3 010		10	3 000
其他应收款	700	23	723			723
其他流动资产	50		50			50
长期股权投资	800		800	160	240	720
固定资产	5 000	115	5 115			5 115
无形资产	1 000	180	1 180	4	40	1 144
开发支出	300		300			300
短期借款	500		500			500
应付职工薪酬	300	30	330			330
应交税费	460	15	475			475
应付账款	1 200	60	1 260	60		1 200
其他应付款	300	10	310			310
长期借款	3 000		3 000			3 000
应付债券	1 000		1 000			1 000
股本	3 000	100	3 100	100		3 000
资本公积	500		500			500
盈余公积	800	20	820	20		800
未分配利润	1 710	180	1 890	600	534	1 824
少数股东权益					60	60
利润表项目：						
营业收入	12 000	400	12 400	180		12 220
营业成本	7 000	100	7 100		170	6 930
销售费用	820	30	850		4	846
管理费用	300	90	390			390
财务费用	400	2	402			402
投资收益				160	160	
资产处置收益	40		40	40		
营业外收入	180	130	310			310
营业外支出	20		20			20
所得税费用	940	108	1 048			1 048
净利润	2 740	200	2 940	—	—	2 894
净利润按所有权归属分类						
1. 归属于母公司股东的净利润						2 854
2. 少数股东损益				40		40

实务交流

　　一些实务工作专家在合并工作底稿中将"调整分录"和"抵销分录"分作不同的"列",其做法是在合并财务报表中先调整个别报表(主要是购买的子公司可辨认净资产公允价值调整和母公司对子公司长期股权投资权益法调整),个别报表调整好之后,再汇总,汇总之后再进行抵销,如权益投资抵销以及内部交易抵销等。这样设计合并工作底稿展现出层层递进的合并财务报表编制思路。

合并资产负债表(简表)如表 7-13 所示。

表 7-13　合并资产负债表(简表)　　　　(单位:万元)

资产	期末余额	负债和所有者权益(或股东权益)	期末余额
流动资产:		**流动负债:**	
货币资金	132	短期借款	500
交易性金融资产	20	应付职工薪酬	330
应收账款	1 795	应交税费	475
存货	3 000	应付账款	1 200
其他应收款	723	其他应付款	310
其他流动资产	50	流动负债合计	2 815
流动资产合计	5 720	**非流动负债:**	
非流动资产:		长期借款	3 000
长期股权投资	720	应付债券	1 000
固定资产	5 115	非流动负债合计	4 000
无形资产	1 144	负债合计	6 815
开发支出	300	**所有者权益(或股东权益):**	
非流动资产合计	7 279	股本	3 000
		资本公积	500
		盈余公积	800
		未分配利润	1 824
		归属于母公司所有者权益(或股东权益)合计	6 124
		少数股东权益	60
		所有者权益(或股东权益)合计	6 184
资产总计	12 999	**负债和所有者权益(或股东权益)总计**	12 999

合并利润表（简表）如表 7-14 所示。

表 7-14 合并利润表（简表）　　　　（单位：万元）

项目	本期金额
一、营业总收入	12 220
其中：营业收入	12 220
二、营业总成本	8 568
其中：营业成本	6 930
销售费用	846
管理费用	390
财务费用	402
加：投资收益	
资产处置收益	
三、营业利润	3 652
加：营业外收入	310
减：营业外支出	20
四、利润总额	3 942
减：所得税费用	1 048
五、净利润	2 894
按所有权属分类	
1.归属于母公司股东的净利润	2 854
2.少数股东损益	40

第三节　总、分公司并表实操案例

总、分公司并表原理和集团合并财务报表一样，都坚持一体性原则。具体来说，还有下面几点不同：

（1）总、分公司不涉及少数股东权益与少数股东损益。

（2）集团内母、子公司是独立的法律主体，因此集团内母、子公司是在个别法律主体利润分配的基础上进行合并（先分配再合并）；而总、分公司是一个法律主体，所以在合并程序上应该先合并再分配。

（3）子公司成立的前提是接受母公司投资，母、子公司需要抵销长期股权投资和所有者权益。而总、分公司往往是总公司借一笔钱给分公司做初始运作资金，因此总、分公司抵销其他应收款与其他应付款。

（4）关于所得税，按照所得税法，母、子公司独立确认所得税，总、分公司在汇总税前利润的基础上计算所得税。

❖ 实操案例 7-2　总公司和分公司合并财务报表编制

华东登高燃料总公司是一家综合性大型企业，采用总、分公司模式进行运营管理。

20×5年12月1日，华东登高燃料总公司成立第一分公司。总、分公司进行独立核算，以总、分公司合并后的财务数据为基础计提盈余公积。假设公司总部和分公司的个别财务报表不考虑所得税，以合并后的数据为基础计提所得税费用。

20×5年12月31日，华东登高燃料总公司总部资产负债表（简表）如表7-15所示。

20×5年华东登高燃料总公司总部利润表（简表）如表7-16所示。

表 7-15　资产负债表（简表）　　　　　（单位：万元）

资产	期末余额	负债和所有者权益（或股东权益）	期末余额
流动资产：		**流动负债：**	
货币资金	800	短期借款	500
交易性金融资产		应付职工薪酬	1 300
应收账款	1 500	应交税费	460
存货	2 700	应付账款	1 200
其他应收款	2 200	其他应付款	300
其他流动资产		流动负债合计	3 760
流动资产合计	7 200	**非流动负债：**	
非流动资产：		长期借款	3 000
长期股权投资		应付债券	
固定资产	6 200	非流动负债合计	3 000
无形资产		负债合计	6 760
开发支出	500	**所有者权益（或股东权益）：**	
非流动资产合计	6 700	股本	3 600
		资本公积	1 000
		盈余公积	800
		未分配利润	1 740
		所有者权益（或股东权益）合计	7 140
资产总计	13 900	**负债和所有者权益（或股东权益）总计**	13 900

表 7-16　利润表（简表）　　　　（单位：万元）

项目	本期金额
一、营业总收入	12 000
其中：营业收入	12 000
二、营业总成本	8 300
其中：营业成本	6 890
销售费用	905
管理费用	405
财务费用	100
加：投资收益	
资产处置收益	
三、营业利润	3 700
加：营业外收入	530
减：营业外支出	215
四、利润总额	4 015
减：所得税费用	
五、净利润	4 015

20×5 年 12 月 31 日，华东登高燃料总公司第一分公司资产负债表（简表）如表 7-17 所示。

表 7-17　资产负债表（简表）　　　　（单位：万元）

资产	期末余额	负债和所有者权益（或股东权益）	期末余额
流动资产：		流动负债：	
货币资金	390	短期借款	
交易性金融资产		应付职工薪酬	40
应收账款	120	应交税费	225
存货	380	应付账款	10
其他应收款	60	其他应付款	1 000
其他流动资产		流动负债合计	1 275
流动资产合计	950	非流动负债：	
非流动资产：		长期借款	
长期股权投资		应付债券	
固定资产	300	非流动负债合计	
无形资产		负债合计	1 275
开发支出		所有者权益（或股东权益）：	
非流动资产合计	300	股本	
		资本公积	
		盈余公积	
		未分配利润	−25
		所有者权益（或股东权益）合计	−25
资产总计	1 250	负债和所有者权益（或股东权益）总计	1 250

20×5 年华东登高燃料总公司第一分公司利润表（简表）如表 7-18 所示。

表 7-18　利润表（简表）　　　　　　（单位：万元）

项目	本期金额
一、营业总收入	120
其中：营业收入	120
二、营业总成本	145
其中：营业成本	70
销售费用	35
管理费用	40
财务费用	
加：投资收益	
资产处置收益	
三、营业利润	−25
加：营业外收入	
减：营业外支出	
四、利润总额	−25
减：所得税费用	
五、净利润	−25

20×5 年 12 月总部和分公司内部交易及抵销分录如下。

（1）12 月 1 日，总部借支 1 000 万元给第一分公司作为初始运作资金，年底尚未结清。

借：其他应付款　　　　　　　　　　　　　　1 000

　　贷：其他应收款　　　　　　　　　　　　　　　　　1 000

（2）总部将成本为 260 万元的库存商品作价 300 万元销售给第一分公司作为固定资产，交易款项已经结算。

借：营业收入　　　　　　　　　　　　　　　300

　　贷：营业成本　　　　　　　　　　　　　　　　　260

　　　　固定资产　　　　　　　　　　　　　　　　　40

（3）以调整后的净利润为基础计提企业所得税 990 万元。

借：所得税费用　　　　　　　　　　　　　　990

　　贷：应交税费　　　　　　　　　　　　　　　　　990

（4）根据合并净利润计提盈余公积 296 万元。

借：未分配利润 296

贷：盈余公积 296

合并工作底稿如表 7-19 所示。

表 7-19 合并工作底稿（部分） （单位：万元）

项目	总部	第一分公司	合计数	调整抵销分录		合并数
				借方	贷方	
资产负债表项目：						
货币资金	800	390	1 190			1 190
应收账款	1 500	120	1 620			1 620
存货	2 700	380	3 080			3 080
其他应收款	2 200	60	2 260		1 000	1 260
长期股权投资						
固定资产	6 200	300	6 500		40	6 460
开发支出	500		500			500
短期借款	500		500			500
应付职工薪酬	1 300	40	1 340			1 340
应交税费	460	225	685		990	1 675
应付账款	1 200	10	1 210			1 210
其他应付款	300	1 000	1 300	1 000		300
长期借款	3 000		3 000			3 000
应付债券						
股本	3 600		3 600			3 600
资本公积	1 000		1 000			1 000
盈余公积	800		800		296	1 096
未分配利润	1 740	−25	1 715	1 586	260	389
利润表项目：						
营业收入	12 000	120	12 120	300		11 820
营业成本	6 890	70	6 960		260	6 700
销售费用	905	35	940			940
管理费用	405	40	445			445
财务费用	100		100			100
营业外收入	530		530			530
营业外支出	215		215			215
所得税费用				990		990
净利润	4 015	−25	3 990			2 960

合并资产负债表（简表）如表 7-20 所示。

表 7-20　合并资产负债表（简表）　　　（单位：万元）

资产	期末余额	负债和所有者权益（或股东权益）	期末余额
流动资产：		流动负债：	
货币资金	1 190	短期借款	500
交易性金融资产		应付职工薪酬	1 340
应收账款	1 620	应交税费	1 675
存货	3 080	应付账款	1 210
其他应收款	1 260	其他应付款	300
其他流动资产		流动负债合计	5 025
流动资产合计	7 150	非流动负债：	
非流动资产：		长期借款	3 000
长期股权投资		应付债券	
固定资产	6 460	非流动负债合计	3 000
无形资产		负债合计	8 025
开发支出	500	所有者权益（或股东权益）：	
非流动资产合计	6 960	股本	3 600
		资本公积	1 000
		盈余公积	1 096
		未分配利润	389
		所有者权益（或股东权益）合计	6 085
资产总计	1 4110	负债和所有者权益（或股东权益）总计	14 110

合并利润表（简表）如表 7-21 所示。

表 7-21　合并利润表（简表）　　　（单位：万元）

项目	本期金额
一、营业总收入	11 820
其中：营业收入	11 820
二、营业总成本	8 185
其中：营业成本	6 700
销售费用	940
管理费用	445
财务费用	100
加：投资收益	
资产处置收益	
三、营业利润	3 635
加：营业外收入	530
减：营业外支出	215
四、利润总额	3 950
减：所得税费用	990
五、净利润	2 960

第四节　母、子公司内部未实现逆流交易的特殊问题

母、子公司组成的企业集团的合并财务报表编制，涉及"权益投资抵销"和"内部交易抵销"两项工作。权益投资抵销环节，并没有考虑集团内部交易，在此基础上确认与计量少数股东损益。

而在考虑集团内部未实现交易特别是逆流交易时，按照实体理论抵销集团内部未实现利润，势必会导致权益投资抵销环节没有考虑内部交易利润抵销基础上的少数股东损益确认与计量出现问题。

因此，在集团内部有未实现逆流交易时，需要调减少数股东损益，对应减少少数股东权益。

【案例7-5】 甲公司20×9年初以现金80万元和另外一方投资20万元设立乙公司，甲公司能控制乙公司的财务与经营政策。假设当年乙公司将账面价值为100万元的存货作价200万元出售给甲公司，乙公司按照10%计提盈余公积，没有进行其他分配。甲公司购进该存货后尚未对外出售。假设甲、乙公司除上述业务外，当年未发生其他经济业务。20×9年底，乙公司个别财务报表所有者权益如下：实收资本100万元，未分配利润90万元，盈余公积10万元。

（1）母公司个别财务报表长期股权投资为80万元（成本法）。

（2）编制合并调整分录，将长期股权投资调整为权益法（合并财务报表权益法调整时不考虑内部交易）：

借：长期股权投资　　　　　　　　　　　　　　　80

　　贷：投资收益　　　　　　　　　　　　　　　　　　80

合并财务报表调整为权益法后，长期股权投资账面价值为160（=80+80）万元。

（3）母公司长期股权投资与子公司所有者权益抵销分录：

借：实收资本　　　　　　　　　　　　　　　　　100

　　盈余公积　　　　　　　　　　　　　　　　　　10

　　未分配利润　　　　　　　　　　　　　　　　　90

贷：长期股权投资	160
少数股东权益	40

（4）母公司投资收益与子公司利润分配抵销：

借：投资收益	80
少数股东损益	20
贷：计提盈余公积	10
年末未分配利润	90

（5）内部交易抵销：

借：营业收入	200
贷：营业成本	100
存货	100

经过上述抵销后，合并工作底稿利润表项目如表 7-22 所示。

表 7-22　合并工作底稿（部分）　　（单位：万元）

项目	母公司（甲）	子公司（乙）	调整抵销分录 借方	调整抵销分录 贷方	合并数
营业收入	200		200		
营业成本		100		100	
投资收益			80	80	
未分摊前净利润（合并净利润）					0
其中：少数股东损益					20
归属于母公司股东的净利润					?

按照实体理论，合并净利润分为归属于母公司股东的净利润和少数股东损益，也就是说，归属于母公司股东的净利润和少数股东损益都服从于"一致基础上确认的合并净利润"。表 7-22 中的利润表项目出现明显不合理现象，集团未对外实现经营，合并净利润为 0 没有问题，但是，少数股东损益为 20 万元是违背实体理论和一体性原则的，原因在于权益投资抵销环节没有考虑逆流交易对子公司利润造成虚增，从而虚增少数股东权益 20 万元，以及虚增少数股东损益 20 万元。权益投资抵销分段法抵销分录来自分期法抵销分录的汇总，分期法抵销分录中有一笔分录为：

借：少数股东损益　　　　　　　　　　　　　　　　20

　　贷：少数股东权益　　　　　　　　　　　　　　　　　20

因此，未对外实现的逆流交易损益，应将未实现交易收益中少数股东对应的部分，反冲少数股东损益和少数股东权益：

借：少数股东权益　　　　　　　　　　　　　　　　20

　　贷：少数股东损益　　　　　　　　　　　　　　　　　20

上述案例属于逆流交易损益没有对外实现，如果对外实现，需要做少数股东权益与少数股东损益的额外调整吗？继续研究"案例7-6"。

【案例7-6】　甲公司20×9年初以现金80万元和另外一方投资20万元设立乙公司，甲公司能控制乙公司的财务与经营政策。假设当年乙公司将账面价值为100万元的存货作价200万元出售给甲公司，乙公司按照10%计提盈余公积，没有进行其他分配。甲公司购进该存货后以300万元对外出售。假设甲、乙公司除上述业务外，当年未发生其他经济业务。20×9年底，乙公司个别财务报表所有者权益如下：实收资本100万元，未分配利润90万元，盈余公积10万元。

（1）母公司个别财务报表长期股权投资为80万元。

（2）编制合并调整分录，将长期股权投资调整为权益法：

借：长期股权投资　　　　　　　　　　　　　　　80

　　贷：投资收益　　　　　　　　　　　　　　　　　80

合并财务报表调整为权益法后，长期股权投资账面价值为160（=80+80）万元。

（3）母公司长期股权投资与子公司所有者权益抵销分录：

借：实收资本　　　　　　　　　　　　　　　　　100

　　盈余公积　　　　　　　　　　　　　　　　　　10

　　未分配利润　　　　　　　　　　　　　　　　　90

　　贷：长期股权投资　　　　　　　　　　　　　　　160

　　　　少数股东权益　　　　　　　　　　　　　　　　40

（4）母公司投资收益与子公司利润分配抵销：

借：投资收益　　　　　　　　　　　　　　　　　　80

　　少数股东损益　　　　　　　　　　　　　　　　20

　　贷：计提盈余公积　　　　　　　　　　　　　　　　　10

　　　　年末未分配利润　　　　　　　　　　　　　　　　90

（5）内部交易抵销：

借：营业收入　　　　　　　　　　　　　　　　　　200

　　贷：营业成本　　　　　　　　　　　　　　　　　　　200

经过上述抵销后，合并工作底稿利润表项目如表 7-23 所示。

表 7-23　合并工作底稿（部分）　　　（单位：万元）

项目	母公司（甲）	子公司（乙）	调整抵销分录		合并数
			借方	贷方	
营业收入	300	200	200		300
营业成本	200	100		200	100
投资收益			80	80	
未分摊前净利润（合并净利润）					200
其中：少数股东损益					20
归属于母公司股东的净利润					180

归属于母公司股东和子公司少数股东损益验算：

（1）整个集团收入 300 万元，成本为 100 万元，未分摊前净利润为 200 万元。

（2）少数股东损益为子公司净利润 100 万元的 20%，则为 20 万元。

（3）归属于母公司股东的净利润为母公司净利润 100 万元和子公司净利润 100 万元的 80%，合计 180 万元。

合并利润表均能经受"验算"检验，证明：当逆流交易损益已经对外实现，不需要考虑少数股东权益与少数股东损益的额外调整。

当逆流交易损益已经对外实现，不用额外调整，那么第一年逆流交易损益没有对外实现，而次年实现了怎么处理？第一年所做的额外调整在第二年反冲掉，两年综合则和没有调整是一样的结果。

调整分录如下。

第一年：

借：少数股东权益

　　贷：少数股东损益

第二年：

（1）重新编制上年调整分录。

借：少数股东权益

　　贷：年初未分配利润

（2）反冲上年调整分录。

借：少数股东损益

　　贷：少数股东权益

内部未对外实现顺流交易不影响少数股东损益，不需要额外调整。

长期股权投资成本法基础上编制合并财务报表

贴心提示

　　本章编排目的在于传承实务领域中成本法基础上合并财务报表编制方法，在例题编排上，采用与实操案例 4-1 相同的背景资料，读者可以前后联系进行自我思考与总结。

　　对于希望迅速掌握合并财务报表编制原理和核心知识框架体系的读者，本章可以后续学习。跳过本章不影响后续章节的学习与理解。

　　在合并财务报表权益投资抵销环节，先将母公司个别财务报表的长期股权投资由成本法调整为权益法，然后在权益法长期股权投资的基础上进行抵销。那么，有没有可能直接在成本法的基础上编制合并抵销分录，而不将长期股权投资由成本法调整为权益法呢？

　　答案是肯定的，我们在本章研究成本法基础上编制合并财务报表这一方法。

❖ 实操案例 8-1　成本法基础上编制合并财务报表

上海皇东股份有限公司（以下简称"上海皇东"）20×5 年 1 月 1 日期初余额如表 8-1 所示。

表 8-1　上海皇东 20×5 年 1 月 1 日期初余额　（单位：万元）

货币资金	1 200	短期借款	500
应收账款	500	应交税费	100
存货	3 000	应付职工薪酬	1 100
固定资产	8 000	股本	5 000
		资本公积	3 000
		盈余公积	2 000
		未分配利润	1 000
资产总计	12 700	负债和所有者权益总计	12 700

20×5 年该公司成立一家子公司，需要编制合并财务报表。

相关业务如下：

（1）上海皇东和贵茅集团分别出资 800 万元和 200 万元成立西灵公司，分别占 80% 和 20% 股权比例，上海皇东对西灵公司具有控制权。

（2）上海皇东借款 500 万元给西灵公司，到年底尚未归还。

（3）上海皇东将成本为 300 万元的存货作价 400 万元销售给西灵公司，双方没有对货款进行实际收付结算。当年，西灵公司将该批存货作价 600 万元对外销售。

（4）西灵公司分配现金股利 200 万元，其中上海皇东取得股利 160 万元，少数股东取得 40 万元股利。

（5）西灵公司实现净利润 595 万元，计提盈余公积 59.5 万元。

（6）母公司对子公司债权进行风险特征分析后，没有计提坏账准备。

母公司利润分配资料：母公司当年实现净利润 305 万元，计提盈余公积 30.5 万元，向股东分配利润 100 万元。

20×5 年 12 月 31 日，上海皇东个别资产负债表（简表）如表 8-2 所示。

表 8-2 资产负债表（简表）　　　　（单位：万元）

资产	期末余额	负债和所有者权益（或股东权益）	期末余额
流动资产：		**流动负债：**	
货币资金	1 185	短期借款	500
交易性金融资产		应付职工薪酬	1 000
应收账款	900	应交税费	170
存货	1 500	应付账款	
其他应收款	500	其他应付款	
其他流动资产		流动负债合计	1 670
流动资产合计	4 085	**非流动负债：**	
非流动资产：		长期借款	
长期股权投资	800	应付债券	
固定资产	7 990	非流动负债合计	
无形资产		负债合计	1 670
开发支出		**所有者权益（或股东权益）：**	
非流动资产合计	8 790	股本	5 000
		资本公积	3 000
		盈余公积	2 030.5
		未分配利润	1 174.5
		所有者权益（或股东权益）合计	11 205
资产总计	12 875	**负债和所有者权益（或股东权益）总计**	12 875

20×5 年，上海皇东个别利润表（简表）如表 8-3 所示。

20×5 年 12 月 31 日，西灵公司个别资产负债表（简表）如表 8-4 所示。

20×5 年，西灵公司个别利润表（简表）如表 8-5 所示。

调整抵销分录：

（1）上海皇东和贵茅集团分别出资 800 万元和 200 万元成立西灵公司，分别占 80% 和 20% 股权比例，上海皇东对西灵公司具有控制权。调整抵销分录推导思路如表 8-6 所示。

（2）上海皇东借款 500 万元给西灵公司，到年底尚未归还。

借：其他应付款　　　　　　　　　　　　　　　500

　　贷：其他应收款　　　　　　　　　　　　　　　　500

表 8-3　利润表（简表）　　　（单位：万元）

项目	本期金额
一、营业总收入	2 710
其中：营业收入	2 710
二、营业总成本	2 515
其中：营业成本	1 500
销售费用	400
管理费用	610
财务费用	5
加：投资收益	160
资产处置收益	
三、营业利润	355
加：营业外收入	
减：营业外支出	
四、利润总额	355
减：所得税费用	50
五、净利润	305

表 8-4　资产负债表（简表）　　　（单位：万元）

资产	期末余额	负债和所有者权益（或股东权益）	期末余额
流动资产：		流动负债：	
货币资金	3 095	短期借款	500
交易性金融资产		应付职工薪酬	400
应收账款		应交税费	200
存货		应付账款	400
其他应收款		其他应付款	500
其他流动资产		流动负债合计	2 000
流动资产合计	3 095	非流动负债：	
非流动资产：		长期借款	
长期股权投资		应付债券	
固定资产		非流动负债合计	
无形资产	300	负债合计	2 000
开发支出		所有者权益（或股东权益）：	
非流动资产合计	300	股本	1 000
		资本公积	
		盈余公积	59.5
		未分配利润	335.5
		所有者权益（或股东权益）合计	1 395
资产总计	3 395	负债和所有者权益（或股东权益）总计	3 395

表 8-5　利润表（简表）　　　　　（单位：万元）

项目	本期金额
一、营业总收入	1 600
其中：营业收入	1 600
二、营业总成本	805
其中：营业成本	700
销售费用	
管理费用	100
财务费用	5
加：投资收益	
资产处置收益	
三、营业利润	795
加：营业外收入	
减：营业外支出	
四、利润总额	795
减：所得税费用	200
五、净利润	595

表　8-6

母公司	子公司	合并角度	调整抵销分录
借：长期股权投资 800 　贷：货币资金　　800	借：货币资金 1 000 　贷：实收资本 1 000	母公司对子公司投资作为内部资金转移： 借：货币资金　　800 　贷：货币资金　　800 吸收少数股东投资： 借：货币资金　　200 　贷：少数股东权益200	借：实收资本　　1 000 　贷：长期股权投资 800 　　　少数股东权益200

（3）上海皇东将成本为 300 万元的存货作价 400 万元销售给西灵公司，双方没有对货款进行实际收付结算。当年，西灵公司将该批存货作价 600 万元对外销售。

　　借：营业收入　　　　　　　　　　　　　　400
　　　贷：营业成本　　　　　　　　　　　　　　　　400
　　借：应付账款　　　　　　　　　　　　　　400

第八章 长期股权投资成本法基础上编制合并财务报表 197

贷：应收账款 400

（4）西灵公司分配现金股利 200 万元，其中上海皇东取得股利 160 万元，少数股东取得 40 万元股利。调整抵销分录推导思路如表 8-7 所示。

表 8-7

母公司	子公司	合并角度	调整抵销分录
借：货币资金 160 贷：投资收益 160	借：未分配利润200 贷：货币资金 200	子公司分配给母公司作为内部资金转移： 借：货币资金 160 贷：货币资金 160 向少数股东分配： 借：少数股东权益40 贷：货币资金 40	借：投资收益 160 少数股东权益 40 贷：未分配利润 200 ——向股东 分配利润

（5）西灵公司实现利润 595 万元，确认少数股东损益。

借：少数股东损益（=595×20%） 119

　　贷：少数股东权益 119

（6）抵销子公司计提盈余公积 59.5 万元。抵销分录推导思路如表 8-8 所示。

表 8-8

子公司	合并角度	抵销分录
借：未分配利润 59.5 贷：盈余公积 59.5	无	借：盈余公积 59.5 贷：未分配利润——提取盈余公积 59.5

合并工作底稿（部分）如表 8-9 所示。

合并资产负债表（简表）如表 8-10 所示。

合并利润表（简表）如表 8-11 所示。

合并所有者权益变动表（简表）如表 8-12 所示。

表 8-9　合并工作底稿（部分）　　　　　　（单位：万元）

项目	母公司	子公司	合计数	调整抵销分录		合并数
				借方	贷方	
资产负债表项目：						
货币资金	1 185	3 095	4 280			4 280
应收账款	900		900		400	500
存货	1 500		1 500			1 500
其他应收款	500		500		500	
长期股权投资	800		800		800	
固定资产	7 990		7 990			7 990
无形资产		300	300			300
商誉						
短期借款	500	500	1 000			1 000
应付职工薪酬	1 000	400	1 400			1 400
应交税费	170	200	370			370
应付账款		400	400	400		
其他应付款		500	500	500		
股本（实收资本）	5 000	1 000	6 000	1000		5 000
资本公积	3 000		3 000			3 000
盈余公积	2 030.5	59.5	2 090	59.5		2 030.5
未分配利润	1 174.5	335.5	1 510	679	659.5	1 490.5
少数股东权益				40	319	279
利润表项目：						
营业收入	2 710	1 600	4 310	400		3 910
营业成本	1 500	700	2 200		400	1 800
销售费用	400		400			400
管理费用	610	100	710			710
财务费用	5	5	10			10
投资收益	160		160	160		
所得税费用	50	200	250			250
净利润	305	595	900			740
净利润按所有权归属分类						
1. 归属于母公司股东的净利润						621
2. 少数股东损益				119		119
所有者权益变动表项目：						
年初未分配利润	1 000		1 000			1 000
提取盈余公积	30.5	59.5	90		59.5	30.5
对股东的分配	100	200	300		200	100
年末未分配利润	1 174.5	335.5	1 510	679	659.5	1 490.5

表 8-10　合并资产负债表（简表）　（单位：万元）

资产	期末余额	上年年末余额	负债和所有者权益（或股东权益）	期末余额	上年年末余额
流动资产：			**流动负债**		
货币资金	4 280	1 200	短期借款	1 000	500
应收账款	500	500	应付职工薪酬	1 400	1 100
存货	1 500	3 000	应交税费	370	100
流动资产合计	6 280	4 700	流动负债合计	2 770	1 700
非流动资产：			**所有者权益（或股东权益）：**		
固定资产	7 990	8 000	股本	5 000	5 000
无形资产	300		资本公积	3 000	3 000
非流动资产合计	8 290	8 000	盈余公积	2 030.5	2 000
			未分配利润	1 490.5	1 000
			归属于母公司所有者权益（或股东权益）合计	11 521	11 000
			少数股东权益	279	
			所有者权益（或股东权益）合计	11 800	11 000
资产总计	14 570	12 700	**负债和所有者权益（或股东权益）总计**	14 570	12 700

表 8-11　合并利润表（简表）　（单位：万元）

项目	本期金额	上期金额（略）
一、营业总收入	3 910	
其中：营业收入	3 910	
二、营业总成本	2 920	
其中：营业成本	1 800	
销售费用	400	
管理费用	710	
财务费用	10	
三、营业利润	990	
加：营业外收入		
减：营业外支出		
四、利润总额	990	
减：所得税费用	250	
五、净利润	740	
按所有权属分类		
1.归属于母公司股东的净利润	621	
2.少数股东损益	119	

表 8-12　合并所有者权益变动表（简表）　　（单位：万元）

项目	本年金额					
	归属于母公司所有者权益				少数股东权益	所有者权益合计
	股本	资本公积	盈余公积	未分配利润		
一、上年年末余额	5 000	3 000	2 000	1 000		11 000
加：会计政策变更						
前期差错更正						
二、本年年初余额	5 000	3 000	2 000	1 000		11 000
三、本年增减变动金额（减少以"－"填列）			30.5	490.5	279	800
（一）综合收益总额				621	119	740
（二）所有者投入和减少资本					200	200
1.所有者投入的普通股					200	200
（三）利润分配			30.5	130.5	40	140
1.提取盈余公积			30.5	30.5		
2.对股东的分配				100	40	140
四、本年年末余额	5 000	3 000	2 030.5	1 490.5	279	11 800

成本法基础上编制合并财务报表评述：成本法基础上编制合并财务报表比权益法基础上编制合并财务报表更容易理解，但工作量相对较大，适合于集团股权结构简单、股权变动较少的情形使用。对于复杂股权结构下合并财务报表编制，建议在权益法基础上进行调整抵销。

第九章

合并现金流量表

 贴心提示

> 合并现金流量表的编制相对而言独立性较强，有其独立的抵销分录和单独的合并工作底稿。

第一节　合并现金流量表编制

一、个别现金流量表的编制方法

现金流量表编制方法有直接法和间接法。直接法用于编制现金流量表主表，间接法用于编制现金流量表补充资料。

（一）现金流量表主表：直接法

直接法，按照现金收入和现金支出项目反映企业现金及现金等价物增减变动。也可以说，直接法的用途是编制现金流量表主表。传统上，直接法又分为 T 形账户法和工作底稿法，两种方法本质原理相同，都是通过分析账户发生额来计算现金流量。由于实务的复杂性以及部分特殊业务的影响，T 形账户法和工作底稿法在运用过程中容易出错，在利用 T 形账户法和工作底稿法时，对于特殊业务要特殊处理，不仅给编制工作带来难度，更是对基础信息收集提出很高要求。

在目前财务软件早已普及的背景下，可以利用一个简单的软件功能实现现金流量表主表的编制，具体做法是财务人员在录制凭证过程中，对于涉及现金及现金等价物的项目，直接指定现金流量项目。这种做法简单，在填制凭证过程中进行指定，不额外增加工作量，到期末可以通过软件汇总现金流入与流出项目具体金额，工作量小、快捷、准确。这是本书推崇的现金流量表主表编制方法。

（二）现金流量表补充资料：间接法

间接法，指在净利润的基础上经过一系列调节计算，得到经营活动现金净流量的方法。间接法的用途是编制财务报表附注中现金流量表补充资料。现金流量表补充资料（部分）如表 9-1 所示。

间接法提供现金流量表补充资料，其计算原理推导如下。

1. 净利润计算

净利润，按照利润来源，可以分为经营活动利润（如营业收入、营业成本等）以及投资、筹资活动利润（如投资收益、费用化借款利息等），因此，从原理上说，净利润可以按照表 9-2 计算。

2. 经营活动现金流量净额的计算

经营活动现金流量净额的计算如表 9-3 所示。

表 9-1　现金流量表补充资料（部分）

补充资料	本期金额	上期金额
将净利润调节为经营活动现金流量：		
净利润		
加：资产减值准备		
信用损失准备		
固定资产折旧、油气资产折耗、生产性生物资产折旧		
无形资产摊销		
长期待摊费用摊销		
处置固定资产、无形资产和其他长期资产的损失（收益以"－"填列）		
固定资产报废损失（收益以"－"填列）		
净敞口套期损失（收益以"－"填列）		
公允价值变动损失（收益以"－"填列）		
财务费用（收益以"－"填列）		
投资损失（收益以"－"填列）		
递延所得税资产减少（增加以"－"填列）		
递延所得税负债增加（减少以"－"填列）		
存货的减少（增加以"－"填列）		
经营性应收项目的减少（增加以"－"填列）		
经营性应付项目的增加（减少以"－"填列）		
其他		
经营活动现金流量净额		

表　9-2

经营活动利润	＋经营活动收现收入
	＋经营活动非收现收入
	－经营活动付现费用
	－经营活动非付现费用
筹资及投资活动利润	＋筹资及投资活动导致利润增加项目（如投资收益）
	－筹资及投资活动导致利润减少项目（如费用化借款利息）
净利润	＝净利润

表 9-3

	+ 经营活动收现收入
经营活动现金流量净额	− 经营活动付现费用
	+ 不影响净利润但是导致经营活动现金增加项目（如收回应收账款）
	− 不影响净利润但是导致经营活动现金减少项目（如支付应付账款）
	= 经营活动现金流量净额

3. 将净利润调节为经营活动现金流量净额的计算过程

命名 $X=$ 经营活动收现收入 − 经营活动付现费用。

根据净利润计算过程，则：

净利润 $=X+$ 经营活动非收现收入 − 经营活动非付现费用 + 筹资及投资活动导致利润增加项目 − 筹资及投资活动导致利润减少项目　　　（9-1）

根据式（9-1），得：

$X=$ 净利润 − 经营活动非收现收入 + 经营活动非付现费用 − 筹资及投资活动导致利润增加项目 + 筹资及投资活动导致利润减少项目　　　（9-2）

根据经营活动现金流量净额计算过程，得：

经营活动现金流量净额 $=X+$ 不影响净利润但是导致经营活动现金增加项目 − 不影响净利润但是导致经营活动现金减少项目　　　（9-3）

将式（9-2）代入式（9-3），得：

经营活动现金流量净额 = 净利润 − 经营活动非收现收入 + 经营活动非付现费用 − 筹资及投资活动导致利润增加项目 + 筹资及投资活动导致利润减少项目 + 不影响净利润但是导致经营活动现金增加项目 − 不影响净利润但是导致经营活动现金减少项目　　　（9-4）

上述式（9-4）正是现金流量表补充资料中将净利润调节为经营活动现金流量净额的计算原理。式（9-4）揭示出，将净利润调节为经营活动现金流量净额需要调整三类项目：一是经营活动非收现收入与非付现费用；二是投资活动及筹资活动的损益；三是经营活动中不影响净利润但是影响现金流量的项目。

二、合并现金流量表编制方法

（一）直接法

直接法用于编制合并现金流量表（主表），有两种实现途径。第一种实现途径：像个别现金流量表一样，采用 T 形账户法或工作底稿法。基于前述原因，本书不推荐 T 形账户法和工作底稿法，而且编制合并财务报表时，会计主体空间范围扩大，会加大业务复杂性与特殊性，导致合并现金流量表质量下降。第二种实现途径：在个别现金流量表基础上进行调整抵销得到合并现金流量表。

通过填制凭证时指定现金流量项目得到高质量个别现金流量表，在个别现金流量表的基础上进行调整抵销，就能获得高质量合并现金流量表。所以，本书推荐通过第二种实现途径编制合并现金流量表。

（二）间接法

间接法提供合并财务报表附注中的现金流量表补充资料，其原理和个别财务报表将净利润调节为经营活动现金流量净额的原理相同，根据合并资产负债表和合并利润表有关资料进行填列。

也可以在个别现金流量表补充资料的基础上汇总，再根据内部交易信息对应调整现金流量表补充资料相关项目。

【案例 9-1】　同一集团甲公司销售商品给乙公司，价款为 100 万元，双方到年底尚未结算。甲公司根据应收乙公司应收账款的风险特征，计提坏账准备 5 万元。

在合并资产负债表中，抵销双方的应收账款和应付账款，这一事项影响到合并现金流量表补充资料相关项目，具体而言，影响甲公司"经营性应收项目的减少（增加以'－'填列）"，影响乙公司"经营性应付项目的增加（减少以'－'填列）"，在将现金流量表补充资料汇总后，需要对应调整上述项目。另外，合并财务报表中对甲公司计提坏账准备予以抵销，影响现金流量表补充资料中的"净利润"和"信用损失准备"两个项目，需要对应做调整。

第二节　合并现金流量表的调整、抵销分录编制

一、合并现金流量表工作底稿

合并现金流量表工作底稿格式如表 9-4 所示。

表　9-4

项目	母公司	子公司	合计数	调整抵销		合并数
				借方	贷方	
一、经营活动产生的现金流量						
销售商品、提供劳务收到的现金						
……						
经营活动现金流入小计						
购买商品、接受劳务支付的现金						
……						
经营活动现金流出小计						
经营活动产生的现金流量净额						
二、投资活动产生的现金流量						
……						
三、筹资活动产生的现金流量						
……						
四、汇率变动对现金及现金等价物的影响						
五、现金及现金等价物净增加额						
加：期初现金及现金等价物余额						
六、期末现金及现金等价物余额						

注：1. 现金流入项目合并数＝合计数＋调整抵销借方－调整抵销贷方。

2. 现金流出项目合并数＝合计数＋调整抵销贷方－调整抵销借方。

3. 期初现金及现金等价物余额合并数＝合计数＋调整抵销借方－调整抵销贷方，在收购子公司情形下会涉及抵销子公司期初现金及现金等价物余额。

二、常规业务调整抵销

（一）企业集团内部当期因现金投资所产生的现金流量抵销处理

【案例9-2】 A公司以银行存款1 000万元直接对B公司投资，A公司对B公司的持股比例为80%，A公司能控制B公司。抵销分录推导思路如表9-5所示。

表 9-5

个别财务报表会计分录	个别财务报表现金流量项目	合并财务报表现金流量项目	抵销分录
A公司会计分录： 借：长期股权投资1 000 　贷：银行存款　1 000	A公司现金流量流出（贷项）：取得子公司及其他营业单位支付的现金净额	内部账户之间转账，不涉及现金流量变化	借：取得子公司及其他营业单位支付的现金净额　1 000 　贷：吸收投资收到的现金　1 000
B公司会计分录： 借：银行存款　　1 000 　贷：实收资本　　1 000	B公司现金流量流入（借项）：吸收投资收到的现金		

对于集团内部，现金（含现金等价物）从一方流动到另外一方，在合并财务报表中，不影响现金流量，抵销分录模板通常为：

借：×× 流出（调减流出项目）

　　贷：×× 流入（调减流入项目）

（二）企业集团内部当期取得投资收益收到的现金与分配股利、利润或偿付利息支付的现金的抵销处理

借：分配股利、利润或偿付利息支付的现金

　　贷：取得投资收益收到的现金

（三）企业集团内部当期销售商品所产生的现金流量的抵销处理

借：购买商品、接受劳务支付的现金

　　贷：销售商品、提供劳务收到的现金

（四）企业集团内部处置固定资产等收回的现金净额与购建固定资产等支付的现金的抵销处理

借：购建固定资产、无形资产和其他长期资产支付的现金

　　贷：处置固定资产、无形资产和其他长期资产收回的现金净额

（五）其他业务调整抵销

集团日常业务现金流量除了一方流入一方流出的情况外，还可能出现其他现金流量项目调整抵销问题，如集团内甲公司为乙公司垫付原材料采购款，甲公司作为"支付其他与经营活动有关的现金"，乙公司不涉及现金流量，在集团合并财务报表角度，属于"购买商品、接受劳务支付的现金"，因此，调整分录为：

借：支付其他与经营活动有关的现金

　　贷：购买商品、接受劳务支付的现金

三、特殊业务调整抵销

（一）集团内部形成应收票据贴现

【案例 9-3】　同一集团内甲公司向乙公司销售一批产品，甲公司取得一张商业汇票，金额为 100 万元，甲公司将商业汇票在银行申请贴现，取得贴现资金 98.5 万元。

假设 1： 甲公司票据贴现符合金融资产终止确认条件，个别财务报表作为"销售商品、提供劳务收到的现金"，合并财务报表作为"取得借款收到的现金"，调整分录为：

借：取得借款收到的现金

　　贷：销售商品、提供劳务收到的现金

假设 2： 甲公司票据贴现不符合金融资产终止确认条件，个别财务报表作为"取得借款收到的现金"，合并财务报表作为"取得借款收到的现金"，

没有调整分录。

（二）在企业合并当期，母公司购买子公司支付对价中以现金支付的部分与子公司购买日持有的现金和现金等价物，区分两种情况处理

1. 母公司购买子公司支付对价中以现金支付的部分大于子公司购买日持有的现金和现金等价物

【案例9-4】 当期母公司购买子公司支付现金1 800万元，购买时该子公司现金余额为300万元。在母公司个别财务报表中，"取得子公司及其他营业单位支付的现金净额"为1 800万元，而在合并财务报表中，"取得子公司及其他营业单位支付的现金净额"为1 500（=1 800-300）万元。

在购买法下，取得子公司各项资产、负债按照新购入处理，所以购买日子公司现金不属于集团合并财务报表中的"期初现金及现金等价物余额"，因此调整分录为：

借：取得子公司及其他营业单位支付的现金净额　　　　300
　　贷：期初现金及现金等价物余额　　　　　　　　　　　　300

2. 母公司购买子公司支付对价中以现金支付的部分小于子公司购买日持有的现金和现金等价物

【案例9-5】 当期母公司购买子公司支付现金1 800万元，购买时该子公司现金余额为2 000万元。在母公司个别财务报表中，"取得子公司及其他营业单位支付的现金净额"为1 800万元，而在合并财务报表中，"收到其他与投资活动有关的现金"为200（=2 000-1 800）万元。

调整分录为：

借：收到其他与投资活动有关的现金　　　　　　　　200
　　取得子公司及其他营业单位支付的现金净额　　　1 800
　　贷：期初现金及现金等价物余额　　　　　　　　　　　2 000

（三）母公司处置子公司收到对价中以现金收到的部分与子公司在丧失控制权日持有的现金和现金等价物，区分两种情况处理

1. 母公司处置子公司收到对价中以现金收到的部分大于子公司在丧失控制权日持有的现金和现金等价物

【案例9-6】　母公司处置子公司收到现金1 900万元，处置时该子公司现金余额为200万元。在母公司个别现金流量表中，"处置子公司及其他营业单位收到的现金净额"为1 900万元，在合并财务报表中，"处置子公司及其他营业单位收到的现金净额"为1 700（=1 900-200）万元。调整分录（单式）如下：

贷：处置子公司及其他营业单位收到的现金净额　　　　　　200

"有借必有贷，借贷必相等"的记账规则是基于复式记账，复式记账是依据资金来源和资金去向必然相等的原理基础进行设计的。现金流量表的结构可以理解为期初余额加上流入减去流出得到期末余额，现金流量表本质上是"单式记账"，单式记账不反映经济业务全貌。所以为合并现金流量表编写调整分录就必然会遇到"单式分录"的情况。

📪 **实务交流**

在具体工作中，部分会计人员编制合并现金流量表时根据内部交易资料直接对现金流量数据进行调整，并不编写调整抵销分录。

2. 母公司处置子公司收到对价中以现金收到的部分小于子公司在丧失控制权日持有的现金和现金等价物

【案例9-7】　母公司处置子公司收到现金400万元，处置时该子公司现金余额为500万元。在母公司个别现金流量表中，"处置子公司及其他营业单位收到的现金净额"为400万元，在合并现金流量表中，"支付其他与投资活动有关的现金"为100（=500-400）万元。调整分录（单式）如下：

贷：处置子公司及其他营业单位收到的现金净额　　　　400

支付其他与投资活动有关的现金　　　　100

（四）因购买子公司的少数股权支付现金：母公司支付现金在其个别现金流量表中反映为投资活动的现金流出，在合并现金流量表中，属于合并财务报表的会计主体回购少数股东持有的权益工具，应作为筹资活动的现金流出列示

【案例 9-8】　母公司当期购买子公司少数股东持有的子公司 5% 股权，支付现金 200 万元。母公司个别现金流量表中作为"投资支付的现金"，合并现金流量表中作为"支付其他与筹资活动有关的现金"，调整分录为：

借：投资支付的现金　　　　200

贷：支付其他与筹资活动有关的现金　　　　200

（五）不丧失控制权情况下处置子公司部分股权收到现金：母公司收到现金在其个别现金流量表中反映为投资活动的现金流入，在合并现金流量表中，属于合并财务报表的会计主体向少数股东发行权益工具，应作为筹资活动的现金流入列示

【案例 9-9】　母公司持有子公司 85% 的股权比例，当期处置子公司 5% 的股权，收到现金 200 万元，处置后，仍然能对子公司实施控制。在母公司个别现金流量表中，"收回投资收到的现金"为 200 万元，在合并财务报表中，"收到其他与筹资活动有关的现金"为 200 万元，调整分录如下：

借：收到其他与筹资活动有关的现金　　　　200

贷：收回投资收到的现金　　　　200

实务交流

现金流量表中的流入、流出属于流量项目，可以把"增""减"作为调整抵销分录的记账符号，在合并现金流量表工作底稿中，将调整抵销列标注为"增""减"，合并数在合计数基础上进行加减计算得到结果。

第十章

复杂股权结构下合并财务报表编制案例

 贴心提示

本章涉及三方面内容：多级子公司、合计持有控制权、交叉持股。主要用案例启发和贯通思路。本章内容看似复杂，但只要前面章节基本功扎实，实则难度不高。

第一节　多级子公司情形

企业集团结构复杂，涉及企业数量较多，最常见的就是多级子公司情形。

多级子公司情形下合并财务报表编制思路：从下级子公司开始合并，将下级子公司的合并财务报表与母公司的个别财务报表再次进行合并处理，最终得到集团合并财务报表。

❖ 实操案例 10-1 多级子公司合并财务报表实操案例

猴探实业集团是一家通过多层次控股模式涉足多元化经营的企业，其集团股权结构如图 10-1 所示。

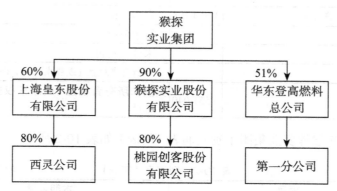

图 10-1 猴探实业集团股权结构图

20×5 年 12 月 31 日猴探实业集团个别资产负债表（简表）如表 10-1 所示。

表 10-1 资产负债表（简表）　　　　（单位：万元）

资产	期末余额	负债和所有者权益（或股东权益）	期末余额
流动资产：		**流动负债：**	
货币资金	200 000	短期借款	300 000
交易性金融资产	1 300 000	应付职工薪酬	15 000
应收票据	25 800	应交税费	200 056
应收账款	370 235	应付票据	67 056
预付账款	560 455	应付账款	58 944
其他应收款	3 800	其他应付款	45 000
存货	890 965	流动负债合计	686 056
持有待售资产	150 000	**非流动负债：**	
其他流动资产	30 000	长期借款	1 000 000
流动资产合计	3 531 255	应付债券	1 500 000
非流动资产：		预计负债	700 000
长期股权投资	1 800 000	递延收益	560 000
投资性房地产	73 000	非流动负债合计	3 760 000

（续）

资产	期末余额	负债和所有者权益（或股东权益）	期末余额
固定资产	560 000	负债合计	4 446 056
无形资产	430 000	所有者权益（或股东权益）：	
开发支出	156 785	实收资本	1 000 000
非流动资产合计	3 019 785	资本公积	380 000
		盈余公积	560 000
		未分配利润	164 984
		所有者权益（或股东权益）合计	2 104 984
资产总计	6 551 040	负债和所有者权益（或股东权益）总计	6 551 040

20×5 年猴探实业集团个别利润表（简表）如表 10-2 所示。

表 10-2　利润表（简表）　　　　（单位：万元）

项目	本期金额
一、营业总收入	6 905 643
其中：营业收入	6 905 643
二、营业总成本	7 636 072
其中：营业成本	4 208 765
税金及附加	890 567
销售费用	340 000
管理费用	897 864
财务费用	1 008 976
研发费用	289 900
加：投资收益	1 208 976
其他收益	890 566
公允价值变动收益	12 000
资产处置收益	900 654
三、营业利润	2 281 767
加：营业外收入	560 000
减：营业外支出	34 500
四、利润总额	2 807 267
减：所得税费用	757 962
五、净利润	2 049 305

（一）猴探实业集团与上海皇东股份有限公司相关投资及交易业务情况

（1）20×5年12月31日上海皇东股份有限公司（以下简称"上海皇东"）合并资产负债表（简表）如表10-3所示。

表10-3　合并资产负债表（简表）　（单位：万元）

资产	期末余额	上年年末余额	负债和所有者权益（或股东权益）	期末余额	上年年末余额
流动资产：			**流动负债：**		
货币资金	4 280	1 200	短期借款	1 000	500
应收账款	500	500	应付职工薪酬	1 400	1 100
存货	1 500	3 000	应交税费	370	100
流动资产合计	6 280	4 700	流动负债合计	2 770	1 700
非流动资产：			**所有者权益（或股东权益）：**		
固定资产	7 990	8 000	股本	5 000	5 000
无形资产	300		资本公积	3 000	3 000
非流动资产合计	8 290	8 000	盈余公积	2 030.5	2 000
			未分配利润	1 490.5	1 000
			归属于母公司所有者权益（或股东权益）合计	11 521	11 000
			少数股东权益	279	
			所有者权益（或股东权益）合计	11 800	11 000
资产总计	14 570	12 700	负债和所有者权益（或股东权益）总计	14 570	12 700

（2）20×5年上海皇东合并利润表（简表）如表10-4所示。

（3）上海皇东20×5年利润分配情况：

上海皇东当年计提盈余公积30.5万元，向股东分配利润100万元，其中，向猴探实业集团分配利润60万元。

（4）猴探实业集团取得上海皇东控制权情况介绍：

猴探实业集团于20×4年1月1日取得上海皇东60%的股权，合并成本为7 000万元，投资时，上海皇东可辨认净资产账面价值和公允价值相等。20×4年上海皇东归属于母公司股东的净利润为500万元，20×5年上海皇东归属于母公司股东的净利润为 621 万元。

表 10-4 合并利润表（简表）　　　　　　（单位：万元）

项目	本期金额
一、营业总收入	3 910
其中：营业收入	3 910
二、营业总成本	2 920
其中：营业成本	1 800
销售费用	400
管理费用	710
财务费用	10
三、营业利润	990
加：营业外收入	
减：营业外支出	
四、利润总额	990
减：所得税费用	250
五、净利润	740
按所有权属分类	
1. 归属于母公司股东的净利润	621
2. 少数股东损益	119

（5）猴探实业集团与上海皇东合并的相关调整抵销分录如下：

1）20×4 年上海皇东归属于母公司股东的净利润为 500 万元：

借：长期股权投资（=500×60%）　　　　　　300

　　贷：年初未分配利润　　　　　　　　　　　　　　300

2）20×5 年上海皇东归属于母公司股东的净利润为 621 万元：

借：长期股权投资（=621×60%）　　　　　　372.6

　　贷：投资收益　　　　　　　　　　　　　　　　372.6

3）20×5 年，上海皇东向猴探实业集团分配利润 60 万元：

借：投资收益　　　　　　　　　　　　　60

　　贷：长期股权投资　　　　　　　　　　　　　　60

调整为权益法后，长期股权投资账面价值 =7 000+300+372.6−60=
7 612.6（万元）。

4）权益投资抵销：

借：股本　　　　　　　　　　　　　　　　5 000

　　资本公积　　　　　　　　　　　　　　3 000

　　盈余公积　　　　　　　　　　　　　　2 030.5

　　未分配利润　　　　　　　　　　　　　1 490.5

　　商誉　　　　　　　　　　　　　　　　700

　贷：长期股权投资　　　　　　　　　　　　　　　　7 612.6

　　　少数股东权益　　　　　　　　　　　　　　　　4 608.4

借：年初未分配利润　　　　　　　　　　　1 000

　　投资收益　　　　　　　　　　　　　　372.6

　　少数股东损益　　　　　　　　　　　　248.4

　贷：提取盈余公积　　　　　　　　　　　　　　　　30.5

　　　向股东分配利润　　　　　　　　　　　　　　　100

　　　年末未分配利润　　　　　　　　　　　　　　　1 490.5

（二）猴探实业集团与猴探实业股份有限公司相关投资及交易业务情况

（1）20×5年12月31日猴探实业股份有限公司（以下简称"猴探公司"）合并资产负债表（简表）如表10-5所示。

（2）20×5年猴探公司合并利润表（简表）如表10-6所示。

表 10-5　合并资产负债表（简表）　　　　（单位：万元）

资产	期末余额	负债和所有者权益（或股东权益）	期末余额
流动资产：		流动负债：	
货币资金	132	短期借款	500
交易性金融资产	20	应付职工薪酬	330
应收账款	1 795	应交税费	475
存货	3 000	应付账款	1 200
其他应收款	723	其他应付款	310
其他流动资产	50	流动负债合计	2 815

（续）

资产	期末余额	负债和所有者权益（或股东权益）	期末余额
流动资产合计	5 720	非流动负债：	
非流动资产：		长期借款	3 000
长期股权投资	720	应付债券	1 000
固定资产	5 115	非流动负债合计	4 000
无形资产	1 144	负债合计	6 815
开发支出	300	**所有者权益（或股东权益）：**	
非流动资产合计	7 279	股本	3 000
		资本公积	500
		盈余公积	800
		未分配利润	1 824
		归属于母公司所有者权益（或股东权益）合计	6 124
		少数股东权益	60
		所有者权益（或股东权益）合计	6 184
资产总计	12 999	负债和所有者权益（或股东权益）总计	12 999

表 10-6　合并利润表（简表）　　　　　　（单位：万元）

项目	本期金额
一、营业总收入	12 220
其中：营业收入	12 220
二、营业总成本	8 568
其中：营业成本	6 930
销售费用	846
管理费用	390
财务费用	402
加：投资收益	
资产处置收益	
三、营业利润	3 652
加：营业外收入	310
减：营业外支出	20
四、利润总额	3 942
减：所得税费用	1 048
五、净利润	2 894
按所有权属分类	
1.归属于母公司股东的净利润	2 854
2.少数股东损益	40

（3）猴探公司 20×5 年利润分配情况：

猴探公司当年计提盈余公积 274 万元，除此以外未做其他分配。

（4）猴探实业集团取得猴探公司控制权情况介绍：

猴探公司是猴探实业集团在 20×3 年初以 4 000 万元收购并占 90% 股权的控股子公司，收购前猴探公司全称为"华南浪天下股份有限公司"，收购后更名为"猴探公司"。自 20×3 年初被收购后，猴探公司 20×3 年、20×4 年累计亏损 756 万元，猴探公司 20×5 年初未分配利润为 −756 万元。

（5）猴探实业集团与猴探公司合并的相关调整抵销分录如下：

1）成本法调整为权益法：

借：年初未分配利润（=756×90%）　　　　　　680.4

　　贷：长期股权投资　　　　　　　　　　　　　　　680.4

借：长期股权投资（=2 854×90%）　　　　　　2 568.6

　　贷：投资收益　　　　　　　　　　　　　　　　2 568.6

调整为权益法后长期股权投资账面价值 =4 000−680.4+2 568.6=5 888.2（万元）。

2）权益投资抵销：

借：股本　　　　　　　　　　　　　　　　　3 000

　　资本公积　　　　　　　　　　　　　　　　500

　　盈余公积　　　　　　　　　　　　　　　　800

　　未分配利润　　　　　　　　　　　　　　1 824

　　商誉　　　　　　　　　　　　　　　　　376.6

　　贷：长期股权投资　　　　　　　　　　　　　　5 888.2

　　　　少数股东权益　　　　　　　　　　　　　　612.4

借：年初未分配利润　　　　　　　　　　　　−756

　　投资收益　　　　　　　　　　　　　　　2 568.6

　　少数股东损益　　　　　　　　　　　　　285.4

　　贷：提取盈余公积　　　　　　　　　　　　　　274

　　　　年末未分配利润　　　　　　　　　　　　1 824

（三）猴探实业集团与华东登高燃料总公司相关投资及交易业务情况

（1）20×5年12月31日华东登高燃料总公司资产负债表（简表）如表10-7所示。

表10-7 资产负债表（简表）　　（单位：万元）

资产	期末余额	负债和所有者权益（或股东权益）	期末余额
流动资产：		**流动负债：**	
货币资金	1 190	短期借款	500
交易性金融资产		应付职工薪酬	1 340
应收账款	1 620	应交税费	1 675
存货	3 080	应付账款	1 210
其他应收款	1 260	其他应付款	300
其他流动资产		流动负债合计	5 025
流动资产合计	7 150	**非流动负债：**	
非流动资产：		长期借款	3 000
长期股权投资		应付债券	
固定资产	6 460	非流动负债合计	3 000
无形资产		负债合计	8 025
开发支出	500	**所有者权益（或股东权益）：**	
非流动资产合计	6 960	股本	3 600
		资本公积	1 000
		盈余公积	1 096
		未分配利润	389
		所有者权益（或股东权益）合计	6 085
资产总计	14 110	负债和所有者权益（或股东权益）总计	14 110

（2）20×5年华东登高燃料总公司利润表（简表）如表10-8所示。

（3）华东登高燃料总公司20×5年利润分配情况：

华东登高燃料总公司当年计提盈余公积296万元，除此以外未做其他分配。

表 10-8 利润表（简表） （单位：万元）

项目	本期金额
一、营业总收入	11 820
其中：营业收入	11 820
二、营业总成本	8 185
其中：营业成本	6 700
销售费用	940
管理费用	445
财务费用	100
加：投资收益	
资产处置收益	
三、营业利润	3 635
加：营业外收入	530
减：营业外支出	215
四、利润总额	3 950
减：所得税费用	990
五、净利润	2 960

（4）猴探实业集团取得华东登高燃料总公司控制权情况介绍：

华东登高燃料总公司是一家历史悠久的老牌企业，近些年经营持续下滑，猴探实业集团于 20×1 年收购华东登高燃料总公司 51% 的股权，购买日，华东登高燃料总公司可辨认净资产账面价值和公允价值相等。收购成本为 2 760 万元，收购后进行整顿改革，20×1～20×4 年累计亏损 2 280 万元。华东登高燃料总公司 20×5 年初未分配利润为 −2 275 万元。

（5）猴探实业集团与华东登高燃料总公司合并的相关调整抵销分录如下：

1）成本法调整为权益法：

借：年初未分配利润（=2 280×51%）　　　　　1 162.8

　　贷：长期股权投资　　　　　　　　　　　　　　　　1 162.8

借：长期股权投资（=2 960×51%） 1 509.6

 贷：投资收益 1 509.6

调整为权益法后长期股权投资账面价值 =2 760−1 162.8+1 509.6=3 106.8（万元）。

2）权益投资抵销：

借：股本 3 600

 资本公积 1 000

 盈余公积 1 096

 未分配利润 389

 商誉 3.45

 贷：长期股权投资 3 106.8

 少数股东权益 2 981.65

借：年初未分配利润 −2 275

 投资收益 1 509.6

 少数股东损益 1 450.4

 贷：提取盈余公积 296

 年末未分配利润 389

猴探实业集团 20×5 年合并工作底稿（部分）如表 10-9 所示。

猴探实业集团 20×5 年 12 月 31 日合并资产负债表（简表）如表 10-10 所示。

猴探实业集团 20×5 年合并利润表（简表）如表 10-11 所示。

（单位：万元）

表 10-9　合并工作底稿（部分）

项目	猴探实业集团	上海皇东	猴探公司	华东登高燃料总公司	合计数	调整抵销分录 借方	调整抵销分录 贷方	合并数
资产负债表项目：								
货币资金	200 000	4 280	132	1 190	205 602			205 602
交易性金融资产	1 300 000		20		1 300 020			1 300 020
应收票据	25 800				25 800			25 800
应收账款	370 235	500	1 795	1 620	374 150			374 150
预付账款	560 455				560 455			560 455
其他应收款	3 800	1 500	723	1 260	5 783			5 783
存货	890 965	1 500	3 000	3 080	898 545			898 545
持有待售资产	150 000				150 000			150 000
其他流动资产	30 000		50		30 050			30 050
长期股权投资	1 800 000		720		1 800 720		4 750.8	1 786 960
							18 510.8	
投资性房地产	73 000				73 000			73 000
固定资产	560 000	7 990	5 115	6 460	579 565			579 565
无形资产	430 000	300	1 114		431 444			431 444
开发支出	156 785		300	500	157 585			157 585
商誉						1 080.05		1 080.05
短期借款	300 000	1 000	500	500	302 000			302 000
应付职工薪酬	15 000	1 400	330	1 340	18 070			18 070
应交税费	200 056	370	475	1 675	202 576			202 576
应付票据	67 056				67 056			67 056
应付账款	58 944		1 200	1 210	61 354			61 354
其他应付款	45 000		310	300	45 610			45 610
长期借款	1 000 000		3 000	3 000	1 006 000			1 006 000
应付债券	1 500 000	1 000			1 501 000			1 501 000
预计负债	700 000				700 000			700 000

（续）

项目	猴探实业集团	上海皇东	猴探公司	华东登高燃料总公司	合计数	调整抵销分录		合并数
						借方	贷方	
递延收益	560 000				560 000			560 000
股本（实收资本）	1 000 000	5 000	3 000	3 600	1 011 600	11 600		1 000 000
资本公积	380 000	3 000	500	1 000	384 500	4 500		380 000
盈余公积	560 000	2 030.5	800	1 096	563 926.5	3 926.5		560 000
未分配利润	164 984	1 490.5	1 824	389	168 687.5	10 010.7	9 154.8	167 831.6
少数股东权益		279	60		339		8 202.45	8 541.45
利润表项目：								
营业收入	6 905 643	3 910	1 2220	11 820	6 933 593			6 933 593
营业成本	4 208 765	1 800	6 930	6 700	4 224 195			4 224 195
税金及附加	890 567				890 567			890 567
销售费用	340 000	400	846	940	342 186			342 186
管理费用	897 864	710	390	445	899 409			899 409
财务费用	1 008 976	10	402	100	1 009 488			1 009 488
研发费用	289 900				289 900			289 900
投资收益	1 208 976				1 208 976	4 510.8	4 450.8	1 208 916
其他收益	890 566				890 566			890 566
公允价值变动收益	12 000				12 000			12 000
资产处置收益	900 654				900 654			900 654
营业外收入	560 000		310	530	560 840			560 840
营业外支出	34 500		20	215	34 735			34 735
所得税费用	757 962	250	1 048	990	760 250			760 250
净利润	2 049 305	740	2 894	2 960	2 055 899			2 055 839
净利润按所有权归属分类								
1.归属于母公司股东的净利润	2 049 305	621	2 854	2 960	2 055 740	—	—	2 053 695.8
2.少数股东损益		119	40		159	1 984.2	—	2 143.2

表 10-10 合并资产负债表（简表） （单位：万元）

资产	期末余额	负债和所有者权益 （或股东权益）	期末余额
流动资产：		**流动负债：**	
货币资金	205 602	短期借款	302 000
交易性金融资产	1 300 020	应付职工薪酬	18 070
应收票据	25 800	应交税费	202 576
应收账款	374 150	应付票据	67 056
预付账款	560 455	应付账款	61 354
其他应收款	5 783	其他应付款	45 610
存货	898 545	流动负债合计	696 666
持有待售资产	150 000	**非流动负债：**	
其他流动资产	30 050	长期借款	1 006 000
流动资产合计	3 550 405	应付债券	1 501 000
非流动资产：		预计负债	700 000
长期股权投资	1 786 960	递延收益	560 000
投资性房地产	73 000	非流动负债合计	3 767 000
固定资产	579 565	负债合计	4 463 666
无形资产	431 444	**所有者权益（或股东权益）：**	
开发支出	157 585	股本	1 000 000
商誉	1 080.05	资本公积	380 000
非流动资产合计	3 029 634.05	盈余公积	560 000
		未分配利润	167 831.6
		归属于母公司所有者权益 （或股东权益）合计	2 107 831.6
		少数股东权益	8 541.45
		所有者权益（或股东权益） 合计	2 116 373.05
资产总计	6 580 039.05	**负债和所有者权益（或股东权益）总计**	6 580 039.05

表 10-11　合并利润表（简表）　　　　　（单位：万元）

项目	本期金额
一、营业总收入	6 933 593
其中：营业收入	6 933 593
二、营业总成本	7 655 745
其中：营业成本	4 224 195
税金及附加	890 567
销售费用	342 186
管理费用	899 409
财务费用	1 009 488
研发费用	289 900
加：投资收益	1 208 916
其他收益	890 566
公允价值变动收益	12 000
资产处置收益	900 654
三、营业利润	2 289 984
加：营业外收入	560 840
减：营业外支出	34 735
四、利润总额	2 816 089
减：所得税费用	760 250
五、净利润	2 055 839
按所有权属分类	
1.归属于母公司股东的净利润	2 053 695.8
2.少数股东损益	2 143.2

第二节　合计持有子公司的合并财务报表编制

　　合计持有子公司，指集团内两家或两家以上公司持有一家公司的股权，单独看，任何一家公司都不能对被投资方形成控制，但是从集团角度看，形成集团公司对被投资方的控制，因此，需要将合计拥有控制权的子公司纳入合并范围。

❖ 实操案例 10-2　合计持有子公司的合并财务报表编制

（一）案例背景

20×2 年 12 月 31 日，H 集团公司拥有两家子公司，A 公司和 B 公司，持有 A 公司 80% 的股权比例，持有 B 公司 60% 的股权比例。

20×3 年 1 月 1 日，A 公司和 B 公司分别出资 3 000 万元，一共购买甲公司 60% 的股权比例。甲公司在 20×3 年 1 月 1 日办妥相关手续，同时改选甲公司董事会成员，A 公司和 B 公司分别向甲公司委派两名董事会成员，甲公司董事会一共有 7 名成员，按照甲公司的公司章程，甲公司所有重要经营决策及财务决策由董事会简单多数通过方可执行。

单独从 A 公司或 B 公司来看，都不能控制甲公司，但是从 H 集团公司角度，H 集团公司可以通过 A 公司和 B 公司对甲公司实施控制。

H 集团架构图如图 10-2 所示。

20×3 年 1 月 1 日，甲公司资产负债表数据如表 10-12 所示。

购买日，无形资产评估增值 2 000 万元，该无形资产预计尚可使用 10 年。

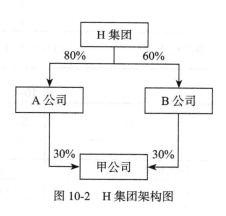

图 10-2　H 集团架构图

20×3 年，甲公司个别财务报表实现净利润 1 200 万元，以购买日各项资产、负债公允价值为基础，实现净利润 1 000（=1 200−2 000÷10）万元。20×3 年，甲公司计提盈余公积 120 万元，除此之外，没有进行其他分配。

20×3 年 12 月 31 日，甲公司个别资产负债表（简表）如表 10-13 所示。

20×3 年，甲公司利润表（简表）如表 10-14 所示。

表 10-12 （单位：万元）

资产	账面价值	公允价值	负债和所有者权益（或股东权益）	账面价值	公允价值
货币资金	500	500	应付职工薪酬	3 000	3 000
应收账款	3 000	3 000	应交税费	2 000	2 000
存货	6 500	6 500	应付账款	1 500	1 500
固定资产	2 000	2 000	长期借款	500	500
无形资产	1 000	3 000	负债合计	7 000	7 000
			股本	2 000	
			资本公积	1 500	8 000
			盈余公积	500	
			未分配利润	2 000	
			所有者权益（或股东权益）合计	6 000	8 000
资产总计	13 000	15 000	负债和所有者权益（或股东权益）总计	13 000	15 000

表 10-13 资产负债表（简表） （单位：万元）

资产	期末余额	负债和所有者权益（或股东权益）	期末余额
货币资金	900	应付职工薪酬	3 100
应收账款	3 300	应交税费	2 200
存货	6 800	应付账款	1 300
固定资产	2 200	长期借款	500
无形资产	1 100	负债合计	7 100
		股本	2 000
		资本公积	1 500
		盈余公积	620
		未分配利润	3 080
		所有者权益（或股东权益）合计	7 200
资产总计	14 300	负债和所有者权益（或股东权益）总计	14 300

表 10-14 利润表（简表） （单位：万元）

项目	本期金额
营业收入	15 000
减：营业成本	10 500
税金及附加	200
管理费用	1 400
销售费用	1 240
财务费用	50
利润总额	1 610
减：所得税费用	410
净利润	1 200

（二）A 公司与 B 公司个别财务报表对持有甲公司 30% 股权的核算

A 公司和 B 公司分别向甲公司委派两名董事会成员，甲公司董事会一共有 7 名成员，按照甲公司的公司章程，甲公司所有重要经营决策及财务决策由董事会简单多数通过方可执行。因此，A 公司和 B 公司能对甲公司施加重大影响，按照权益法对持有甲公司的股权进行核算。

A 公司 20×3 年对持有甲公司 30% 股权的会计分录为：

借：长期股权投资　　　　　　　　　　　　　3 000

　　贷：银行存款　　　　　　　　　　　　　　　　3 000

借：长期股权投资（=1 000×30%）　　　　　　300

　　贷：投资收益　　　　　　　　　　　　　　　　300

A 公司持有甲公司 30% 的股权形成长期股权投资账面价值 3 300（=3 000+300）万元。

B 公司 20×3 年对持有甲公司 30% 股权的会计处理与 A 公司相同。

（三）H 集团合并财务报表处理

（1）H 集团合并财务报表编制程序：先将 H 集团个别财务报表与 A 公司及 B 公司个别财务报表进行合并，再考虑与甲公司个别财务报表合并。

（2）H集团个别财务报表与A公司及B公司个别财务报表进行合并时，持有甲公司的股权在合并财务报表中形成权益法长期股权投资 6 600（=3 300×2）万元，确认投资收益 600（=300×2）万元。

（3）20×3年12月31日，H集团编制合并财务报表时合并抵销分录如下。

1）调整购买日甲公司无形资产评估增值：

借：无形资产　　　　　　　　　　　　　　　2 000

　　贷：资本公积　　　　　　　　　　　　　　　　　　2 000

2）调整摊销：

借：管理费用　　　　　　　　　　　　　　　 200

　　贷：无形资产（累计摊销）　　　　　　　　　　　　 200

3）权益投资抵销：

借：股本　　　　　　　　　　　　　　　　　2 000

　　资本公积（=1 500+2 000）　　　　　　　　3 500

　　盈余公积　　　　　　　　　　　　　　　　 620

　　未分配利润（=3 080−200）　　　　　　　　2 880

　　商誉　　　　　　　　　　　　　　　　　　1 200

　　贷：长期股权投资　　　　　　　　　　　　　　　　6 600

　　　　少数股东权益　　　　　　　　　　　　　　　　3 600

借：年初未分配利润　　　　　　　　　　　　2 000

　　投资收益　　　　　　　　　　　　　　　　 600

　　少数股东损益　　　　　　　　　　　　　　 400

　　贷：提取盈余公积　　　　　　　　　　　　　　　　 120

　　　　年末未分配利润　　　　　　　　　　　　　　　2 880

（4）合并工作底稿及合并财务报表（略）。

第三节　集团内交叉持股问题

我国会计准则对于子公司持有母公司股份采用库藏股票法进行处理。《企业会计准则第33号——合并财务报表（2014）》第三十条规定："子公司持有母公司的长期股权投资，应当视为企业集团的库存股，作为所有者权益的减项，在合并资产负债表中所有者权益项目下以'减：库存股'项目列示。"

合并财务报表将整个集团按照一体性原则视为"一个企业"，子公司持有母公司的股份属于企业回购自己发行在外的股份，子公司持有母公司的股份在合并财务报表中作为"库存股"处理。

【案例10-1】　甲公司是一家上市公司，主营汽车零配件制造与销售。甲公司能对A公司实施控制。20×2年3月1日，A公司通过公开市场购买甲公司的股票1 000万股，每股购买价格为5元，占甲公司0.5%的表决权股份。A公司将持有的甲公司股票指定为以公允价值计量且其变动计入其他综合收益的金融资产。20×2年12月31日，甲公司股票每股市价为5.5元。

（1）A公司持有甲公司股票在个别财务报表中的处理：

借：其他权益工具投资——成本　　　　　　　　　5 000

　　贷：银行存款　　　　　　　　　　　　　　　　　　5 000

借：其他权益工具投资——公允价值变动　　　　　500

　　贷：其他综合收益　　　　　　　　　　　　　　　　500

（2）合并财务报表工作底稿中对A公司持有甲公司股票的抵销处理：

1）冲销股票升值确认的其他综合收益：

借：其他综合收益　　　　　　　　　　　　　　　500

　　贷：其他权益工具投资　　　　　　　　　　　　　　500

2）A公司购买甲公司股票的抵销分录：

借：库存股　　　　　　　　　　　　　　　　　　5 000

　　贷：其他权益工具投资　　　　　　　　　　　　　5 000

（3）将甲公司持有 A 公司控制权形成的长期股权投资从成本法调整为权益法。如果甲公司取得 A 公司控制权是非同一控制下取得的，还需要调整购买日 A 公司可辨认净资产公允价值与账面价值的差异，以及在购买日 A 公司公允净资产的基础上对 A 公司个别利润表净利润进行调整。

在甲公司对 A 公司投资权益法核算过程中，应该考虑上述合并财务报表中对 A 公司持有甲公司股票进行抵销导致的所有者权益（其他综合收益）变化。

（4）甲公司长期股权投资与 A 公司所有者权益抵销以及甲公司投资收益与 A 公司利润分配抵销。

第十一章

合并财务报表所得税会计原理

贴心提示

前面章节为了降低理解难度，没有在案例中考虑所得税会计。本章解析合并财务报表所得税会计原理。后续章节的部分案例中引入所得税会计因素，便于读者理解与接受。

第一节　所得税会计基本原理

贴心提示

学习过所得税会计的读者可以跳过本章第一节。

一、所得税会计的起源

按照会计准则核算的"税前利润"称为"利润总额"，按照所得税法计算的"税前所得"称为"应纳税所得额",应纳税所得额,顾名思义,是一种"所得额",该"所得额"用于计算企业应缴纳的所得税,所以叫"应纳税所得额"。

会计准则与所得税法存在一系列差异,从而出现"利润总额"和"应纳税所得额"之间的差异。"利润总额"和"应纳税所得额"之间的差异分为暂时性差异和永久性差异(也称"非暂时性差异")。

【案例 11-1】 某企业当期购进一项价值 100 万元的固定资产,假设会计当年折旧计入损益金额为 10 万元,并假设所得税法允许全额折旧在当年扣除。除该项固定资产折旧因素外,没有其他差异事项。当期计入利润总额的折旧费用为 10 万元,计入应纳税所得额的折旧费用为 100 万元,该差异属于暂时性差异。会计分期折旧,所得税法一次性全额计提折旧。从较长时间看,固定资产成本 100 万元最终会全额计入损益,会计准则与所得税法没有差异。上述差异只是折旧计入损益的时间不同,叫"暂时性差异"。

【案例 11-2】 某公司今年因为税务违法被罚款 100 万元,会计计入当期损益,而所得税法不允许所得税税前扣除。该项差异称为"永久性差异"。

所得税会计是主要研究暂时性差异对会计影响的一个会计学分支。

对于所得税会计,早期人们将用税法计算的应交所得税金额作为计入利润表的所得税费用,这种处理方法称为"应付税款法"。

【案例 11-3】 甲公司 20×4 年初开始对销售部门用的某项设备计提折旧,该设备原价为 40 万元,假定无残值,预计使用两年,所得税法按照四年期直线法折旧。假定每年的税前会计利润均为 100 万元,所得税税率为 25%,则应付税款法的会计处理如表 11-1 所示。

从表 11-1 中的计算过程我们可以发现,四年合计税前会计利润为 400 万元,所得税费用合计 100 万元,整体均衡后,所得税费用占利润总额的 25%。但是具体到某一个年度,由于差异影响,所得税费用并不与税前会计利润保持配比关系。另外,利润总额属于会计准则口径,而所得税费用属于所得税法口径，那么利润总额减去所得税费用得到的净利润则"不伦不类"，既不是会计准则口径，也不是所得税法口径。

表 11-1 （单位：万元）

项目	20×4年	20×5年	20×6年	20×7年
税前会计利润（利润总额）	100	100	100	100
会计折旧	20	20		
税法折旧	10	10	10	10
应纳税所得额	110*	110	90	90
应交所得税（＝应纳税所得额 ×25%）	27.5	27.5	22.5	22.5
所得税费用（＝应交所得税）	27.5	27.5	22.5	22.5
净利润	72.5	72.5	77.5	77.5

*110=利润总额100+会计折旧20−税法折旧10，其余年份的应纳税所得额依此类推。

早期所得税会计讨论，是基于利润表业绩计量。对于所得税，有分配观与费用观两种理论观点，分配观认为所得税是国家投入公共资源参与企业经营而获得的分配，费用观则将所得税视为企业的一种费用。最终会计准则采用费用观处理所得税。在业绩计量中，收益和费用存在配比关系，一是期间配比，二是因果关系配比。比如当期收入与当期费用配比，属于期间配比，再如甲产品的收入应该配比甲产品的成本，属于因果关系配比。很显然，应付税款法违背业绩计量的配比原则，与权责发生制背道而驰，所以理论界提出纳税影响会计法。

纳税影响会计法又分为两个分支，一个分支是利润表债务法，另外一个分支是资产负债表债务法。

二、利润表债务法

【案例 11-4】 甲公司20×4年初开始对销售部门使用的某项设备计提折旧，该设备原价为40万元，假定无残值，预计使用两年。所得税法规定最低折旧年限为四年，折旧方法是平均年限法。假定每年税前会计利润均为100万元，所得税税率为25%，则利润表债务法的会计处理如表11-2所示。

表 11-2 （单位：万元）

项目	20×4年	20×5年	20×6年	20×7年
税前会计利润（利润总额）	100	100	100	100
会计折旧	20	20		
税法折旧	10	10	10	10
暂时性差异	10	10	−10	−10
应纳税所得额	110	110	90	90
应交所得税	27.5	27.5	22.5	22.5
所得税费用（＝会计口径利润 × 税率）	25	25	25	25
递延所得税资产	借记 2.5	借记 2.5	贷记 2.5	贷记 2.5
会计分录	借：所得税费用　　　　25　　　递延所得税资产　　2.5　贷：应交税费　　　　　27.5　　　——应交所得税		借：所得税费用　　　　25　贷：递延所得税资产　　2.5　　　应交税费　　　　　22.5　　　——应交所得税	

表 11-2 中的计算机制体现了利润表债务法的核心思想，体现当期所得和所费之间的配比关系，符合权责发生制原则。用利润总额乘以所得税税率计算的所得税费用，按照税法计算的应交所得税大于所得税费用的，做递延处理，计入"递延所得税资产"，当后期按照税法计算的应交所得税小于所得税费用时，贷方转回"递延所得税资产"。反之，则处理为"递延所得税负债"。递延所得税资产相当于"预交税款"，递延所得税负债属于"应交未交"的纳税之债。

利润表债务法是从利润表项目角度处理税会差异，我们可以对上述各年差异计算"累计差异"，如表 11-3 所示。

表 11-3 （单位：万元）

项目	20×4年	20×5年	20×6年	20×7年
会计折旧	20	20		
税法折旧	10	10	10	10
暂时性差异	10	10	−10	−10
累计差异	10	20	10	0

三、资产负债表债务法

（一）资产负债表债务法的基本原理

资产负债表债务法在处理税会差异时，从资产账面价值与计税基础之间的差异入手进行分析。

【案例 11-5】 甲公司 20×4 年初开始对销售部门使用的某项设备计提折旧，该设备原价为 40 万元，假定无残值，预计使用两年。所得税法规定最低折旧年限为四年，折旧方法是平均年限法。假定每年税前会计利润均为 100 万元，所得税税率为 25%，资产负债表债务法对差异的计算过程如表 11-4 所示。

表 11-4 （单位：万元）

年份	20×4 年初	20×4 年末	20×5 年末	20×6 年末	20×7 年末
账面价值	40	20			
计税基础	40	30	20	10	0
累计差异	0	10	20	10	0
增减情况	新增 10		新增 10	减少 10	减少 10

由于账面价值是在初始计量成本基础上减去"累计"折旧额后得到的余额，因此账面价值和计税基础的差异是累计差异，本案例和前面利润表债务法计算的累计差异是相同的。在计算逻辑上，如果能计算出累计差异，那么可以计算每年的差异增减情况。

由案例 11-5 可知，资产负债表债务法与利润表债务法对差异的计算采用的是两种不同的路径。利润表债务法从利润表项目入手分析，得到当期差异，进而可以计算累计差异。而资产负债表债务法从资产负债表项目入手分析，得到累计差异，进而可以计算当期产生的差异。这是利润表债务法和资产负债表债务法的内在逻辑自洽性。

在案例 11-5 中，由于会计折旧大于税法折旧，会计账面价值必然小于计税基础，当期可以扣除的折旧金额小于会计折旧金额，会计折旧扣除不足在未来可以获得税前扣除，所以将会计账面价值小于计税基础的差异称为"可抵扣暂时性差异"，可抵扣暂时性差异对应"递延所得税资产"，反之，会计账面价值大于计税基础的差异称为"应纳税暂时性差异"，应纳税暂时性差异对应"递延所得税负债"。

以案例 11-5 为例，资产负债表债务法的账务处理如表 11-5 所示。

表 11-5

(单位：万元)

计算步骤	年份	20×4 年	20×5 年	20×6 年	20×7 年
一、在会计利润基础上进行纳税调整，计算应纳税所得额，再乘以税率计算应交所得税	利润总额	100	100	100	100
	会计折旧	20	20	10	10
	税法折旧	10	10	10	10
	应纳税所得额	110	110	90	90
	应交所得税	27.5	27.5	22.5	22.5
二、计算可抵扣暂时性差异，进而计算本期递延所得税资产*	账面价值	20	20		
	计税基础	30	20	10	
	累计可抵扣暂时性差异	10	20	10	
	当期递延所得税资产发生额	$10\times25\%=2.5$	$20\times25\%-10\times25\%=2.5$	$10\times25\%-20\times25\%=-2.5$	$0-10\times25\%=-2.5$
三、倒轧所得税费用	会计分录	借：所得税费用 25 递延所得税资产 2.5 贷：应交税费 ——应交所得税 27.5	借：所得税费用 25 递延所得税资产 2.5 贷：应交税费 ——应交所得税 27.5	借：所得税费用 25 贷：应交税费 ——应交所得税 22.5 递延所得税资产 2.5	借：所得税费用 25 贷：应交税费 ——应交所得税 22.5 递延所得税资产 2.5

* 累计可抵扣暂时性差异×25%=递延所得税资产余额，当期递延所得税资产发生额＝年末余额－年初余额＝年末可抵扣暂时性差异×25%－年初可抵扣暂时性差异×25%。

【**案例11-6**】 某公司20×0年12月购入一台设备，原价为40万元，会计折旧4年，每年折旧10万元，税法折旧2年，每年折旧20万元。所得税税率为25%。

利润表债务法分析角度如表11-6所示。

表 11-6　　　　　　　　（单位：万元）

年份	20×1年	20×2年	20×3年	20×4年
会计折旧	10	10	10	10
税法折旧	20	20		
当年产生的暂时性差异	10	10	−10	−10
累计暂时性差异	10	20	10	

分析：会计折旧小于税法折旧，资产账面价值大于计税基础，形成递延所得税负债，这种暂时性差异称为"应纳税暂时性差异"。

资产负债表债务法分析角度如表11-7所示。

表 11-7　　　　　　　　（单位：万元）

年份	20×1年初	20×1年末	20×2年末	20×3年末	20×4年末
账面价值	40	30	20	10	
计税基础	40	20			
累计应纳税暂时性差异		10	20	10	
增减情况	新增10		新增10	减少10	减少10

假设该公司上述各年利润总额均为100万元，除了固定资产折旧外，没有其他纳税调整事项，所得税税率为25%，各年所得税会计分录如表11-8所示。

从案例11-6可知，资产负债表债务法主要计算程序分为三步：第一步，按照所得税法计算应交所得税额；第二步，按照资产负债表债务法计算递延所得税资产（负债）本期发生额；第三步，根据上述计算金额倒轧所得税费用，编制会计分录。

表 11-8

(单位：万元)

计算步骤	年份	20×1年	20×2年	20×3年	20×4年
一、在会计利润基础上进行纳税调整，计算应纳税所得额，再乘以税率，计算应交所得税	利润总额	100	100	100	100
	会计折旧	10	10	10	10
	税法折旧	20	20		
	应纳税所得额	90	90	110	110
	应交所得税	22.5	22.5	27.5	27.5
二、计算应纳税暂时性差异，进而计算本期递延所得税负债	账面价值	30	20	10	
	计税基础	20			
	累计应纳税暂时性差异	10	20	10	
	递延所得税负债	10×25%=2.5	20×25%-10×25%=2.5	10×25%-20×25%=-2.5	0-10×25%=-2.5
三、倒轧所得税费用	会计分录	借：所得税费用 25 贷：应交税费——应交所得税 22.5 递延所得税负债 2.5	借：所得税费用 25 贷：应交税费——应交所得税 22.5 递延所得税负债 2.5	借：所得税费用 25 递延所得税负债 2.5 贷：应交税费——应交所得税 27.5	借：所得税费用 25 递延所得税负债 2.5 贷：应交税费——应交所得税 27.5

【**案例 11-7**】　甲公司 20×0 年提取了产品质量担保费 40 万元，20×1年支付了产品质量担保费 40 万元。甲公司 20×0 年和 20×1 年税前会计利润均为 200 万元，所得税税率为 25%，所得税会计处理如表 11-9 所示。

表　11-9

（单位：万元）

年份	20×0 年	20×1 年
预计负债账面价值	40	0
预计负债计税基础	0	0
累计差异	40	0
会计分录	借：所得税费用　　　50 　　递延所得税资产　10 　贷：应交税费　　　　60	借：所得税费用　　　50 　贷：应交税费　　　　40 　　递延所得税资产　　10

当负债的账面价值大于计税基础时，会产生可抵扣暂时性差异，形成递延所得税资产；反之，当负债的账面价值小于计税基础时，会产生应纳税暂时性差异，形成递延所得税负债。

（二）资产负债表债务法总结

（1）当资产的账面价值小于计税基础时，产生可抵扣暂时性差异。

（2）可抵扣暂时性差异对应"递延所得税资产"科目，新增可抵扣暂时性差异时列入借方，转回可抵扣暂时性差异时列入贷方。

（3）"递延所得税资产"的本期发生额＝期末余额－期初余额＝期末可抵扣暂时性差异 × 税率－期初可抵扣暂时性差异 × 税率。

（4）当资产的账面价值大于计税基础时，产生应纳税暂时性差异。

（5）应纳税暂时性差异对应"递延所得税负债"科目，新增应纳税暂时性差异时列入贷方，转回应纳税暂时性差异时列入借方。

（6）"递延所得税负债"的本期发生额＝期末余额－期初余额＝期末应纳税暂时性差异 × 税率－期初应纳税暂时性差异 × 税率。

（7）当负债的账面价值大于计税基础时，会产生可抵扣暂时性差异，形成递延所得税资产。

（8）当负债的账面价值小于计税基础时，会产生应纳税暂时性差异，形成递延所得税负债。

（三）资产负债表债务法运用

我国会计准则将资产负债表债务法作为理论基础，要求企业按照资产负债表债务法进行会计核算。

【案例 11-8】 甲公司适用的企业所得税税率为 25%。各年利润总额均为 1 000 万元。20×7 年 6 月 30 日以 500 万元购入一项固定资产，并于当日投入使用，甲公司在会计核算时估计其使用寿命为 5 年。假设所得税法要求最低折旧年限为 10 年。假定会计与税法均按年限平均法计提折旧，净残值均为零。甲公司 20×7 年末、20×8 年末所得税会计处理如下。

（1）20×7 年：

年末资产账面价值 =500−500÷5×6÷12=450（万元）

年末资产计税基础 =500−500÷10×6÷12=475（万元）

年末可抵扣暂时性差异余额 =475−450=25（万元）

年末"递延所得税资产"余额 =25×25%=6.25（万元）

本年"递延所得税资产"发生额 =6.25−0=6.25（万元）

20×7 年应交所得税 =（1 000+ 会计折旧 500÷5×6÷12− 税法折旧 500÷10×6÷12）×25%=256.25（万元）

20×7 年会计分录为：

借：所得税费用　　　　　　　　　　　　　　250

　　递延所得税资产　　　　　　　　　　　　　　6.25

　　　贷：应交税费——应交所得税　　　　　　　　　　256.25

（2）20×8 年：

年末资产账面价值 =500−500÷5×1.5=350（万元）

年末资产计税基础 =500−500÷10×1.5=425（万元）

年末累计可抵扣暂时性差异 =425−350=75（万元）

年末"递延所得税资产"余额 =75×25%=18.75（万元）

本年"递延所得税资产"发生额 =18.75−6.25=12.5（万元）

20×8 年应交所得税 =（1 000+ 会计折旧 500÷5 —税法折旧 500÷10）× 25%=262.5（万元）

20×8 年会计分录为：

借：所得税费用　　　　　　　　　　　　　　250

　　递延所得税资产　　　　　　　　　　　　12.5

　　贷：应交税费——应交所得税　　　　　　　　　262.5

第二节　合并财务报表所得税会计原理

控股合并可以视为母公司收购子公司的"资产负债组合"，因此，在合并财务报表层面，应该理解为购买"资产负债组合"而不是购买股权。在税法上，子公司法律主体存续，仅仅是变更股东，没有资产、负债转让的所得税纳税义务。控股合并中，合并财务报表层面对交易的处理和税法对交易的处理之间的差异，会导致"税负"在新老股东之间转移的问题。

一、企业并购环节的所得税会计本质

【案例 11-9】　黔灵山公司收购非关联方万峰林公司的全资子公司万峰湖公司 100% 的股权。评估基准日，万峰湖公司账面资产为 10 000 万元，公允价值为 20 000 万元。假设没有商誉和负债，在不考虑所得税情况下，收购方支付 20 000 万元对价是公平交易。

假设企业所得税税率为 25%，在考虑所得税情况下，黔灵山公司支付 20 000 万元对价实际上是不经济的，为什么？假设黔灵山公司花 20 000 万元收购万峰湖公司 100% 的股权后，将资产以 20 000 万元出售，这时候万峰湖公司会形成 10 000 万元应纳税所得额，需要缴纳 2 500 万元企业所得税，缴纳企业所得税后，万峰湖公司账面现金为 17 500 万元，然后将 17 500 万元现金分配给新股东黔灵山公司，黔灵山公司最终亏损 2 500 万元。

如果上述资产在股权交易前按照 20 000 万元出售，万峰湖公司缴纳所得税后现金净额也是 17 500 万元。

企业并购在合并视角下属于按照公允价值收购各项资产与负债，而收购后被收购企业的计税基础维持不变，客观上造成原股东应该承担的企业所得税被新股东承担了。

在合并财务报表中，非同一控制下并购被视为按公允价值购买被收购方（目标公司）的各项资产和负债，合并后，其资产账面价值按照公允价值 20 000 万元计量，计税基础仍然为 10 000 万元，按照所得税会计规则，账面价值大于计税基础，形成应纳税暂时性差异 10 000 万元，应确认递延所得税负债 2 500 万元。这项负债是新股东承担老股东应该负担的所得税。

结论一：企业合并产生的递延所得税负债的本质是原股东税负转移，属于收购方为取得资产在收购环节承担的一种负债。反之，如果形成递延所得税资产，则属于被收购企业未实现的抵税利益被新股东承接。

企业合并环节的递延所得税负债（资产）会影响被收购企业可辨认净资产的公允价值，进而影响并购双方谈判议价。

企业合并环节产生的递延所得税如何转回呢？

假设上述并购业务发生后，万峰湖公司将其资产以 20 000 万元出售，个别财务报表确认所得税费用 =（20 000－10 000）×25%=2 500（万元）。

个别财务报表分录如下：

借：所得税费用　　　　　　　　　　　　　　　　2 500
　　贷：应交税费——应交所得税　　　　　　　　　　　　2 500
借：应交税费——应交所得税　　　　　　　　　　　2 500
　　贷：银行存款　　　　　　　　　　　　　　　　　　　2 500

合并财务报表层面，资产转让收入为 20 000 万元，成本（公允价值）为 20 000 万元，利润总额为 0。

转让后，合并财务报表中资产计税基础与账面价值都为 0，应纳税暂时性差异转回，合并调整分录为：

借：递延所得税负债　　　　　　　　　　　　　　　2 500

　　贷：所得税费用　　　　　　　　　　　　　　　　　2 500

将个别财务报表分录和合并工作底稿分录汇总，就是：

借：递延所得税负债　　　　　　　　　　　　　　　2 500

　　贷：银行存款　　　　　　　　　　　　　　　　　　2 500

实现了合并层面利润总额与所得税费用配比。同时，体现了合并后递延所得税负债减少本质是偿还合并环节的递延所得税负债。

上述假设一次性变现，在现实中，可能是固定资产随折旧而逐渐转化，这可以理解为固定资产价值随折旧部分转移到产品中实现出售，本质上也是出售。在会计上，只需要按照资产负债表债务法分析账面价值和计税基础的差异，就能正常进行所得税会计处理了。

结论二：按照资产负债表债务法转回合并环节的递延所得税负债，本质是偿还合并环节的递延所得税负债。

案例 11-9 中没有商誉，如果有商誉，合并环节的递延所得税会有不同吗？

如果存在商誉，该收购在会计上视为两件事：一是收购各项资产与负债；二是收购商誉。

在合并财务报表层面，视同购买方按照公允价值购买被购买方各项资产与负债，这时候被合并方没有缴纳所得税，相应纳税义务实现递延，由收购方承担了，因此，商誉并不影响递延所得税的本质。

那么，如果不是 100% 收购会影响递延所得税吗？不会影响，不是 100% 收购，按照合并财务报表实体理论，同样将子公司的资产与负债 100% 纳入合并财务报表，然后将子公司净资产公允价值归少数股东份额确认为少数股东权益。不影响收购环节的递延所得税确认。

二、内部交易环节的所得税会计本质

【案例 11-10】 母公司黔灵山公司当期将 100 万元的存货按 200 万元的价格销售给子公司黔灵湖公司。母公司个别财务报表实现利润 100 万元，确认所得税费用 25 万元。

个别财务报表分录为：

借：所得税费用　　　　　　　　　　　　　　　　　　　　　25

　　贷：应交税费——应交所得税　　　　　　　　　　　　　　　　25

在合并层面，不认可内部交易，存货账面价值还是 100 万元，但计税基础变为 200 万元，产生可抵扣暂时性差异，应确认递延所得税资产 25 万元，于是合并工作底稿调整分录为：

借：递延所得税资产　　　　　　　　　　　　　　　　　　　　25

　　贷：所得税费用　　　　　　　　　　　　　　　　　　　　　25

将上述两笔分录汇总就是：

借：递延所得税资产　　　　　　　　　　　　　　　　　　　　25

　　贷：应交税费——应交所得税　　　　　　　　　　　　　　　　25

这样，就实现合并层面所得税费用与合并层面利润配比。因此：

结论三：在母、子公司内部交易环节，满足会计准则关于递延所得税资产和递延所得税负债确认的前提下，所得税会计的本质是让合并层面的会计利润与合并层面的所得税费用实现配比。

第十二章

同一控制下的企业合并合并财务报表编制

 贴心提示

　　本书没有将非同一控制下企业合并与同一控制下企业合并的合并财务报表编制并列编排，而是将同一控制下企业合并的合并财务报表编制作为合并财务报表的特殊专题论述。因为同一控制下企业合并完全有可能是在非同一控制下形成企业合并后的集团内部整合行为。在学习安排上，掌握非同一控制下企业合并的合并财务报表编制，是学习同一控制下企业合并的合并财务报表编制的必要知识储备。

　　《企业会计准则第 20 号——企业合并（2006）》第五条规定："参与合并的企业在合并前后均受同一方或相同的多方最终控制且该控制并非暂时性的，为同一控制下的企业合并。"由此可见，我国企业会计准则对于同一控制下的企业合并主要强调两大要件：①最终控制方相同；②合并前后受相同最终控制方的控制是非暂时性的。

　　我国企业会计准则对同一控制下的企业合并要求按照权益结合法的理论

思想进行会计处理。权益结合法的基本思想认为参与企业合并的双方是一体化存续下来的，由此带来合并财务报表以及母公司个别财务报表长期股权投资计量的特殊性。

第一节　权益结合法理论概述

为了更好地理解我国企业会计准则中同一控制下企业合并的合并财务报表编制特殊性，需要理解权益结合法的基本原理。

一、权益结合法发展历程回顾

1. 第一阶段：经营实质连续阶段

"权益结合法起源于 20 世纪早期关于合并企业留存收益会计处理的争议。当时会计职业界的一个基本准则是，新公司在开业之初不应存在留存收益，留存收益只来源于公司成立之后经营活动所带来盈利。然而在（20 世纪）20 年代，美国出现了只涉及公司形式变化，不产生实质改动（如，B 公司与 C 公司同为 A 公司的子公司，将合并成为新的 D 公司，或是采用吸收合并的方式存续 B 或 C 公司）的企业合并类型。"（李若山等，企业合并 "回整上市" 模式下权益结合法的研究，2005）

权益结合法企业合并一开始被理解为 "换汤不换药" 的企业合并，是不产生经济实质改动的企业合并类型。在这种情况下，按照实质重于形式原则，合并后的企业本质是原来企业的延续，那么将参与合并企业的留存收益带进合并后的企业就是顺理成章的事情。基于与留存收益的会计处理相一致的原则假设，合并后企业的资产与负债也按合并前账面价值进行计量。同时考虑到参与合并的企业不一定存在公平交易，而且只是企业形式发生变化，实质经营活动并没有改变。既然是对原有经营活动的继续，就不必产生新的会计计量基础，应按照被合并方账面价值进行处理。权益结合法会计处理——将两个企业的资产与负债按账面价值加总，账面上体现了各参与方在合并前就是同一体经营的会计实体。可见，权益结合法根植于合并前即存在强度联属关系的企业合并。

1950 年 9 月，《会计研究公告第 40 号（ARB No. 40）》正式定义了"权益结合法会计"概念（李若山等，企业合并"回整上市"模式下权益结合法的研究，2005），首次采用权益结合法和购买法来界定两类企业合并实务，采用四个标准对权益结合法进行判断指导：①股东权益的连续性；②参与合并的相对规模；③管理层或是管理控制权的连续性；④企业业务的性质（相似或者互补的业务更倾向于采用权益结合法）。

第一阶段的权益结合法，针对存在强度联属关系的企业合并，按照实质重于形式原则，企业合并仅仅是法律形式上的改变，经营活动实质上连续进行。在判断指导上，结合了股东权益连续与管理控制权连续进行判定。

权益结合法最典型的会计特征是合并前利润及留存收益要体现在合并后的会计主体账面，因为合并后的会计主体不是一个"新的主体"，仅仅是原来经营实体"改头换面"后的继续存在。

早期的权益结合法思想后续影响广泛，我国目前同一控制下的企业合并权益结合法也根植于这种思想，目前所得税法领域特殊性税务重组企业合并视角也来源于早期的权益结合法思想。

2. 第二阶段：股权联合阶段

到了 20 世纪 40 年代，美国资本市场企业合并的特征发生显著变化：企业合并更多地通过一个公司与另一个公司（通常不存在关联关系）换股合并实现。这种合并被理解为参与合并双方股东将自己的公司投入新公司（合并后的公司）中，原来参与合并双方的股东成为合并后的公司的股东。这时候，权益结合法被认为属于双方股东的联合与交易，突破了第一阶段合并前后的公司具有强度联属关系的特征。

1943 年美国联邦电力委员会（Federal Power Commission）案例（李若山等，企业合并"回整上市"模式下权益结合法的研究，2005），是权益结合法发展到第二阶段的典型代表案例。两个独立公司将其各自的资产与负债组合注入一家新公司，在这一合并案例中，合并后企业对原来参与合并方的资产与负债没有采用公允价值计量，理由是合并没有带来实质变化，不存在资产增值，仅仅是双方股东进行股权联合。自那时起，这种处理方法延伸到了那些之前不存在联属关系的企业合并中，同时丰富了权益结合法的理论基础，扩大了权益结合法的适用范围。

综上，权益结合法第二阶段的特征主要体现为股东的联合，突破了第一阶段强度联属关系特征以及管理控制权延续性，也不再强调经营连续性。这时候权益结合法适用条件被放宽，以至于后来出现权益结合法的"滥用"。

3. 第三阶段：严格限制使用、禁用阶段

发展到20世纪60年代，扩展权益结合法的使用给美国资本市场带来一系列不容忽视的问题。由于采用权益结合法可以将合并前业绩纳入合并后的报告主体，有利于增加每股盈余，甚至权益结合法成为利润管理的有效工具，同时所得税法给予权益结合法免税待遇，导致企业有动机创造条件满足权益结合法的适用条件，权益结合法变成为一定目的服务的操作手段，"没有条件创造条件也要上"，几乎任何企业合并业务都能采用权益结合法进行会计处理。

这时会计职业界的普遍观点是：只要收购方能够获得证券监管委员会的批准，那么对于任何企业合并业务，会计师都可采用权益结合法进行合并处理。20世纪60年代，美国上市公司之间独立性很强，为此，上市公司之间有动机构造条件，"套用"权益结合法，如协议在公司合并之后，股东通过股票回购将其变现，放弃其在合并后公司的所有权等。

这时候权益结合法导致负面经济后果，最终到了2001年，美国颁布了《财务会计准则第141号》，正式取消权益结合法，要求2001年6月30日之后发生的所有企业合并均采用购买法。

国际会计准则中，同一控制下的企业合并会计处理被排除在《国际财务报告准则第3号——企业合并》（IFRS 3）的范围之外，没有明确说明会计处

理思路。

2020 年 11 月 30 日，国际会计准则理事会（IASB）发布了《同一控制下的企业合并（Business Combinations under Common Control）（讨论稿）》。理事会在讨论稿中就同一控制下的企业合并的项目范围、购买法和账面价值法的适用范围和具体会计处理、披露要求等方面形成初步决议，并就上述问题向全球利益相关方征求意见。该讨论稿代表 IASB 最新观点及处理倾向。

IASB 讨论稿的主要意见是：①同一控制下的企业合并影响合并方非控股股东的，原则上采用购买法，并明确如果合并方为上市公司，该交易应当采用购买法。②涉及全资子公司的合并采用账面价值法。③即便采用账面价值法合并，合并方的合并财务报表只包括被合并方在合并后的资产、负债、收入和费用，无须重述被合并方的合并前信息。④讨论稿提供了一项选择性豁免和一项例外，具体包括：一是如果合并方告知了所有非控股股东其采用账面价值法的建议，并且非控股股东不反对采用该方法的，允许合并方采用账面价值法（购买法的选择性豁免）；二是如果所有非控股股东是合并方的关联方，要求合并方应当采用账面价值法（购买法的关联方例外）。(IASB，《同一控制下的企业合并（讨论稿）》，2020）

目前，权益结合法在美国会计准则中被禁用。《同一控制下的企业合并（讨论稿）》将其限制在极少数情形下，正准备"关进笼子"，并且禁止"历史推倒重来"，不许将合并前经营业绩和财务数据进行重述，"历史构造"不再被允许，意在防止盈余管理。

二、我国权益结合法的特征

我国权益结合法可以说是权益结合法发展的新阶段，是在吸收与总结了权益结合法的经验教训的基础上发展起来的。

根据我国目前执行的企业合并准则《企业会计准则第 20 号——企业合并（2006）》，权益结合法适用于同一控制下的企业合并，具体界定为："参与合并的企业在合并前后均受同一方或相同的多方最终控制且该控制并非暂时性的，为同一控制下的企业合并。"同时规定，合并利润表应当包括参与合并各方自合并当期期初至合并日所发生的收入、费用和利润。同时根据《企业会计准则第 33 号——合并财务报表（2014）》，母公司在报告期内因同一控制下企业合并增加的子公司以及业务，编制合并资产负债表时，应当调整合并资产负债表的期初数，同时应当对比较报表的相关项目进行调整，视同合并后的报告主体自最终控制方开始控制时点起一直存在。

通过将我国企业会计准则第 20 号和第 33 号与国际会计准则最新观点倾向和美国会计准则进行对比分析可以了解，当前我国企业合并采用的权益结合法具有以下明显特征：

（1）控制权连续。权益结合法适用前提条件是合并前后最终控制方不变，这与美国权益结合法发展第一阶段既类似而又不同。美国权益结合法早期具有经营连续性及管理控制权连续性特征，同时考虑企业规模及参与合并双方的业务性质等。相比而言，我国权益结合法适用判断条件单一、清晰明了，为实务工作发出明确指导信号，适用上的模棱两可被大大降低。但同时，我国在控制权连续方面进行明确要求：合并前后均受同一方或相同的多方最终控制且该控制并非暂时性的，包括"合并后"和"非暂时性"的要求。这主要是为了防范企业将不符合权益结合法的并购案例"包装"为符合条件进而"套用"，比如合并后通过股权回购实现退出等。这样的规定吸收了权益结合法在美国被滥用并导致负面经济后果的经验。

（2）合并对价不仅仅限于股份，其他合并对价均适用权益结合法。权益结合法在美国的发展体现为"股东的联合"，合并形式是"以股换股"，合并对价为股份。我国权益结合法并没有限制在以股份为对价的支付上面，只要满足同一控制下的企业合并的界定，无论是发行股份进行支付，还是现金支付、承债支付等，都必须采用权益结合法对同一控制下的企业合并进行处理。

（3）我国权益结合法对同一控制下的企业合并在理论上界定为会计主体的实质连续，合并仅仅是法律形式调整。这和美国早期的权益结合法"经营活动"的连续有差别，我国会计准则界定为"会计主体"连续，而不是"经营活动"连续。这样一来，在具体适用条件界定上，会计师只需要考虑控制权的连续性，而无须考虑合并前后双方业务是否相同或互补。既然合并双方在理论上作为主体连续，那么顺理成章，合并后形成的报告主体是一体化存续下来的，因此，合并当年合并利润表需要包括年初到合并时被合并方实现的损益，合并财务报表提供可比数据的，要对合并之前年度的财务数据进行调整，视同合并后的报告主体自最终控制方开始控制时点起一直存在。

（4）互斥设计。我国企业合并准则将企业合并界定在被合并方控制权转移的基础上，合并类型分非同一控制下的企业合并和同一控制下的企业合并。对于非同一控制下的企业合并采用购买法，同一控制下的企业合并采用权益结合法。这样就实现购买法与权益结合法互斥设计，限制管理层的裁量权，避免人为操纵。

通过梳理权益结合法的发展历程，并结合我国会计准则的当前选择可以看出，我国权益结合法是在吸收、发展、总结经验的基础上建设起来的，和美国的权益结合法"和而不同"，应该说，我国权益结合法适用上易于界定，相对不易被操纵，避免了美国权益结合法发展到第二阶段被滥用的后果，最终形成目前的状态：权益结合法产生于美国但是被美国放弃，而在中国落地生根，经过适应性改造后，在中国"一枝独秀"。

三、我国同一控制下的企业合并采用权益结合法的原因

（1）有利于集团整合上市。以控制为纽带来界定经济实质上的"会计主体"，是当前企业合并及合并财务报表准则的基本思路，那么，从最终控制方角度来看，同一控制下的企业合并控制权没有转移，因而将同一控制下的企业合并视为会计主体的实质延续，合并仅仅是形式结构调整。这样一来，在留存收益处理上，合并前合并双方的留存收益都作为合并后主体的留存收益，合并前经营业绩作为合并主体的经营业绩。这是权益结合法的最根本特征。

这就决定了权益结合法"碰上"资本市场融资需要时，对管理层而言，具有先天优势，主要体现在盈余管理方面。即使当年年底合并，被合并方当年合并前经营业绩也作为合并主体的经营业绩，在我国上市融资和经营业绩、业务收入规模挂钩的资本市场监管背景下，权益结合法更加受到管理层的欢迎。

权益结合法对于被合并方资产以账面价值纳入合并，相对于购买法，管理层在合并后业绩压力更轻。因为购买法以公允价值将被购买方资产纳入合并，在合并实务中，公允价值一般大于账面价值。合并后基于账面价值的折旧、摊销、减值金额较低，同时可以藏利润于账面价值，一旦有盈余管理需要，可以将同一控制下企业合并获得的账面资产变现充实利润。在购买法下，合并后按照公允价值折旧、摊销，业绩压力更大，支付对价超过被购买方净资产公允价值的，确认商誉，后续面临商誉减值压力。

从经济后果而言，权益结合法相对于购买法，给予管理层上市融资更好的会计"甜蜜"。

（2）经济发展需要做大做强，并购整合是做大做强的重要手段。协同效应是并购价值创造的驱动因素，横向并购产生规模经济和范围经济，纵向并购产生交易费用节约，混合并购产生两者兼而有之的协同效应（Weston，2004）。市场力量也是并购价值创造的驱动因素，横向、纵向和混合并购都会增强并购企业的竞争力，强化进入壁垒，提高市场价格控制能力（Zollo and Meter，2008），从而使企业获取超常利益。战略动因也是并购价值创造的驱动因素，企业通过横向、纵向或混合并购能迅速获取稀缺性资源（Chung and Alcacer，2002）或迅速开拓市场（Shimiz，2004），获取战略利益。

从国家经济政策导向看，要求金融服务于实体经济发展。会计政策的选择也不例外，需要考虑会计准则本身的经济后果。经济政策及经济发展客观上需要企业做出并购整合，而权益结合法给予管理层更多"并购甜蜜"效应，所以，权益结合法在新兴市场国家受到欢迎是必然趋势。这也是中国会计准则对同一控制下的企业合并采用权益结合法的根本原因。

（3）国有大型企业在国民经济中发挥重要作用，同时上市公司及其他大型企业大股东和管理层没有真正分离，集团对子公司的管理控制较强，子公司法人治理机制不完善，在某种程度上子公司不属于独立的市场主体，这些都是我们国家现实经济状况，和美国资本市场有较大差别。这是美国放弃权益结合法后，权益结合法反而在中国得到发展的重大经济背景。

我国权益结合法以控制权为基准，在同一控制下的法律主体都视为一体化经营，以最终控制方角度看待同一控制下的企业合并，属于集团内部结构调整，不属于市场交易行为。这一看待问题的视角与我国企业大股东和管理层不完全分离的治理特征以及国有企业在经济中发挥重要作用是相吻合的。

（4）2006年版企业合并准则颁布时，我国股权分置改革尚未完成，企业股权分为流通股与非流通股。这样的背景给确定支付的对价的公允价值造成困难。同时，2006年版准则也没有公允价值计量准则，《企业会计准则第39号——公允价值计量》是财会[2014]6号文颁发的。这些都为当时背景下购买法确定公允价值造成更多困难，反过来对于采用权益结合法形成"加分项"。

在考虑了多种因素后，针对同一控制下的企业合并业务，准则制定者最终选择采用权益结合法进行会计处理。我国采用权益结合法，为世界其他发展中经济体提供了可供参照的实践范例，也为世界会计实务与会计理论发展提供了一个非常有价值的研究范本。

四、现阶段权益结合法需要关注的新动向

（1）在上市注册制背景下，业绩与上市资格开始脱钩，用权益结合法降低管理层上市融资业绩压力的背景正在改变。同时，在目前知识经济时代，被合并方没有达到确认条件的无形资产占比较大，让合并后资产负债表失真，相对于购买法，权益结合法更容易实现盈余管理，也会带来负面效应：管理层不考虑合并成本，尤其是以股权作为支付手段的同一控制下的企业合并，是以股东的股权结构调整来实现规模扩大的，按股本面值计量合并对

价，合并中取得子公司净资产价值大于合并对价的，在账面形成大量资本公积。权益结合法也不利于计量合并后的业绩。

（2）权益结合法会扭曲合并企业非控制性权益方的计量基础，资本市场关注中小股东的呼声，可能需要审视权益结合法导致合并方非控制性权益持有人的信息需求。

假设甲公司通过股权交易方式取得 A 公司 30% 表决权股份，H 公司占 A 公司 70% 表决权股份。甲公司对 A 公司具有重大影响。A 公司进行同一控制下资产重整，A 公司发行股份从母公司 H 公司处购买 M 公司 100% 股权。该事项实施后，甲公司占 A 公司 15% 股权份额，H 公司占 A 公司 85% 股权份额。甲公司仍然对 A 公司具有重大影响。从 A 公司角度，购买 M 公司属于同一控制下的企业合并业务，首先，取得 M 公司资产在 A 公司合并财务报表中应该以账面价值进行计量，同时，视同 A 公司与 M 公司一直是一体化存续下来的。现在的问题是，站在甲公司角度，如何核算 A 公司重组后后续投资收益。按照《企业会计准则第 2 号——长期股权投资》应用指南（2014 年修订），被投资单位编制合并财务报表的，应当以合并财务报表为基础确认投资收益，这会导致一个后果，A 公司合并财务报表中对于 M 公司实现的利润是以历史成本为基础核算的，从甲公司角度，M 公司实现的损益是以交易原则为基础形成的。因此，这样会导致甲公司角度的投资收益"不伦不类"，如果甲公司要实现计量基础一致性，必须将 M 公司的资产与负债以公允角度为基础编制 A 公司的合并财务报表，然后计算投资收益。无疑，这样处理找不到具体准则依据，同时也会增加甲公司的核算成本。根源上，A 公司实施同一控制下的企业合并采用权益结合法，是造成甲公司投资收益计量基础扭曲的根本原因。

正是因为权益结合法导致主并方非控制性权益股东的会计信息失衡，过于倾向最终控制方的计量基础持续性，IASB 发布了《同一控制下的企业合并（讨论稿）》，其意见为：涉及全资子公司的合并采用账面价值法，如果合并方告知了所有非控股股东其采用账面价值法的建议，并且非控股股东不反对采用该方法，允许合并方采用账面价值法。

（3）国际上其他准则已经取消或倾向于取消权益结合法。资本国际流动，中外企业数据横向对比分析时，报表使用者面临更多可比性障碍，就需要中国会计界予以更多留心与关注。

（4）不可否认，权益结合法在资源配置中有扭曲性导向。因为报告结果一旦和资本市场及业绩考核挂钩，权益结合法的业绩优势就会让管理层更倾向于同一控制下的企业合并。那么，针对同一并购对象，即使集团外购买方出价更高，集团最终控制方也会倾向于同一控制整合，"肥水不流外人田"。权益结合法在资源配置中有扭曲性导向，需要会计政策制定者密切注意，从权益结合法的经济后果而言，"此一时彼一时"，不能让权益结合法的优势变成经济发展中的制度劣势。

（5）随着改革开放的深入和"一带一路"倡议的落实，双循环有序推进，不断强化中国资本市场国际地位，推动国外企业在中国融资，采用中国会计准则进行报告，权益结合法具有"双刃剑"作用：一方面，有利于吸引国外公司将优质资产在集团内整合后到中国资本市场融资；另一方面，权益结合法本身具有很强的利润操纵便捷性，需要防范境外企业进入中国资本市场融资导致金融隐患。

（本节内容引用文献：蔺龙文．中国会计准则采用权益结合法的原因分析及未来展望 [J]．当代会计，2021（14）．）

第二节　同一控制下的企业合并合并前期合并财务报表编制

根据权益结合法基本理论观点，按照实质重于形式原则，同一控制下的企业合并参与合并双方是一体化存续下来的。对于同一控制下的企业合并，《企业会计准则第 33 号——合并财务报表（2014）》的具体规定有：①第三十二条："母公司在报告期内因同一控制下企业合并增加的子公司以及业务，编制合并资产负债表时，应当调整合并资产负债表的期初数，同时应当对比较报表的相关项目进行调整，视同合并后的报告主体自最终控制方开始控制时点起一直存在。"②第三十八条："母公司在报告期内因同一控制下企业合并增加的子公司以及业务，应当将该子公司以及业务合并当期期初至报告期末的收入、费用、利润纳入合并利润表，同时应当对比较报表的相关项目进行调整，视同合并后的报告主体自最终控制方开始控制时点起一直存在。"③第四十三条："母公司在报告期内因同一控制下企业合并增加的子公司以及业务，应当将该子公司以及业务合并当期期初至报告期末的现金流量纳入合并现金流量表，同时应当对比较报表的相关项目进行调整，视同合并后的报告主体自最终控制方开始控制时点起一直存在。"

综合《企业会计准则第 33 号——合并财务报表（2014）》的相关规定，对同一控制下的企业合并，要求在合并日编制合并资产负债表、年初到合并日的合并利润表、年初到合并日的合并现金流量表。同时，对于参与合并双方自受同一方或相同多方控制时起，视同一直是一体化存续下来的，对合并前期相关可比数据进行追溯调整。

【案例 12-1】　同一控制下的企业合并合并前期合并财务报表编制（取得被合并方 100% 表决权比例）

假设 H 集团有甲、乙两家子公司。组织结构如图 12-1 所示。本案例不考虑所得税。

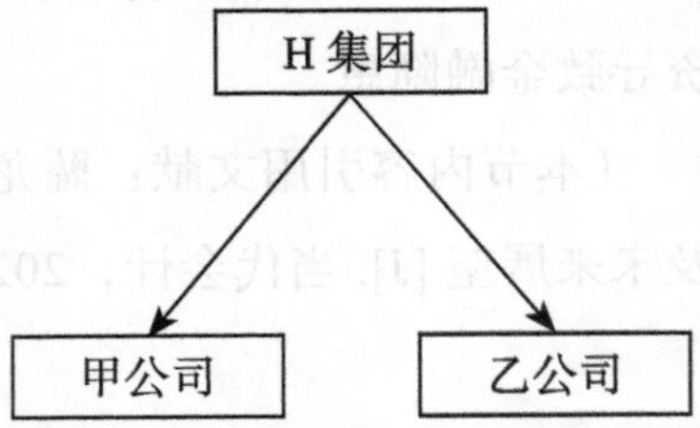

乙公司是 H 集团 2019 年 12 月 31 日以 10 000 万元投资成立的 100% 子公司，乙公司成立后将 10 000 万元用于购买房屋一栋，作为投资性房地产核算，采用公允价值后续计量模式。假设乙公司 2020 年没有开展其他业务，年底投资性房地产公允价值为 12 000 万元。乙公司年底调整投资性房地产公允价值 2 000 万元，计入公允价值变动损益。同时计提 10% 的盈余公积。

因此，乙公司 2020 年 12 月 31 日资产负债表（简表）如表 12-1 所示。

图 12-1　H 集团组织结构图（变动前）

表 12-1　资产负债表（简表）　　　　　（单位：万元）

资产	期末余额	负债和所有者权益（或股东权益）	期末余额
投资性房地产	12 000	实收资本	10 000
		盈余公积	200
		未分配利润	1 800
资产总计	12 000	负债和所有者权益（或股东权益）总计	12 000

乙公司 2020 年利润表（简表）如表 12-2 所示。

表 12-2　利润表（简表）　　　　　（单位：万元）

项目	本期金额
公允价值变动损益	2 000
净利润	2 000

甲公司是 H 集团 2019 年 12 月 31 日以一项使用年限不确定的无形资产作价 10 亿元投资的，按《企业会计准则第 6 号——无形资产（2006）》第十九条："使用寿命不确定的无形资产不应摊销。"假设甲公司没有开展其他业务。

甲公司 2020 年 12 月 31 日资产负债表（简表）如表 12-3 所示。

表 12-3　资产负债表（简表）　　　　　（单位：万元）

资产	期末余额	负债和所有者权益（或股东权益）	期末余额
无形资产	100 000	实收资本	100 000
资产总计	100 000	负债和所有者权益（或股东权益）总计	100 000

2021 年 1 月 1 日，甲公司和母公司交易，取得乙公司 100% 控制权比例。

假设甲公司控制乙公司符合企业合并概念，并假设需要编制合并前合并财务报表。

同一控制下的企业合并理解为集团内部结构调整事项，视同乙公司一直受甲公司控制。因此，要求甲公司将乙公司一直视为自己的子公司编制合并财务报表。

图 12-2　H 集团组织结构图（变动后）

在本例中，甲公司合并乙公司合并日是 2021 年 1 月 1 日，但是对于 2020 年的合并财务报表，甲公司要视同乙公司就是自己的子公司一样编报。

那么合并前合并财务报表怎么编制呢？

可以用简化法编制。下面以 2020 年为例，展现合并前合并财务报表简化法编制原理。

1. 合并资产负债表

年初、年末，可以在甲公司报表上直接把乙公司的资产和负债加上去，在本例中，乙公司没有负债，那么甲公司 2020 年初和年末都可以在个别财务报表上直接加上乙公司资产（投资性房地产），按照权益交易事项处理原则，所有者权益体现为资本公积。

用简化思路编制 2020 年 12 月 31 日合并资产负债表（简表）如表 12-4 所示。

表 12-4   合并资产负债表（简表）　　　　　（单位：万元）

资产	期末余额	上年年末余额	负债和所有者权益（或股东权益）	期末余额	上年年末余额
无形资产	100 000	100 000	实收资本	100 000	100 000
投资性房地产	12 000	10 000	资本公积	12 000	10 000
资产总计	112 000	110 000	负债和所有者权益（或股东权益）总计	112 000	110 000

2. 合并利润表

对于合并利润表，在没有内部交易的情况下，各项数据简单加总就可以了。2020 年合并利润表（简表）如表 12-5 所示。

表 12-5   合并利润表（简表）　　　　　（单位：万元）

项目	本期金额
公允价值变动损益	2 000
净利润	2 000

3. 简化法编制的特殊问题及其解决

如果把上面用简化法编制的合并资产负债表与合并利润表结合起来看，合并利润表中 2020 年的净利润，按道理说属于留存收益，而在简化法合并资产负债表里面全部确认为"资本公积"。这就需要将 2 000 万元合并前被合并方留存收益从资本公积恢复，对应科目冲减资本公积。

需要额外做一笔调整分录：

借：资本公积　　　　　　　　　　　　　　2 000

　　贷：未分配利润　　　　　　　　　　　　　　　　2 000

经过上述调整后的 2020 年 12 月 31 日合并资产负债表（简表）如表 12-6 所示。

表 12-6　合并资产负债表（简表）　（单位：万元）

资产	期末余额	上年年末余额	负债和所有者权益（或股东权益）	期末余额	上年年末余额
无形资产	100 000	100 000	实收资本	100 000	100 000
投资性房地产	12 000	10 000	资本公积	10 000	10 000
			未分配利润	2 000	
资产总计	112 000	110 000	负债和所有者权益（或股东权益）总计	112 000	110 000

【案例 12-2】　同一控制下的企业合并合并前期合并财务报表编制（取得被合并方非 100% 表决权比例）

贴心提示

本案例用两种思路开拓读者思维。常规思路是将合并前模拟为权益法核算的长期股权投资，然后进行调整抵销。简化思路是直接对报表进行汇总，然后做适当调整，不模拟为长期股权投资。

假设 H 集团有甲、乙两家子公司，组织结构如图 12-3 所示。本案例不考虑所得税。

乙公司是 2019 年 12 月 31 日 H 集团和非关联方按照 8 ∶ 2 的比例共投资 10 000

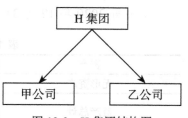

图 12-3　H 集团结构图

万元成立的子公司，H 集团占乙公司 80% 的表决权比例。乙公司成立后将 10 000 万元用于购买房屋一栋，作为投资性房地产核算，采用公允价值后续计量模式。假设乙公司 2020 年没有开展其他业务，年底投资性房地产公允价值为 12 000 万元。

乙公司年底调整投资性房地产公允价值 2 000 万元，计入公允价值变动损益。同时计提 200 万元盈余公积。

乙公司 2020 年 12 月 31 日资产负债表（简表）如表 12-7 所示。

表 12-7　资产负债表（简表）　　　　　（单位：万元）

资产	期末余额	负债和所有者权益（或股东权益）	期末余额
投资性房地产	12 000	实收资本	10 000
		盈余公积	200
		未分配利润	1 800
资产总计	12 000	负债和所有者权益（或股东权益）总计	12 000

乙公司 2020 年利润表（简表）如表 12-8 所示。

表 12-8　利润表（简表）　　　　　（单位：万元）

项目	本期金额
公允价值变动损益	2 000
净利润	2 000

甲公司是 H 集团 2019 年 12 月 31 日以一项使用年限不确定的无形资产作价 10 亿元投资的，按《企业会计准则第 6 号——无形资产（2006）》第十九条规定："使用寿命不确定的无形资产不应摊销。"假设甲公司没有开展其他业务。

甲公司 2020 年 12 月 31 日资产负债表（简表）如表 12-9 所示。

表 12-9　资产负债表（简表）　　　　　（单位：万元）

资产	期末余额	负债和所有者权益（或股东权益）	期末余额
无形资产	100 000	实收资本	100 000
资产总计	100 000	负债和所有者权益（或股东权益）总计	100 000

2021 年 1 月 1 日，甲公司和母公司交易，取得乙公司 80% 的股权。

假设甲公司控制乙公司符合企业合并概念，并假设甲公司需要编制合并前合并财务报表。

一、常规抵销思路

（一）2019 年合并抵销

甲、乙公司同时受 H 集团控制是自 2019 年 12 月 31 日开始的，按照准则规定，视同甲公司控制乙公司是从 2019 年 12 月 31 日开始持续下来的。2019 年合并调整抵销如下：

（1）权益交易确认对乙公司长期股权投资：

借：长期股权投资　　　　　　　　　　　　　8 000

　　贷：资本公积　　　　　　　　　　　　　　　　　8 000

注：将持有乙公司股权投资视为股东 H 集团对甲公司的利益转移，按照权益交易处理原则计入资本公积。

（2）抵销甲公司长期股权投资与乙公司所有者权益：

借：实收资本　　　　　　　　　　　　　　　10 000

　　贷：长期股权投资　　　　　　　　　　　　　　　8 000

　　　　少数股东权益　　　　　　　　　　　　　　　2 000

2019 年合并工作底稿如表 12-10 所示。

表 12-10　合并工作底稿（部分）　　　　　　（单位：万元）

项目	母公司	子公司	合计	调整抵销分录		合并数
				借方	贷方	
资产负债表项目：						
投资性房地产		10 000	10 000			10 000
无形资产	100 000		100 000			100 000
长期股权投资				8 000	8 000	
实收资本	100 000	10 000	110 000	10 000		100 000
资本公积					8 000	8 000
少数股东权益					2 000	2 000

2019 年 12 月 31 日合并资产负债表（简表）如表 12-11 所示。

表 12-11　合并资产负债表（简表）　　　　（单位：万元）

资产	期末余额	负债和所有者权益（或股东权益）	期末余额
无形资产	100 000	实收资本	100 000
投资性房地产	10 000	资本公积	8 000
		少数股东权益	2 000
资产总计	110 000	负债和所有者权益（或股东权益）总计	110 000

（二）2020 年合并抵销

2020 年子公司实现净利润 2 000 万元，年末子公司所有者权益项目及金额为：实收资本 10 000 万元，盈余公积 200 万元，未分配利润 1 800 万元。

2020 年抵销分录为：

（1）重新编制 2019 年确认长期股权投资分录：

借：长期股权投资　　　　　　　　　　　　8 000

　　贷：资本公积　　　　　　　　　　　　　　　　8 000

（2）将长期股权投资按照权益法核算：

借：长期股权投资　　　　　　　　　　　　1 600

　　贷：投资收益　　　　　　　　　　　　　　　　1 600

（3）权益投资抵销：

借：实收资本　　　　　　　　　　　　　　10 000

　　盈余公积　　　　　　　　　　　　　　　 200

　　未分配利润　　　　　　　　　　　　　 1 800

　　贷：长期股权投资　　　　　　　　　　　　　　9 600

　　　　少数股东权益　　　　　　　　　　　　　　2 400

借：投资收益　　　　　　　　　　　　　　1 600

　　少数股东损益　　　　　　　　　　　　　 400

　　贷：提取盈余公积　　　　　　　　　　　　　　 200

　　　　年末未分配利润　　　　　　　　　　　　　1 800

2020 年合并工作底稿如表 12-12 所示。

表 12-12 合并工作底稿（部分）（单位：万元）

项目	母公司	子公司	合计	调整抵销分录 借方	调整抵销分录 贷方	合并数
资产负债表项目：						
投资性房地产		12 000	12 000			12 000
无形资产	100 000		100 000			100 000
长期股权投资				9 600	9 600	
实收资本	100 000	10 000	110 000	10 000		100 000
资本公积					8 000	8 000
盈余公积		200	200	200		
未分配利润		1 800	1 800	3 800	3 600	1 600
少数股东权益					2 400	2 400
利润表项目：						
公允价值变动损益		2 000	2 000			2 000
投资收益				1 600	1 600	
少数股东损益				400		400
所有者权益变动表项目：						
年初未分配利润						
提取盈余公积		200	200		200	
向股东分配利润						
年末未分配利润		18 00	1 800	3 800	3 600	1 600

2020 年 12 月 31 日合并资产负债表（简表）如表 12-13 所示。

表 12-13 合并资产负债表（简表）（单位：万元）

资产	期末余额	负债和所有者权益（或股东权益）	期末余额
无形资产	100 000	实收资本	100 000
投资性房地产	12 000	资本公积	8 000
		未分配利润	1 600
		少数股东权益	2 400
资产总计	112 000	**负债和所有者权益（或股东权益）总计**	112 000

2020 年合并利润表（简表）如表 12-14 所示。

表 12-14　合并利润表（简表）　　　　（单位：万元）

项目	本期金额
公允价值变动损益	2 000
净利润	2 000
按所有权归属分类	
1. 归属于母公司股东的净利润	1 600
2. 少数股东损益	400

2020 年合并所有者权益变动表（简表）如表 12-15 所示。

表 12-15　合并所有者权益变动表（简表）　　（单位：万元）

项目	本年金额					少数股东权益	所有者权益合计
	归属于母公司所有者权益						
	实收资本	资本公积	盈余公积	未分配利润	小计		
一、上年年末余额	100 000	8 000			108 000	2 000	110 000
加：会计政策变更							
前期差错更正							
二、本年年初余额	100 000	8 000			108 000	2 000	110 000
三、本年增减变动金额（减少以"－"填列）				1 600	1 600	400	2 000
（一）综合收益总额				1 600	1 600	400	2 000
（二）所有者投入和减少资本							
（三）利润分配							
1. 提取盈余公积							
2. 对股东的分配							
四、本年年末余额	100 000	8 000		1 600	109 600	2 400	112 000

二、2020 年合并财务报表简化编制思路

调整分录如下：

（1）将乙公司净资产项目全部调整为资本公积，同时确认少数股东权益。

借：实收资本　　　　　　　　　　　　　　　10 000

　　盈余公积　　　　　　　　　　　　　　　　 200

　　未分配利润　　　　　　　　　　　　　　 1 800

贷：资本公积（=12 000×80%）　　　　　　　　　　　　　9 600

　　少数股东权益（=12 000×20%）　　　　　　　　　　　2 400

　　注：本分录的思路是，母、子公司的资产与负债项目汇总后，将子公司的资产与负债纳入合并，理解为权益交易，计入资本公积，而不是体现为子公司的所有者权益项目。同时按比例确认少数股东权益。

　　本分录将子公司年末净资产全部计入资本公积，包括子公司当年实现的净利润部分也计入资本公积，因此下面将子公司合并前留存收益从资本公积恢复。

　　（2）将子公司合并前留存收益从资本公积恢复。

借：资本公积（=2 000×80%）　　　　　　　　　　　　　1 600

　　贷：未分配利润　　　　　　　　　　　　　　　　　　1 600

（3）确认少数股东损益。

借：少数股东损益　　　　　　　　　　　　　　　　　　400

　　贷：年末未分配利润　　　　　　　　　　　　　　　　400

　　注：本分录实质上不影响合并资产负债表，借方和贷方都可以视为"未分配利润"，目的是在合并利润表中确认少数股东损益。

　　合并工作底稿如表 12-16 所示。

表 12-16　合并工作底稿（部分）　　　（单位：万元）

项目	母公司	子公司	合计	调整抵销分录		合并数
				借方	贷方	
资产负债表项目：						
投资性房地产		12 000	12 000			12 000
无形资产	100 000		100 000			100 000
实收资本	100 000	10 000	110 000	10 000		100 000
资本公积				1 600	9 600	8 000
盈余公积		200	200	200		
未分配利润		1 800	1 800	2 200	2 000	1 600
少数股东权益					2 400	2 400
利润表项目：						
公允价值变动损益	2 000		2 000			2 000
少数股东损益				400		400

根据合并工作底稿，填列合并资产负债表（简表）如表 12-17 所示。

表 12-17　合并资产负债表（简表）　　　　（单位：万元）

资产	期末余额	负债和所有者权益（或股东权益）	期末余额
无形资产	100 000	实收资本	100 000
投资性房地产	12 000	资本公积	8 000
		未分配利润	1 600
		少数股东权益	2 400
资产总计	112 000	负债和所有者权益（或股东权益）总计	112 000

合并利润表（简表）如表 12-18 所示。

表 12-18　合并利润表（简表）　　　　（单位：万元）

项目	本期金额
公允价值变动损益	2 000
净利润	2 000
按所有权归属分类	
1. 归属于母公司股东的净利润	1 600
2. 少数股东损益	400

第三节　同一控制下的企业合并合并财务报表编制实操案例

根据《企业会计准则第 33 号——合并财务报表（2014）》的相关规定，在同一控制下的企业合并当期，需要编制合并日合并资产负债表、年初至合并日合并利润表、年初至合并日合并现金流量表三张报表。

《企业会计准则第 2 号——长期股权投资（2014）》第五条规定："同一控制下的企业合并，合并方以支付现金、转让非现金资产或承担债务方式作为合并对价的，应当在合并日按照被合并方所有者权益在最终控制方合并财务报表中的账面价值的份额作为长期股权投资的初始投资成本。长期股权投资初始投资成本与支付的现金、转让的非现金资产以及所承担债务账面价值之间的差额，应当调整资本公积；资本公积不足冲减的，调整留存收益。"

由此可见，长期股权投资准则对于个别财务报表中同一控制下形成的长期股权投资，也是根据权益结合法原理，站在最终控制方角度，定义为集团内部结构调整，而不是交易行为。

❖ 实操案例 12-1　同一控制下合并财务报表编制

一、案例背景

开州环湖实业集团有限公司拥有两家子公司，20×2 年投资成立开州天时有限公司，占开州天时有限公司 75% 股权比例。开州环湖实业集团有限公司在 20×4 年 1 月 1 日和非关联方达成协议，收购开州地利有限公司 60% 的股权，于 20×4 年 1 月 1 日改组开州地利有限公司董事会，是日开始控制开州地利有限公司，购买日为 20×4 年 1 月 1 日。

从 20×4 年 1 月 1 日起，开州环湖实业集团有限公司同时控制开州天时有限公司和开州地利有限公司。

20×4 年 1 月 1 日，开州环湖实业集团有限公司收购开州地利有限公司 60% 的股权对价为 10 000 万元，以货币资金支付。购买日，开州地利有限公司资产、负债项目账面价值和公允价值如表 12-19 所示。

表　12-19　　　　　　　　　　（单位：万元）

资产	账面价值	公允价值	负债和所有者权益（或股东权益）	账面价值	公允价值
货币资金	3 000	3 000	应付账款	500	500
应收账款	2 000	2 000	实收资本	3 000	
存货*	1 000	1 200	资本公积	600	9 700
固定资产	4 000	4 000	盈余公积	590	
			未分配利润	5 310	
资产总计	10 000	10 200	负债和所有者权益（或股东权益）总计	10 000	10 200

*　存货评估增值 200 万元，当年评估增值存货全部实现对外销售。

购买日，形成并购商誉 =10 000−9 700×60%=4 180（万元）。20×4 年，开州地利有限公司实现净利润 3 285 万元，计提盈余公积 328.5 万元，分配现金股利 1 000 万元。

20×4 年 12 月 31 日，开州地利有限公司个别资产负债表（简表）如表 12-20 所示。

表 12-20　资产负债表（简表）　　（单位：万元）

资产	期末余额	上年年末余额	负债和所有者权益（或股东权益）	期末余额	上年年末余额
货币资金	4 905	3 000	应付账款	650	500
应收账款	1 700	2 000	实收资本	3 000	3 000
存货	1 980	1 000	资本公积	600	600
固定资产	3 850	4 000	盈余公积	918.5	590
			未分配利润	7 266.5	5 310
资产总计	12 435	10 000	负债和所有者权益（或股东权益）总计	12 435	10 000

20×4 年开州地利有限公司个别利润表（简表）如表 12-21 所示。

表 12-21　利润表（简表）　　（单位：万元）

项目	本期金额
营业收入	12 000
营业成本	7 200
税金及附加	200
销售费用	140
管理费用	60
财务费用	15
资产减值损失	5
营业利润	4 380
所得税费用	1 095
净利润	3 285

20×4 年开州地利有限公司个别所有者权益变动表（简表）如表 12-22 所示。

20×5 年 6 月 30 日，开州天时有限公司用货币资金 1 500 万元向母公司开州环湖实业集团有限公司收购开州地利有限公司 60% 的股权，20×5 年 6 月 30 日改组开州地利有限公司董事会，是日起，开州天时有限公司开始控制开州地利有限公司，合并日为 20×5 年 6 月 30 日。开州天时有限公司和开州地利有限公司的合并属于同一控制下的企业合并。

表 12-22 所有者权益变动表（简表） （单位：万元）

项目	本年金额				
	实收资本	资本公积	盈余公积	未分配利润	合计
一、上年年末余额	3 000	600	590	5 310	9 500
加：会计政策变更					
前期差错更正					
二、本年年初余额	3 000	600	590	5 310	9 500
三、本年增减变动金额（减少以"－"填列）			328.5	1 956.5	2 285
（一）综合收益总额				3 285	3 285
（二）所有者投入和减少资本					
（三）利润分配			328.5	1 328.5	1 000
1. 提取盈余公积			328.5	328.5	
2. 对股东的分配				1 000	1 000
四、本年年末余额	3 000	600	918.5	7 266.5	11 785

开州天时有限公司和开州地利有限公司开始同时受开州环湖实业集团有限公司控制的时间是 20×4 年 1 月 1 日。开州天时有限公司按照同一控制下的企业合并处理规则，应视同自 20×4 年 1 月 1 日起，开州地利有限公司就是开州天时有限公司的子公司来编制合并财务报表。

二、追溯开州天时有限公司 20×4 年的合并财务报表

开州天时有限公司 20×4 年 12 月 31 日资产负债表（简表）如表 12-23 所示。

开州天时有限公司 20×4 年利润表（简表）如表 12-24 所示。

开州天时有限公司 20×4 年所有者权益变动表（简表）如表 12-25 所示。

1. 调整抵销

（1）视同 20×4 年 1 月 1 日，开州环湖实业集团有限公司收购开州地利有限公司 60% 的股权（对价为 10 000 万元）后，将开州地利有限公司 60% 的股权作为权益交易"无对价转移"给开州天时有限公司，按照"权益交易"原则，开州天时有限公司作为资本公积核算。

借：长期股权投资　　　　　　　　　　　　　　　10 000

　　贷：资本公积　　　　　　　　　　　　　　　　　　　　10 000

表 12-23　资产负债表（简表）　　　　（单位：万元）

资产	期末余额	上年年末余额	负债和所有者权益（或股东权益）	期末余额	上年年末余额
货币资金	8 655	4 500	应付账款	1 700	3 000
应收账款	5 450	5 500	应交税费	3 200	2 600
存货	2 800	3 000	实收资本	5 000	5 000
固定资产	7 300	7 000	资本公积	1 500	1 500
			盈余公积	5 290.5	4 800
			未分配利润	7 514.5	3 100
资产总计	24 205	20 000	负债和所有者权益（或股东权益）总计	24 205	20 000

表 12-24　利润表（简表）　　　　（单位：万元）

项目	本期金额
营业收入	25 800
营业成本	18 300
税金及附加	400
销售费用	360
管理费用	160
财务费用	40
资产减值损失	
营业利润	6 540
所得税费用	1 635
净利润	4 905

（2）调整开州地利有限公司 20×4 年 1 月 1 日净资产公允价值，存货评估增值 200 万元，当年评估增值存货全部实现对外销售。

借：存货　　　　　　　　　　　　　　　　　　　200

　　贷：资本公积　　　　　　　　　　　　　　　　　　　　200

借：营业成本　　　　　　　　　　　　　　　　　200

　　贷：存货　　　　　　　　　　　　　　　　　　　　　　200

表 12-25　所有者权益变动表（简表）　　　　（单位：万元）

项目	本年金额				
	实收资本	资本公积	盈余公积	未分配利润	合计
一、上年年末余额	5 000	1 500	4 800	3 100	14 400
加：会计政策变更					
前期差错更正					
二、本年年初余额	5 000	1 500	4 800	3 100	14 400
三、本年增减变动金额（减少以"－"填列）				490.5	4 414.5	4 905
（一）综合收益总额				4 905	4 905
（二）所有者投入和减少资本					
（三）利润分配				490.5	490.5
1. 提取盈余公积				490.5	490.5
2. 对股东的分配					
四、本年年末余额	5 000	1 500	5 290.5	7 514.5	19 305

（3）20×4年开州地利有限公司实现净利润3 285万元，调整增加营业成本200万元，合并层面认可子公司净利润为3 085万元。

借：长期股权投资（=3 085×60%）　　　　　　　　　　1 851

　　贷：投资收益　　　　　　　　　　　　　　　　　　　　　　1 851

（4）20×4年开州地利有限公司向股东分配利润1 000万元，按股权比例归属于开州天时有限公司的为600万元。但是需要注意，20×4年实际分配给了开州环湖实业集团有限公司，并非分配给开州天时有限公司，因为合并层面是视同自20×4年开始开州地利有限公司是开州天时有限公司的子公司。

对于合并前子公司的利润分配业务，可以理解为开州天时有限公司获得利润分配600万元，然后按照"权益交易"将600万元"转移"给母公司开州环湖实业集团有限公司，因此，按照权益法以及权益交易的处理原则，调整分录如下：

借：应收股利　　　　　　　　　　　　　　　　　　　600

　　贷：长期股权投资　　　　　　　　　　　　　　　　　　　600

借：资本公积　　　　　　　　　　　600

　　贷：应收股利　　　　　　　　　　　　　　600

调整后长期股权投资金额 =10 000+1 851-600=11 251（万元）。

（5）开州天时有限公司长期股权投资与开州地利有限公司所有者权益抵销，开州天时有限公司投资收益与开州地利有限公司利润分配抵销。

借：实收资本　　　　　　　　　　　3 000

　　资本公积　　　　　　　　　　　　800

　　（子公司数据 600+ 存货评估增值 200）

　　盈余公积　　　　　　　　　　　918.5

　　未分配利润　　　　　　　　　7 066.5

　　（子公司数据 7 266.5- 存货评估增值营业成本 200）

　　商誉　　　　　　　　　　　　4 180

　　贷：长期股权投资　　　　　　　　　　11 251

　　　　少数股东权益　　　　　　　　　　　4 714

20×4 年开州地利有限公司实现利润 3 285 万元，调整增加营业成本 200 万元，合并层面认可子公司净利润为 3 085 万元。

借：投资收益　　　　　　　　　　1 851

　　少数股东损益（=3 085×40%）　1 234

　　年初未分配利润　　　　　　　5 310

　　贷：提取盈余公积　　　　　　　　　　328.5

　　　　向股东分配利润　　　　　　　　　1 000

　　　　年末未分配利润　　　　　　　　7 066.5

2. 制作合并工作底稿

合并工作底稿（部分）如表 12-26 所示。

3. 根据合并工作底稿填列合并财务报表

（1）合并资产负债表（简表）如表 12-27 所示。

表 12-26 合并工作底稿（部分） （单位：万元）

项目	母公司	子公司	合计数	调整抵销分录		合并数
				借方	贷方	
资产负债表项目：						
货币资金	8 655	4 905	13 560			13 560
应收账款	5 450	1 700	7 150			7 150
应收股利				600	600	
存货	2 800	1 980	4 780	200	200	4 780
长期股权投资				11 851	11 851	
固定资产	7 300	3 850	11 150			11 150
商誉				4 180		4 180
应交税费	3 200		3 200			3 200
应付账款	1 700	650	2 350			2 350
实收资本	5 000	3 000	8 000	3 000		5 000
资本公积	1 500	600	2 100	1 400	10 200	10 900
盈余公积	5 290.5	918.5	6 209	918.5		5 290.5
未分配利润	7 514.5	7 266.5	14 781	15 661.5	10 246	9 365.5
少数股东权益					4 714	4 714
利润表项目：						
营业收入	25 800	12 000	37 800			37 800
营业成本	18 300	7 200	25 500	200		25 700
税金及附加	400	200	600			600
销售费用	360	140	500			500
管理费用	160	60	220			220
财务费用	40	15	55			55
资产减值损失		5	5			5
投资收益				1 851	1 851	
所得税费用	1 635	1 095	2 730			2 730
净利润	4 905	3 285	8 190	—	—	7 990
净利润按所有权归属分类						
1. 归属于母公司股东的净利润						6 756
2. 少数股东损益				1 234		1 234
所有者权益变动表项目：						
年初未分配利润	3 100	5 310	8 410	5 310		3 100
提取盈余公积	490.5	328.5	819		328.5	490.5
对股东的分配		1 000	1 000		1 000	
年末未分配利润	7 514.5	7 266.5	14 781	15 661.5	10 246	9 365.5

表 12-27　合并资产负债表（简表）

（单位：万元）

资产	期末余额	上年年末余额	负债和所有者权益（或股东权益）	期末余额	上年年末余额
流动资产：			流动负债：		
货币资金	13 560	4 500	应交税费	3 200	2 600
应收账款	7 150	5 500	应付账款	2 350	3 000
存货	4 780	3 000	流动负债合计	5 550	5 600
流动资产合计	25 490	13 000	所有者权益（或股东权益）：		
非流动资产：			实收资本	5 000	5 000
固定资产	11 150	7 000	资本公积	10 900	1 500
商誉	4 180		盈余公积	5 290.5	4 800
非流动资产合计	15 330	7 000	未分配利润	9 365.5	3 100
			归属于母公司所有者权益（或股东权益）合计	30 556	14 400
			少数股东权益	4 714	
			所有者权益（或股东权益）合计	35 270	14 400
资产总计	40 820	20 000	负债和所有者权益（或股东权益）总计	40 820	20 000

注：合并资产负债表上年年末余额为母公司个别资产负债表上年年末余额。

（2）合并利润表（简表）如表 12-28 所示。

表 12-28　合并利润表（简表） （单位：万元）

项目	本期金额
一、营业总收入	37 800
其中：营业收入	37 800
二、营业总成本	27 075
其中：营业成本	25 700
税金及附加	600
销售费用	500
管理费用	220
财务费用	55
减：资产减值损失	5
三、营业利润	10 720
加：营业外收入	
减：营业外支出	
四、利润总额	10 720
减：所得税费用	2 730
五、净利润	7 990
按所有权属分类	
1. 归属于母公司股东的净利润	6 756
2. 少数股东损益	1 234

（3）合并所有者权益变动表（简表）如表 12-29 所示。

三、编制开州天时有限公司 20×5 年合并日合并资产负债表及年初到合并日合并利润表

开州天时有限公司 20×5 年 6 月 30 日资产负债表（简表）如表 12-30 所示。

开州天时有限公司 20×5 年上半年利润表（简表）如表 12-31 所示。

开州地利有限公司 20×5 年 6 月 30 日资产负债表（简表）如表 12-32 所示。

开州地利有限公司 20×5 年上半年利润表（简表）如表 12-33 所示。

表 12-29　合并所有者权益变动表（简表）　　（单位：万元）

项目	本年金额						
	归属于母公司所有者权益					少数股东权益	所有者权益合计
	实收资本	资本公积	盈余公积	未分配利润	小计		
一、上年年末余额	5 000	1 500	4 800	3 100	14 400		14 400
加：会计政策变更							
前期差错更正							
二、本年年初余额	5 000	1 500	4 800	3 100	14 400		14 400
三、本年增减变动金额（减少以"－"填列）		9 400	490.5	6 265.5	16 156	4 714	20 870
（一）综合收益总额				6 756	6 756	1 234	7 990
（二）所有者投入和减少资本		9 400			9 400	3 880	13 280
1. 所有者投入的普通股							
（三）利润分配			490.5		490.5		
1. 提取盈余公积			490.5		490.5		
2. 对股东分配						400	400
四、本年年末余额	5 000	10 900	5 290.5	9 365.5	30 556	4 714	35 270

注：①资本公积增减变动＝长期股权投资初始确认金额 10 000 万元－子公司利润分配归母公司的部分 600 万元＝9 400 万元。②少数股东权益本年增减变动额＝20×4 年 1 月 1 日集团控制开州地利有限公司时其净资产公允价值 9 700 万元 ×40%＋本年合并利润表少数股东损益 1 234 万元－开州地利有限公司向少数股东分配 400 万元＝4 714 万元。

表 12-30　资产负债表（简表）　　（单位：万元）

资产	期末余额	上年年末余额	负债和所有者权益（或股东权益）	期末余额	上年年末余额
货币资金	7 930	8 655	应付账款	1 800	1 700
应收账款	5 500	5 450	应交税费	1 615	3 200
存货	2 855	2 800	实收资本	5 000	5 000
长期股权投资	12 250.45		资本公积	12 250.45	1 500
固定资产	7 500	7 300	盈余公积	5 290.5	5 290.5
			未分配利润	10 079.5	7 514.5
资产总计	36 035.45	24 205	负债和所有者权益（或股东权益）总计	36 035.45	24 205

表 12-31　利润表（简表）　　　　　　（单位：万元）

项目	本期金额
营业收入	13 000
营业成本	9 100
税金及附加	205
销售费用	180
管理费用	80
财务费用	15
资产减值损失	
营业利润	3 420
所得税费用	855
净利润	2 565

表 12-32　资产负债表（简表）　　　　　　（单位：万元）

资产	期末余额	上年年末余额	负债和所有者权益（或股东权益）	期末余额	上年年末余额
货币资金	6 615.75	4 905	应付账款	675	650
应收账款	1 810	1 700	实收资本	3 000	3 000
存货	2 000	1 980	资本公积	600	600
固定资产	3 700	3 850	盈余公积	918.5	918.5
			未分配利润	8 932.25	7 266.5
资产总计	14 125.75	12 435	负债和所有者权益（或股东权益）总计	14 125.75	12 435

表 12-33　利润表（简表）　　　　　　（单位：万元）

项目	本期金额
营业收入	6 010
营业成本	3 580
税金及附加	101
销售费用	70
管理费用	30
财务费用	8
资产减值损失	
营业利润	2 221
所得税费用	555.25
净利润	1 665.75

1. 调整抵销

（1）视同 20×4 年 1 月 1 日，开州环湖实业集团有限公司收购开州地利有限公司 60% 的股权（对价为 10 000 万元）后，将开州地利有限公司 60% 的股权作为权益交易"无对价转移"开州天时有限公司，按照"权益交易"原则，开州天时有限公司作为资本公积核算。

借：长期股权投资   10 000

    贷：资本公积   10 000

（2）调整开州地利有限公司 20×4 年 1 月 1 日净资产公允价值，存货评估增值 200 万元，当年评估增值存货全部实现对外销售。

借：存货   200

    贷：资本公积   200

借：年初未分配利润   200

    贷：存货   200

（3）20×4 年开州地利有限公司实现利润 3 285 万元，调整增加营业成本 200 万元，合并层面认可子公司净利润为 3 085 万元。

借：长期股权投资（=3 085×60%）   1 851

    贷：年初未分配利润   1 851

（4）20×4 年开州地利有限公司向股东分配利润 1 000 万元，按股权比例归属于开州天时有限公司的为 600 万元。但是需要注意，20×4 年实际分配给了开州环湖实业集团有限公司，并非分配给开州天时有限公司，因为合并层面是视同自 20×4 年开始开州地利有限公司是开州天时有限公司的子公司。

对于合并前子公司的利润分配业务，可以理解为开州天时有限公司获得利润分配 600 万元，然后按照"权益交易"将 600 万元"转移"到母公司开州环湖实业集团有限公司，因此，按照权益法以及权益交易的处理原则，调整分录如下：

借：应收股利   600

    贷：长期股权投资   600

借：资本公积　　　　　　　　　　　　600

　　贷：应收股利　　　　　　　　　　　　　　　　　600

（5）调整开州天时有限公司个别财务报表确认的长期股权投资。

《企业会计准则第 2 号——长期股权投资（2014）》第五条规定："同一控制下的企业合并，合并方以支付现金、转让非现金资产或承担债务方式作为合并对价的，应当在合并日按照被合并方所有者权益在最终控制方合并财务报表中的账面价值的份额作为长期股权投资的初始投资成本。长期股权投资初始投资成本与支付的现金、转让的非现金资产以及所承担债务账面价值之间的差额，应当调整资本公积；资本公积不足冲减的，调整留存收益。"

根据上述规定，开州天时有限公司个别财务报表长期股权投资入账价值实际上就是"顺承"开州环湖实业集团有限公司合并财务报表中开州地利有限公司包含商誉在内的净资产价值相应份额。

开州天时有限公司个别财务报表应确认长期股权投资初始计量成本 = 收购成本 10 000 万元 +20×4 年子公司经调整净利润 3 085 万元 ×60%- 20×4 年子公司向母公司分配利润 600 万元 +20×5 年上半年实现净利润 1 665.75 万元 ×60%=12 250.45 万元。

因此，20×5 年开州天时有限公司用货币资金 1 500 万元向母公司开州环湖实业集团有限公司收购开州地利有限公司 60% 的股权，个别会计报表分录为：

借：长期股权投资　　　　　　　　　　12 250.45

　　贷：货币资金　　　　　　　　　　　　　　　1 500

　　　　资本公积　　　　　　　　　　　　　　　10 750.45

这笔分录可以拆分为两笔分录：

借：长期股权投资　　　　　　　　　　12 250.45

　　贷：资本公积　　　　　　　　　　　　　　　12 250.45

借：资本公积　　　　　　　　　　　　1 500

　　贷：货币资金　　　　　　　　　　　　　　　1 500

拆分后，在理解上可以视为个别财务报表层面两笔权益交易，开州环湖实业集团有限公司和开州天时有限公司分别向对方进行"权益交易利益转移"。

而在开州天时有限公司合并层面，是视同开州环湖实业集团有限公司在取得开州地利有限公司控制权之日就将开州地利有限公司 60% 的股权"无对价转移"给开州天时有限公司，因此，开州天时有限公司合并层面应该将个别财务报表确认的长期股权投资冲回。

调整分录如表 12-34 所示。

表　12-34

母公司个别财务报表	合并层面	调整分录
借：长期股权投资 12 250.45 　贷：资本公积　　　12 250.45 借：资本公积　　　1 500 　贷：货币资金　　　1 500	借：资本公积　　　1 500 　贷：货币资金　　1 500	借：资本公积　　　　12 250.45 　贷：长期股权投资 12 250.45

（6）开州地利有限公司 20×5 年 1～6 月实现净利润 1 665.75 万元，按照权益法核算，调整分录为：

借：长期股权投资（=1 665.75×60%）　　　　　　999.45

　　贷：投资收益　　　　　　　　　　　　　　　　　999.45

调整后长期股权投资合并层面账面价值＝收购成本 10 000 万元 +20×4 年子公司经调整净利润 3 085 万元 ×60%-20×4 年子公司向母公司分配利润 600 万元 +20×5 年上半年实现净利润 1 665.75 万元 ×60%=12 250.45 万元。

（7）开州天时有限公司长期股权投资与开州地利有限公司所有者权益抵销，开州天时有限公司投资收益与开州地利有限公司利润分配抵销。

借：实收资本　　　　　　　　　　　　　　　　　3 000

　　资本公积　　　　　　　　　　　　　　　　　　800

　　（子公司数据 600+ 存货评估增值 200）

　　盈余公积　　　　　　　　　　　　　　　　　918.5

　　未分配利润　　　　　　　　　　　　　　　8 732.25

　　（子公司数据 8 932.25-20×4 年调增营业成本 200）

　　商誉　　　　　　　　　　　　　　　　　　　4 180

　　贷：长期股权投资　　　　　　　　　　　　　　12 250.45

　　　　少数股东权益　　　　　　　　　　　　　　5 380.3

借：年初未分配利润　　　　　　　　7 066.5

　　投资收益　　　　　　　　　　　999.45

　　少数股东损益　　　　　　　　　666.3

　　贷：年末未分配利润　　　　　　　　　　　　　8 732.25

注：子公司开州地利有限公司 20×5 年上半年没有计提盈余公积，没有向股东分配
利润。

2. 制作合并工作底稿

合并工作底稿（部分）如表 12-35 所示。

表 12-35　合并工作底稿（部分）　　　　（单位：万元）

项目	母公司	子公司	合计数	调整抵销分录 借方	调整抵销分录 贷方	合并数
资产负债表项目：						
货币资金	7 930	6 615.75	14 545.75			14 545.75
应收账款	5 500	1 810	7 310			7 310
应收股利				600	600	
存货	2 855	2 000	4 855	200	200	4 855
长期股权投资	12 250.45		12 250.45	12 850.45	25 100.9	
固定资产	7 500	3 700	11 200			11 200
商誉				4 180		4 180
应交税费	1 615		1 615			1 615
应付账款	1 800	675	2 475			2 475
实收资本	5 000	3 000	8 000	3 000		5 000
资本公积	12 250.45	600	12 850.45	13 650.45	10 200	9 400
盈余公积	5 290.5	918.5	6 209	918.5		5 290.5
未分配利润	10 079.5	8 932.25	19 011.75	17 664.5	11 582.7	12 929.95
少数股东权益					5 380.3	5 380.3
利润表项目：						
营业收入	13 000	6 010	19 010			19 010
营业成本	9 100	3 580	12 680			12 680
税金及附加	205	101	306			306

（续）

项目	母公司	子公司	合计数	调整抵销分录 借方	调整抵销分录 贷方	合并数
销售费用	180	70	250			250
管理费用	80	30	110			110
财务费用	15	8	23			23
投资收益				999.45	999.45	
所得税费用	855	555.25	1 410.25			1 410.25
净利润	2 565	1 665.75	4 230.75	—	—	4 230.75
净利润按所有权归属分类						
1.归属于母公司股东的净利润						3 564.45
2.少数股东损益				666.3		666.3

3. 根据合并工作底稿填列合并财务报表

合并资产负债表（简表）如表 12-36 所示。

表 12-36　合并资产负债表（简表）　　（单位：万元）

资产	期末余额	上年年末余额	负债和所有者权益（或股东权益）	期末余额	上年年末余额
流动资产：			流动负债：		
货币资金	14 545.75	13 560	应交税费	1 615	3 200
应收账款	7 310	7 150	应付账款	2 475	2 350
存货	4 855	4 780	流动负债合计	4 090	5 550
流动资产合计	26 710.75	25 490	所有者权益（或股东权益）：		
非流动资产：			实收资本	5 000	5 000
固定资产	11 200	11 150	资本公积	9 400	10 900
商誉	4 180	4 180	盈余公积	5 290.5	5 290.5
非流动资产合计	15 380	15 330	未分配利润	12 929.95	9 365.5
			归属于母公司所有者权益（或股东权益）合计	32 620.45	30 556
			少数股东权益	5 380.3	4 714
			所有者权益（或股东权益）合计	38 000.75	35 270
资产总计	42 090.75	40 820	负债和所有者权益（或股东权益）总计	42 090.75	40 820

合并利润表（简表）如表 12-37 所示。

表 12-37　合并利润表（简表）　　　（单位：万元）

项目	本期金额
一、营业总收入	19 010
其中：营业收入	19 010
二、营业总成本	13 369
其中：营业成本	12 680
税金及附加	306
销售费用	250
管理费用	110
财务费用	23
减：资产减值损失	
三、营业利润	5 641
加：营业外收入	
减：营业外支出	
四、利润总额	5 641
减：所得税费用	1 410.25
五、净利润	4 230.75
按所有权属分类	
1. 归属于母公司股东的净利润	3 564.45
2. 少数股东损益	666.3

20×5 年 1 月 1 日至 20×5 年 6 月 30 日合并现金流量表（略）。

第十三章

非同一控制下增资取得控制权的合并财务报表处理

在非同一控制下增资取得控制权，具体而言又分为从金融资产增资取得控制权和从对联营、合营企业的权益投资增资取得控制权两种情况。在合并财务报表层面，都视为原持有股权全部处置，按照公允价值重新取得控制权。但是个别财务报表处理思路不一样，导致合并调整分录有所不同。

《企业会计准则第33号——合并财务报表（2014）》第四十八条规定："企业因追加投资等原因能够对非同一控制下的被投资方实施控制的，在合并财务报表中，对于购买日之前持有的被购买方的股权，应当按照该股权在购买日的公允价值进行重新计量，公允价值与其账面价值的差额计入当期投资收益；购买日之前持有的被购买方的股权涉及权益法核算下的其他综合收益等的，与其相关的其他综合收益等应当转为购买日所属当期收益。"

如果是同一控制下增加股权比例取得控制权，按照本书第十二章的思路进行处理。

第一节 从金融资产增资取得控制权

在非同一控制下，从金融资产增资取得控制权，个别财务报表和合并财务报表处理思路具有一致性，都视为原持有金融资产全部处置，取得子公司控制权（合并成本）按照公允价值计量。

【**案例 13-1**】 甲公司原持有乙上市公司 0.5% 的股份比例，甲公司将其分类为以公允价值计量且其变动计入当期损益的金融资产，账面价值为 4 500 万元（成本明细科目 4 000 万元，公允价值变动明细科目 500 万元）。20×5 年 7 月 1 日，甲公司通过公开市场收购乙上市公司 22% 的股权比例，收购价款为 250 000 万元，原 0.5% 股权的公允价值为 5 680 万元。

根据乙公司的公司章程，董事会成员由股东大会选举产生，所有重大经营决策和财务决策由董事会简单多数通过生效。从历史上乙公司历次股东大会召开情况看，出席股东大会的所有表决权股东不超过 40% 的股权比例，根据《企业会计准则第 33 号——合并财务报表（2014）》关于控制权的界定，甲公司取得乙上市公司 22.5%（=0.5%+22%）的股权后，能控制乙公司所有重大财务和经营决策。

在本例中，购买日为 20×5 年 7 月 1 日，当天，乙上市公司资产、负债项目（不包含递延所得税项目）如表 13-1 所示。

假设根据所得税法相关规定，乙上市公司各项资产、负债的账面价值和计税基础相同。已知所得税税率为 25%。

1. 甲公司个别财务报表处理

借：长期股权投资（=250 000+5 680）   255 680
　　贷：银行存款   250 000
　　　　交易性金融资产——成本   4 000
　　　　　　　　　　　　——公允价值变动   500
　　　　投资收益   1 180

2. 购买日甲公司合并财务报表处理

（1）合并成本 =250 000+5 680=255 680（万元）。

（2）计算收购乙上市公司形成的递延所得税。

表 13-1　　　　　　　　　　　　（单位：万元）

资产	账面价值	公允价值	负债和所有者权益（或股东权益）	账面价值	公允价值
货币资金	50 000	50 000	短期借款	30 000	30 000
交易性金融资产	22 000	22 000	应付职工薪酬	5 000	5 000
应收账款	50 000	50 000	应交税费	12 000	12 000
存货	300 000	310 000	应付账款	5 000	5 000
固定资产	500 000	520 000	流动负债合计	52 000	52 000
无形资产	100 000	400 000	长期借款	300 000	300 000
			负债合计	352 000	352 000
			股本	500 000	
			资本公积	135 000	
			盈余公积	20 000	1 000 000
			未分配利润	15 000	
			所有者权益（或股东权益）合计	670 000	
资产总计	1 022 000	1 352 000	负债和所有者权益（或股东权益）总计	1 022 000	1 352 000

存货评估增值 10 000 万元，合并财务报表认定账面价值（公允价值）大于计税基础 10 000 万元，形成递延所得税负债 =10 000×25%=2 500（万元）。

固定资产评估增值 20 000 万元，形成递延所得税负债 =20 000×25%=5 000（万元）。

无形资产评估增值 300 000 万元，形成递延所得税负债 =300 000×25%=75 000（万元）。

一共形成收购环节递延所得税负债 =2 500+5 000+75 000=82 500（万元）。

（3）商誉 =255 680-（1 000 000-82 500）×22.5%=49 242.5（万元）。

（4）调整乙公司资产评估增值金额。

借：存货　　　　　　　　　　　　　　　10 000

　　固定资产　　　　　　　　　　　　　20 000

　　无形资产　　　　　　　　　　　　　300 000

　　贷：递延所得税负债　　　　　　　　　　　　　　　82 500

　　　　资本公积　　　　　　　　　　　　　　　　　247 500

（5）编制购买日合并资产负债表时，甲公司长期股权投资和乙公司所有者权益抵销。

借：股本　　　　　　　　　　　　　　　500 000

　　资本公积（=135 000+247 500）　　　382 500

　　盈余公积　　　　　　　　　　　　　20 000

　　未分配利润　　　　　　　　　　　　15 000

　　商誉　　　　　　　　　　　　　　　49 242.5

　　贷：长期股权投资　　　　　　　　　　　　　　　255 680

　　　　少数股东权益　　　　　　　　　　　　　　　711 062.5

（6）合并工作底稿及购买日合并资产负债表（略）。

第二节　从对联营、合营企业的权益投资增资取得控制权

原持有被投资方股权，能对被投资方实施重大影响或共同控制的，对该股权采用权益法进行后续计量。当进一步增资取得被投资方控制权时，形成非同一控制下的企业合并的，个别财务报表将原权益法长期股权投资账面价值加上新增投资公允对价，作为对子公司长期股权投资初始成本，后续按照成本法核算。

在合并财务报表中，视为原持有股权全部按公允价值处置，将处置价款加上新增公允对价之和作为取得子公司的合并对价，因此，合并财务报表是以公允价值计量对子公司的合并成本。

【**案例 13-2**】甲公司原持有乙上市公司 11.25% 的股份比例，作为权益法长期股权投资核算，账面价值为 120 000 万元（其中投资成本 100 000 万元，损益调整 20 000 万元）。20×5 年 7 月 1 日，甲公司通过公开市场收购乙上市公司 11.25% 的股权比例，收购价款为 125 000 万元，原 11.25% 股权公允价值为 125 000 万元。

根据乙公司的公司章程，董事会成员由股东大会选举产生，所有重大经营决策和财务决策由董事会简单多数通过生效。从历史上乙公司历次股东大会召开情况看，出席股东大会的所有表决权股东不超过总表决权的 40%，根据《企业会计准则第 33 号——合并财务报表（2014）》关于控制权的界定，甲公司取得乙上市公司 22.5%（=11.25%+11.25%）的股权后，能控制乙公司所有重大财务和经营决策。

在本例中，购买日为 20×5 年 7 月 1 日。当天，乙上市公司资产、负债项目（不包含递延所得税项目）如表 13-2 所示。

表　13-2　　　　　　　　　　（单位：万元）

资产	账面价值	公允价值	负债和所有者权益（或股东权益）	账面价值	公允价值
货币资金	50 000	50 000	短期借款	30 000	30 000
交易性金融资产	22 000	22 000	应付职工薪酬	5 000	5 000
应收账款	50 000	50 000	应交税费	12 000	12 000
存货	300 000	310 000	应付账款	5 000	5 000
固定资产	500 000	520 000	流动负债合计	52 000	52 000
无形资产	100 000	400 000	长期借款	300 000	300 000
			负债合计	352 000	352 000
			股本	500 000	
			资本公积	135 000	
			盈余公积	20 000	1 000 000
			未分配利润	15 000	
			所有者权益（或股东权益）合计	670 000	
资产总计	1 022 000	1 352 000	负债和所有者权益（或股东权益）总计	1 022 000	1 352 000

假设根据所得税法相关规定，乙上市公司各项资产、负债的账面价值和计税基础相同。已知所得税税率为 25%。

1. 甲公司个别财务报表处理

借：长期股权投资   245 000

     贷：银行存款   125 000

        长期股权投资——成本   100 000

             ——损益调整   20 000

2. 购买日甲公司合并财务报表处理

（1）合并成本 =125 000+125 000=250 000（万元）。

（2）计算收购乙上市公司形成的递延所得税。

存货评估增值 10 000 万元，合并财务报表认定账面价值（公允价值）大于计税基础 10 000 万元，形成递延所得税负债 =10 000×25%=2 500（万元）。

固定资产评估增值 20 000 万元，形成递延所得税负债 20 000×25%=5 000（万元）。

无形资产评估增值 300 000 万元，形成递延所得税负债 300 000×25%=75 000（万元）。

一共形成收购环节递延所得税负债 =2 500+5 000+75 000=82 500（万元）。

（3）商誉 =250 000-（1 000 000-82 500）×22.5%=43 562.5（万元）。

（4）调整乙公司资产评估增值金额。

借：存货   10 000

     固定资产   20 000

     无形资产   300 000

     贷：递延所得税负债   82 500

        资本公积   247 500

（5）调整长期股权投资账面价值。

表　13-3   （单位：万元）

母公司个别财务报表	合并层面	调整分录
借：长期股权投资 245 000 　贷：银行存款　　　125 000 　　　长期股权投资　120 000	借：长期股权投资　250 000 　贷：银行存款　　　125 000 　　　长期股权投资　120 000 　　　投资收益　　　　5 000	借：长期股权投资 5 000 　贷：投资收益　　　5 000

注：如果原股权投资持有过程中形成其他综合收益及其他资本公积，也一并核销，根据情况转入投资收益或留存收益。

（6）编制购买日合并资产负债表时，甲公司长期股权投资和乙公司所有者权益抵销。

借：股本　　　　　　　　　　　　　　　　500 000

　　资本公积（＝135 000+247 500）　　　382 500

　　盈余公积　　　　　　　　　　　　　　20 000

　　未分配利润　　　　　　　　　　　　　15 000

　　商誉　　　　　　　　　　　　　　　　43 562.5

　贷：长期股权投资　　　　　　　　　　　　　　　250 000

　　　少数股东权益　　　　　　　　　　　　　　　711 062.5

（7）合并工作底稿及购买日合并资产负债表（略）。

第十四章

失去控制权的合并财务报表处理

贴心提示

> 失去控制权当期的合并财务报表编制是一个难点，本章用"平行法"引入基本原理，降低理解难度，再按照抵销思路讲解丧失控制权情况下合并财务报表的编制。

如果说购买子公司是购买"资产负债组合"，那么处置子公司失去控制权，就是处置"资产负债组合"。这就是在合并层面失去控制权的经济本质。

第一节 平行法处置子公司全部股权失去控制权的合并财务报表处理

贴心提示

> 前面专门用一章介绍平行法合并财务报表编制方法，平行法是指

母公司、子公司、合并层面分别进行账务处理、编制试算平衡表，根据合并层面试算平衡表编制合并财务报表。对于复杂合并财务报表问题研究，用平行法非常容易理解合并财务报表层面对经济业务的处理本质。如果读者对前面章节介绍的平行法已经淡忘，需要进行温习后再学习本节内容。

丧失控制权当期期初合并资产负债表应该包括子公司的资产、负债数据，子公司当期期初到处置日的损益和现金流量应该纳入合并利润表和合并现金流量表。

处置持有的子公司全部股权，在合并财务报表中作为处置子公司"资产负债组合"进行会计处理，确认处置所收到的对价，终止确认合并财务报表中子公司的各项资产和负债，同时终止确认相应商誉价值，终止确认少数股东权益账面价值，差额计入投资收益。

❖ 实操案例 14-1　平行法处置子公司全部股权的合并财务报表处理

📁 **贴心提示**

本案例为 20×4 年 1 月 1 日取得子公司控制权，然后于 20×5 年末处置持有的子公司全部股权，从取得控制权到处置控制权，用整个经济业务全貌让读者了解经济业务处理的来龙去脉。本案例不考虑所得税。

明月松间照股份有限公司是一家专门进行实业投资控股的集团公司。（学习提示：设计控股集团壳公司，母公司除投资相关业务外，没有其他购销业务，有利于化繁为简，重点关注子公司的业务内容和处置子公司的业务环节，读者容易掌握思路，得到启发。）

明月松间照股份有限公司 20×4 年 1 月 1 日财务状况（期初余额）如表 14-1 所示。

表 14-1 （单位：万元）

资产	金额	所有者权益	金额
货币资金	80 000	股本	80 000

20×4 年 1 月 1 日，明月松间照股份有限公司支付 20 000 万元收购清泉石上流股份有限公司 80% 的股权，20×4 年 1 月 1 日，改组清泉石上流股份有限公司董事会，是日，明月松间照股份有限公司开始对清泉石上流股份有限公司实施控制。

20×4 年 1 月 1 日，清泉石上流股份有限公司财务状况如表 14-2 所示。

表 14-2 （单位：万元）

资产	账面价值	公允价值	负债和所有者权益（或股东权益）	账面价值	公允价值
货币资金	3 000	3 000	应付账款	2 000	2 000
应收账款	4 000	4 000	股本	5 000	
存货	5 000	5 000	盈余公积	3 000	18 000
固定资产	6 000	8 000	未分配利润	8 000	

注：固定资产评估增值 2 000 万元，评估增值的固定资产是一栋管理用办公大楼，该办公大楼预计尚可使用 20 年。

20×4 年，母公司及子公司具体业务如表 14-3 所示。

表 14-3

（单位：万元）

业务	母公司账务处理	子公司账务处理	合并角度账务处理
母公司支付 20 000 万元收购子公司 80% 股权	借：长期股权投资 20 000 　贷：货币资金 20 000		借：货币资金 3 000 　应收账款 4 000 　存货 5 000 　固定资产 8 000 　商誉 5 600 贷：应付账款 2 000 　少数股东权益 3 600 　货币资金 20 000
子公司购买存货，金额为1 000万元		借：存货 1 000 　贷：货币资金 1 000	借：存货 1 000 　贷：货币资金 1 000
子公司销售产品，售价为5000万元，存货成本为3 000万元		借：货币资金 5 000 　贷：营业收入 5 000 借：营业成本 3 000 　贷：存货 3 000	借：货币资金 5 000 　贷：营业收入 5 000 借：营业成本 3 000 　贷：存货 3 000
子公司支付管理费用500万元		借：管理费用 500 　贷：货币资金 500	借：管理费用 500 　贷：货币资金 500
子公司计提折旧800万元		借：管理费用 800 　贷：固定资产 800	借：管理费用 900 　贷：固定资产 900 注：固定资产评估增值，认公允价值为基础折旧，每年多折旧100万元
子公司分配利润1 000万元	借：货币资金 800 　贷：投资收益 800	借：未分配利润 1 000 　贷：货币资金 1 000	子公司分配给母公司资金内部转移： 借：货币资金 800 　贷：货币资金 800 子公司分配给非控制性权益股东： 借：少数股东权益 200 　贷：货币资金 200

项目	会计分录
子公司结转损益	借：营业收入 5 000 　贷：营业成本 3 000 　　管理费用 1 300 　　未分配利润 700
子公司计提盈余公积	借：未分配利润 70 　贷：盈余公积 70
合并层面确认少数股东损益	借：少数股东损益 120 　贷：少数股东权益 120 注：子公司个别利润为700万元，合并层面再减去100万元折旧调整，合并层面认可子公司净利润为600万元，少数股东损益=600×20%=120（万元）
母公司结转损益	借：投资收益 800 　贷：未分配利润 800
母公司计提盈余公积80万元	借：未分配利润 80 　贷：盈余公积 80
合并层面结转损益	借：营业收入 5 000 　贷：营业成本 3 000 　　管理费用 1 400 　　少数股东损益 120 　　未分配利润 480

根据上述业务，20×4年，母公司财务报表如下（母公司试算平衡表略）。

（1）母公司资产负债表（简表）如表14-4所示。

表 14-4　资产负债表（简表） （单位：万元）

资产	期末余额	负债和所有者权益（或股东权益）	期末余额
货币资金	60 800	股本	80 000
长期股权投资	20 000	盈余公积	80
		未分配利润	720
资产总计	80 800	负债和所有者权益（或股东权益）总计	80 800

（2）母公司利润表（简表）如表14-5所示。

（3）母公司现金流量表（简表）如表14-6所示。

表 14-5　利润表（简表）
（单位：万元）

项目	本期金额
投资收益	800
净利润	800

表 14-6　现金流量表（简表）
（单位：万元）

项目	本期金额
取得投资收益收到的现金	800
取得子公司及其他营业单位支付的现金净额	20 000
现金及现金等价物净增加额	−19 200
加：期初现金及现金等价物余额	80 000
期末现金及现金等价物余额	60 800

（4）母公司所有者权益变动表（简表）如表14-7所示。

表 14-7　所有者权益变动表（简表） （单位：万元）

项目	本年金额				
	股本	资本公积	盈余公积	未分配利润	合计
一、上年年末余额	80 000				80 000
加：会计政策变更					
前期差错更正					
二、本年年初余额	80 000				80 000
三、本年增减变动金额（减少以"−"填列）			80	720	800
（一）综合收益总额				800	800
（二）所有者投入和减少资本					
1. 所有者投入的普通股					
（三）利润分配			80	80	
1. 提取盈余公积			80	80	
2. 对股东的分配					
四、本年年末余额	80 000		80	720	80 800

20×4年，子公司财务报表如下（子公司试算平衡表略）。

（1）子公司资产负债表（简表）如表 14-8 所示。

表 14-8 资产负债表（简表） （单位：万元）

资产	期末余额	负债和所有者权益（或股东权益）	期末余额
货币资金	5 500	应付账款	2 000
应收账款	4 000	负债合计	2 000
存货	3 000	股本	5 000
固定资产	5 200	盈余公积	3 070
		未分配利润	7 630
		所有者权益（或股东权益）合计	15 700
资产总计	17 700	负债和所有者权益（或股东权益）总计	17 700

（2）子公司利润表（简表）如表 14-9 所示。

表 14-9 利润表（简表） （单位：万元）

项目	本期金额
营业收入	5 000
营业成本	3 000
管理费用	1 300
净利润	700

（3）子公司现金流量表（简表）如表 14-10 所示。

表 14-10 现金流量表（简表） （单位：万元）

项目	本期金额
经营活动产生的现金流量：	
销售商品、提供劳务收到的现金	5 000
购买商品、接受劳务支付的现金	1 000
支付其他与经营活动有关的现金	500
筹资活动产生的现金流量：	
分配股利、利润或偿付利息支付的现金	1 000
现金及现金等价物净增加额	2 500
加：期初现金及现金等价物余额	3 000
期末现金及现金等价物余额	5 500

（4）子公司所有者权益变动表（简表）如表 14-11 所示。

表 14-11　所有者权益变动表（简表）　　　（单位：万元）

项目	本年金额				
	股本	资本公积	盈余公积	未分配利润	合计
一、上年年末余额	5 000		3 000	8 000	16 000
加：会计政策变更					
前期差错更正					
二、本年年初余额	5 000		3 000	8 000	16 000
三、本年增减变动金额（减少以"-"填列）			70	-370	-300
（一）综合收益总额				700	700
（二）所有者投入和减少资本					
1. 所有者投入的普通股					
（三）利润分配			70	1 070	1 000
1. 提取盈余公积			70		70
2. 对股东的分配				1 000	1 000
四、本年年末余额	5 000		3 070	7 630	15 700

20×4 年，合并层面财务数据如下。

（1）以母公司期初余额为基础，将合并层面会计分录登记 T 字账（略）。

（2）根据 T 字账编制试算平衡表，试算平衡表如表 14-12 所示。

表 14-12　试算平衡表　　　（单位：万元）

项目	期初余额		本期发生额		期末余额	
	借方	贷方	借方	贷方	借方	贷方
货币资金	80 000		8 800	22 500	66 300	
应收账款			4 000		4 000	
存货			6 000	3 000	3 000	
固定资产			8 000	900	7 100	
商誉			5 600		5 600	
应付账款				2 000		2 000
股本		80 000				80 000
盈余公积				80		80
未分配利润			80	480		400
少数股东权益			200	3 720		3 520
营业收入			5 000	5 000		
营业成本			3 000	3 000		
管理费用			1 400	1 400		
少数股东损益			120	120		
合计	80 000	80 000	42 200	42 200	86 000	86 000

（3）根据试算平衡表填列合并资产负债表，合并资产负债表（简表）如表 14-13 所示。

表 14-13　合并资产负债表（简表）　　（单位：万元）

资产	期末余额	上年年末余额	负债和所有者权益（或股东权益）	期末余额	上年年末余额
流动资产：			流动负债：		
货币资金	66 300	80 000	应付账款	2 000	
应收账款	4 000		流动负债合计	2 000	
存货	3 000		所有者权益（或股东权益）：		
流动资产合计	73 300	80 000	股本	80 000	80 000
非流动资产：			资本公积		
固定资产	7 100		盈余公积	80	
商誉	5 600		未分配利润	400	
非流动资产合计	12 700		归属于母公司所有者权益（或股东权益）合计	80 480	80 000
			少数股东权益	3 520	
			所有者权益（或股东权益）合计	84 000	80 000
资产总计	86 000	80 000	负债和所有者权益（或股东权益）总计	86 000	80 000

（4）根据试算平衡表填列合并利润表，合并利润表（简表）如表 14-14 所示。

（5）整理集团层面会计分录现金资料，编制合并现金流量表，合并现金流量表（简表）如表 14-15 所示。

表 14-14　合并利润表（简表）　（单位：万元）

项目	本期金额	上期金额（略）
营业收入	5 000	
营业成本	3 000	
管理费用	1 400	
净利润	600	
按所有权属分类：		
1. 归属于母公司股东的净利润	480	
2. 少数股东损益	120	

（6）根据合并层面所有者权益类项目 T 字账等相关资料，填列合并所有者权益变动表，合并所有者权益变动表（简表）如表 14-16 所示。

表 14-15　合并现金流量表（简表）　　（单位：万元）

项目	本期金额
经营活动产生的现金流量：	
销售商品、提供劳务收到的现金	5 000
购买商品、接受劳务支付的现金	1 000
支付其他与经营活动有关的现金	500
投资活动产生的现金流量：	
取得子公司及其他营业单位支付的现金净额	17 000
筹资活动产生的现金流量：	
分配股利、利润或偿付利息支付的现金	200
现金及现金等价物净增加额	−13 700
加：期初现金及现金等价物余额	80 000
期末现金及现金等价物余额	66 300

注：①取得子公司及其他营业单位支付的现金净额＝母公司现金支付合并成本20 000万元－购买日子公司现金余额3 000万元＝17 000万元。②分配股利、利润或偿付利息支付的现金是子公司分配给少数股东（非控制性权益股东）的200万元现金股利。

表 14-16　合并所有者权益变动表（简表）　　（单位：万元）

项目	本年金额					
	归属于母公司所有者权益				少数股东权益	所有者权益合计
	股本	资本公积	盈余公积	未分配利润		
一、上年年末余额	80 000					80 000
加：会计政策变更						
前期差错更正						
二、本年年初余额	80 000					80 000
三、本年增减变动金额（减少以"−"填列）			80	400	3 520	4 000
（一）综合收益总额				480	120	600
（二）所有者投入和减少资本					3 600	3 600
1. 所有者投入的普通股						
（三）利润分配			80	80	200	200
1. 提取盈余公积			80	80		
2. 对股东的分配					200	200
四、本年年末余额	80 000	80	400	3 520		84 000

20×5 年 12 月 31 日，母公司将子公司 80% 股权全部出售，取得现金对价 26 000 万元。

20×5 年，母公司及子公司常规业务如表 14-17 所示。

（单位：万元）

表 14-17

业务	母公司账务处理	子公司账务处理	合并层面账务处理
子公司支付 1 000 万元购买一只股票，指定为非交易性权益工具投资		借：其他权益工具投资 1 000 　贷：货币资金 1 000	借：其他权益工具投资 1 000 　贷：货币资金 1 000
子公司收到应收账款 800 万元		借：货币资金 800 　贷：应收账款 800	借：货币资金 800 　贷：应收账款 800
子公司购买存货 2 000 万元，未付款		借：存货 2 000 　贷：应付账款 2 000	借：存货 2 000 　贷：应付账款 2 000
子公司销售产品，价款为 6 000 万元，产品成本为 4 000 万元		借：货币资金 6 000 　贷：营业收入 6 000 借：营业成本 4 000 　贷：存货 4 000	借：货币资金 6 000 　贷：营业收入 6 000 借：营业成本 4 000 　贷：存货 4 000
子公司支付管理费用 300 万元		借：管理费用 300 　贷：货币资金 300	借：管理费用 300 　贷：货币资金 300
子公司计提折旧 800 万元		借：管理费用 800 　贷：固定资产 800	借：管理费用 900 　贷：固定资产 900 注：固定资产评估增值，以公允价值为基础折旧，每年折旧比个别财务报表多 100 万元
年末，子公司非交易性权益工具投资公允价值为 1 500 万元，升值 500 万元		借：其他权益工具投资 500 　贷：其他综合收益 500	借：其他权益工具投资 500 　贷：其他综合收益 400 　　少数股东权益 100 提示：合并层面其他综合收益为 500 万元，有 20% 归少数股东
子公司结转损益		借：营业收入 6 000 　贷：营业成本 4 000 　　管理费用 1 100 　　未分配利润 900	借：少数股东损益 160 　贷：少数股东权益 160 集团层面认可的子公司利润＝子公司利润－折旧调整＝900 万元－折旧 100 万元＝800 万元，少数股东损益＝800×20%＝160（万元）
子公司计提盈余公积		借：未分配利润 90 　贷：盈余公积 90	90

根据上述业务，可以编制子公司的财务报表（T 字账略）。

20×5 年子公司资产负债表（简表）如表 14-18 所示。

表 14-18　资产负债表（简表）　　　　　（单位：万元）

资产	期末余额	上年年末余额	负债和所有者权益（或股东权益）	期末余额	上年年末余额
货币资金	11 000	5 500	应付账款	4 000	2 000
应收账款	3 200	4 000	负债合计	4 000	2 000
存货	1 000	3 000	股本	5 000	5 000
其他权益工具投资	1 500		其他综合收益	500	
固定资产	4 400	5 200	盈余公积	3 160	3 070
			未分配利润	8 440	7 630
			所有者权益（或股东权益）合计	17 100	15 700
资产总计	21 100	17 700	负债和所有者权益（或股东权益）总计	21 100	17 700

20×5 年 12 月 31 日，母公司转让子公司股权，在集团层面可以理解为出售子公司"资产负债组合"。那么，如何获得集团合并层面子公司的资产、负债清单？

根据子公司个别资产负债表可以获得子公司的资产、负债清单，但是，这是集团层面认可的资产、负债清单吗？

答案是否定的。站在集团角度，购买子公司时是以公允价值购进"资产负债组合"，同时确认少数股东权益和商誉，那么，在处置子公司时，就必然属于以公允价值为基础持续计量的"资产负债组合"的处置，同时要终止确认集团层面的少数股东权益和商誉（假设集团将收购子公司形成的商誉分配给子公司资产组）。

以购买子公司时资产、负债公允价值为基础的资产、负债清单与子公司个别财务报表资产、负债清单如表 14-19 所示。

20×5 年子公司利润表（简表）、现金流量表（简表）如表 14-20 和表 14-21所示。

表 14-19 （单位：万元）

项目	子公司个别财务报表	购买日公允价值持续计量价值（合并层面账面价值）
货币资金	11 000	11 000
应收账款	3 200	3 200
存货	1 000	1 000
其他权益工具投资	1 500	1 500
固定资产	4 400	6 200*
商誉		5 600
应付账款	4 000	4 000
子公司可辨认净资产金额	17 100	18 900（不含商誉）
子公司净资产金额	—	24 500（包含商誉）

* 固定资产购买日公允价值持续计量价值＝4 400（子公司账面价值）＋2 000（购买日评估增值）－200（20×4 年和 20×5 年折旧分别调整 100 万元）＝6 200（万元）。

表 14-20 利润表（简表） （单位：万元）

项目	本期金额
营业收入	6 000
营业成本	4 000
管理费用	1 100
净利润	900
其他综合收益的税后净额	500
综合收益总额	1 400

表 14-21 现金流量表（简表） （单位：万元）

项目	本期金额
经营活动产生的现金流量：	
销售商品、提供劳务收到的现金	6 800
购买商品、接受劳务支付的现金	
支付其他与经营活动有关的现金	300
投资活动产生的现金流量：	
投资支付的现金	1 000
现金及现金等价物净增加额	5 500
加：期初现金及现金等价物余额	5 500
期末现金及现金等价物余额	11 000

20×5年子公司所有者权益变动表（简表）如表14-22所示。

表 14-22　所有者权益变动表（简表）　　　（单位：万元）

项目	本年金额				
	股本	其他综合收益	盈余公积	未分配利润	合计
一、上年年末余额	5 000		3 070	7 630	15 700
加：会计政策变更					
前期差错更正					
二、本年年初余额	5 000		3 070	7 630	15 700
三、本年增减变动金额（减少以"–"填列）		500	90	810	1 400
（一）综合收益总额		500		900	1 400
（二）所有者投入和减少资本					
1. 所有者投入的普通股					
（三）利润分配			90	90	
1. 提取盈余公积			90	90	
2. 对股东的分配					
四、本年年末余额	5 000	500	3 160	8 440	17 100

处理完上述常规业务后，母公司将持有的子公司80%股权以26 000万元卖掉，其业务处理如表14-23所示。

根据上述业务，包括20×5年常规业务和处置子公司股权业务，编制母公司财务报表。

20×5年，母公司财务报表如下。

（1）20×5年12月31日母公司资产负债表（简表）如表14-24所示。

（2）20×5年母公司利润表（简表）如表14-25所示。

（3）20×5年母公司现金流量表（简表）如表14-26所示。

（4）20×5年母公司所有者权益变动表（简表）如表14-27所示。

根据上述业务，编制合并财务报表。

（1）编制20×5年合并层面试算平衡表，试算平衡表如表14-28所示。

（2）根据试算平衡表编制合并资产负债表，合并资产负债表（简表）如表14-29所示。

表　14-23

（单位：万元）

业务	母公司账务处理	子公司账务处理	合并层面账务处理
母公司卖掉持有的子公司80%股权	借：货币资金　26 000 　贷：长期股权投资　20 000 　　　投资收益　6 000 注：母公司个别财务报表按照成本法核算长期股权投资，账面价值为 20 000 万元		借：货币资金　26 000 　　应付账款　4 000 　　少数股东权益　3 780* 　贷：货币资金　11 000 　　　应收账款　3 200 　　　存货　1 000 　　　其他权益工具投资　1 500 　　　固定资产　6 200 　　　商誉　5 600 　　　投资收益　5 280
合并层面终止确认其他权益工具投资，将其他综合收益结转			借：其他综合收益　400 　贷：未分配利润　400 注：和个别财务报表转销其他综合收益对应计提盈余公积有所不同，个别财务报表转销要对应计提盈余公积，而合并层面不独立计提盈余公积，全部转入未分配利润
母公司结转损益	借：投资收益　6 000 　贷：未分配利润　6 000		
母公司计提盈余公积	借：未分配利润　600 　贷：盈余公积　600		借：未分配利润　600 　贷：盈余公积　600
合并层面结转损益			借：营业收入　6 000 　　投资收益　5 280 　贷：营业成本　4 000 　　　管理费用　1 200 　　　少数股东损益　160 　　　未分配利润　5 920

* 少数股东权益 = 18 900×20% = 3 780（万元），或用 20×4 年合并资产负债表中的少数股东权益金额 3 520 万元 + 20×5 年其他权益工具投资增值导致少数股东权益增加 100 万元 + 20×5 年子公司利润导致少数股东权益增加 160 万元 = 3 780 万元。

表 14-24　资产负债表（简表）　　　　（单位：万元）

资产	期末余额	上年年末余额	负债和所有者权益（或股东权益）	期末余额	上年年末余额
货币资金	86 800	60 800	股本	80 000	80 000
长期股权投资		20 000	盈余公积	680	80
			未分配利润	6 120	720
资产总计	86 800	80 800	负债和所有者权益（或股东权益）总计	86 800	80 800

表 14-25　利润表（简表）　　　　（单位：万元）

项目	本期金额	上期金额
投资收益	6 000	800
净利润	6 000	800

表 14-26　现金流量表（简表）　　　　（单位：万元）

项目	本期金额	上期金额
取得投资收益收到的现金		800
处置子公司及其他营业单位收到的现金净额	26 000	
取得子公司及其他营业单位支付的现金净额		20 000
现金及现金等价物净增加额	26 000	−19 200
加：期初现金及现金等价物余额	60 800	80 000
期末现金及现金等价物余额	86 800	60 800

表 14-27　所有者权益变动表（简表）　　　　（单位：万元）

项目	本年金额					上年金额				
	股本	资本公积	盈余公积	未分配利润	合计	股本	资本公积	盈余公积	未分配利润	合计
一、上年年末余额	80 000		80	720	80 800	80 000				80 000
加：会计政策变更										
前期差错更正										
二、本年年初余额	80 000		80	720	80 800	80 000				80 000
三、本年增减变动金额（减少以"−"填列）			600	5 400	6 000			80	720	800
（一）综合收益总额				6 000	6 000				800	800
（二）所有者投入和减少资本										
（三）利润分配			600		600			80		80
1. 提取盈余公积			600		600			80		80
2. 对股东的分配										
四、本年年末余额	80 000		680	6 120	86 800	80 000		80	720	80 800

表 14-28　试算平衡表　　　　　　　　　（单位：万元）

项目	期初余额		本期发生额		期末余额	
	借方	贷方	借方	贷方	借方	贷方
货币资金	66 300		32 800	12 300	86 800	
应收账款	4 000			4 000		
存货	3 000		2 000	5 000		
固定资产	7 100			7 100		
其他权益工具投资			1 500	1 500		
商誉	5 600			5 600		
应付账款		2 000	4 000	2 000		
股本		80 000				80 000
其他综合收益			400	400		
盈余公积		80		600		680
未分配利润		400	600	6 320		6 120
少数股东权益		3 520	3 780	260		
营业收入			6 000	6 000		
营业成本			4 000	4 000		
管理费用			1 200	1 200		
投资收益			5 280	5 280		
少数股东损益			160	160		
合计	86 000	86 000	61 720	61 720	86 800	86 800

表 14-29　合并资产负债表（简表）　　　（单位：万元）

资产	期末余额	上年年末余额	负债和所有者权益（或股东权益）	期末余额	上年年末余额
流动资产：			**流动负债：**		
货币资金	86 800	66 300	应付账款		2 000
应收账款		4 000	流动负债合计		2 000
存货		3 000	**所有者权益（或股东权益）：**		
流动资产合计	86 800	73 300	股本	80 000	80 000
非流动资产：			资本公积		
固定资产		7 100	盈余公积	680	80
商誉		5 600	未分配利润	6 120	400
非流动资产合计		12 700	归属于母公司所有者权益（或股东权益）合计	86 800	80 480
			少数股东权益		3 520
			所有者权益（或股东权益）合计	86 800	84 000
资产总计	86 800	86 000	**负债和所有者权益（或股东权益）总计**	86 800	86 000

提示：20×5年合并资产负债表和20×5年母公司个别资产负债表期末余额完全一致。

（3）根据试算平衡表，编制合并利润表，合并利润表（简表）如表14-30所示。

表 14-30　合并利润表（简表）　（单位：万元）

项目	本期金额	上期金额
营业收入	6 000	5 000
营业成本	4 000	3 000
管理费用	1 200	1 400
投资收益	5 280	
净利润	6 080	600
按所有权属分类		
1.归属于母公司股东的净利润	5 920	480
2.少数股东损益	160	120
其他综合收益的税后净额	500	
综合收益总额	6 580	600
（一）归属于母公司所有者的综合收益总额	6 320	480
（二）归属于少数股东的综合收益总额	260	120

提示1：合并利润表20×4年和20×5年归属于母公司所有者的综合收益总额 = 6 320 + 480 = 6 800（万元），母公司利润表20×4年和20×5年综合收益总额 = 6 000 + 800 = 6 800（万元），总额一致，具体项目不同。

提示2：根据合并层面会计分录，其他权益工具投资增值500万元，归属于母公司股东部分计入其他综合收益，归属于少数股东部分计入少数股东权益。在填列利润表时，其他综合收益的税后净额要填列500万元。

（4）根据现金资料编制合并现金流量表，合并现金流量表（简表）如表14-31所示。

提示：合并现金流量表中，20×4年初现金及现金等价物余额为80 000万元，20×5年末现金及现金等价物余额为86 800万元，两年增加6 800万元，对照母公司现金流量表，两年净增加金额完全一致。

表 14-31　合并现金流量表（简表）　　　（单位：万元）

项目	本期金额	上期金额
经营活动产生的现金流量：		
销售商品、提供劳务收到的现金	6 800	5 000
购买商品、接受劳务支付的现金		1 000
支付其他与经营活动有关的现金	300	500
投资活动产生的现金流量：		
处置子公司及其他营业单位收到的现金净额	15 000	
投资支付的现金	1 000	
取得子公司及其他营业单位支付的现金净额		17 000
筹资活动产生的现金流量：		
分配股利、利润或偿付利息支付的现金		200
现金及现金等价物净增加额	20 500	−13 700
加：期初现金及现金等价物余额	66 300	80 000
期末现金及现金等价物余额	86 800	66 300

（5）根据合并层面权益类项目 T 字账，填列合并所有者权益变动表，合并所有者权益变动表（简表）如表 14-32 所示。

提示：合并所有者权益变动表中，最终少数股东权益为零，归属于母公司所有者权益余额和母公司个别财务报表所有者权益变动表余额一致。

第二节　抵销法处置子公司全部股权失去控制权的合并财务报表处理

贴心提示

　　本节内容采用与本章第一节相同的案例背景材料，能让读者从不同侧面得到相同的结果，加深理解。不考虑所得税。

表14-32　合并所有者权益变动表（简表）

（单位：万元）

项目	本年金额							上年金额						
	归属于母公司所有者权益					少数股东权益	所有者权益合计	归属于母公司所有者权益					少数股东权益	所有者权益合计
	股本	其他综合收益	盈余公积	未分配利润	小计			股本	其他综合收益	盈余公积	未分配利润	小计		
一、上年年末余额	80 000		80	400	80 480	3 520	84 000	80 000				80 000		80 000
加：会计政策变更														
前期差错更正														
二、本年年初余额	80 000		80	400	80 480	3 520	84 000	80 000				80 000		80 000
三、本年增减变动金额（减少以"-"填列）			600	5 720	6 320	-3 520	2 800			80	400	480	3 520	4 000
（一）综合收益总额		400		5 920	6 320	260	6 580				480	480	120	600
（二）所有者投入和减少资本						-3 780	-3 780						3 600	3 600
（三）利润分配			600	600									200	200
1. 提取盈余公积			600	600						80	80			
2. 对股东的分配													200	200
（四）所有者权益结转		400		400										
其他综合收益结转留存收益		400		400										
四、本年年末余额	80 000		680	6 120	86 800		86 800	80 000		80	400	80 480	3 520	84 000

❖ 实操案例 14-2 处置子公司控制权抵销法合并财务报表编制

一、案例背景及个别财务报表资料

明月松间照股份有限公司是一家专门进行实业投资控股的集团公司。

明月松间照股份有限公司在 20×4 年 1 月 1 日收购清泉石上流股份有限公司 80% 的股权。20×5 年 12 月 31 日，明月松间照股份有限公司将清泉石上流股份有限公司 80% 的股权全部处置，取得价款 26 000 万元。

20×5 年母、子公司个别财务报表如下。

（一）母公司个别财务报表

（1）母公司 20×5 年 12 月 31 日资产负债表（简表）如表 14-33 所示。

表 14-33 资产负债表（简表） （单位：万元）

资产	期末余额	上年年末余额	负债和所有者权益（或股东权益）	期末余额	上年年末余额
货币资金	86 800	60 800	股本	80 000	80 000
长期股权投资		20 000	盈余公积	680	80
			未分配利润	6 120	720
资产总计	86 800	80 800	负债和所有者权益（或股东权益）总计	86 800	80 800

（2）母公司 20×5 年利润表（简表）如表 14-34 所示。

表 14-34 利润表（简表） （单位：万元）

项目	本期金额	上期金额
投资收益	6 000	800
净利润	6 000	800

（3）母公司 20×5 年现金流量表（简表）如表 14-35 所示。

表 14-35 现金流量表（简表） （单位：万元）

项目	本期金额	上期金额
取得投资收益收到的现金		800
处置子公司及其他营业单位收到的现金净额	26 000	
取得子公司及其他营业单位支付的现金净额		20 000
现金及现金等价物净增加额	26 000	−19 200
加：期初现金及现金等价物余额	60 800	80 000
期末现金及现金等价物余额	86 800	60 800

（4）母公司 20×5 年所有者权益变动表（简表）如表 14-36 所示。

表 14-36　所有者权益变动表（简表）　　（单位：万元）

项目	本年金额					上年金额				
	股本	资本公积	盈余公积	未分配利润	合计	股本	资本公积	盈余公积	未分配利润	合计
一、上年年末余额	80 000		80	720	80 800	80 000				80 000
加：会计政策变更										
前期差错更正										
二、本年年初余额	80 000		80	720	80 800	80 000				80 000
三、本年增减变动金额（减少以"–"填列）			600	5 400	6 000			80	720	800
（一）综合收益总额				6 000	6 000				800	800
（二）所有者投入和减少资本										
（三）利润分配			600		600			80		80
1. 提取盈余公积			600		600			80		80
2. 对股东的分配										
四、本年年末余额	80 000		680	6 120	86 800	80 000			80	720	80 800

（二）子公司个别财务报表

（1）子公司 20×5 年 12 月 31 日资产负债表（简表）如表 14-37 所示。

表 14-37　资产负债表（简表）　　（单位：万元）

资产	期末余额	上年年末余额	负债和所有者权益（或股东权益）	期末余额	上年年末余额
货币资金	11 000	5 500	应付账款	4 000	2 000
应收账款	3 200	4 000	负债合计	4 000	2 000
存货	1 000	3 000	股本	5 000	5 000
其他权益工具投资	1 500		其他综合收益	500	
固定资产	4 400	5 200	盈余公积	3 160	3 070
			未分配利润	8 440	7 630
			所有者权益（或股东权益）合计	17 100	15 700
资产总计	21 100	17 700	负债和所有者权益（或股东权益）总计	21 100	17 700

（2）子公司 20×5 年利润表（简表）如表 14-38 所示。

表 14-38 利润表（简表） （单位：万元）

项目	本期金额
营业收入	6 000
营业成本	4 000
管理费用	1 100
净利润	900
其他综合收益的税后净额	500
综合收益总额	1 400

（3）子公司 20×5 年现金流量表（简表）如表 14-39 所示。

表 14-39 现金流量表（简表） （单位：万元）

项目	本期金额
经营活动产生的现金流量：	
销售商品、提供劳务收到的现金	6 800
购买商品、接受劳务支付的现金	
支付其他与经营活动有关的现金	300
投资活动产生的现金流量：	
投资支付的现金	1 000
现金及现金等价物净增加额	5 500
加：期初现金及现金等价物余额	5 500
期末现金及现金等价物余额	11 000

（4）子公司 20×5 年所有者权益变动表（简表）如表 14-40 所示。

表 14-40 所有者权益变动表（简表） （单位：万元）

项目	本年金额				
	股本	其他综合收益	盈余公积	未分配利润	合计
一、上年年末余额	5 000		3 070	7 630	15 700
加：会计政策变更					
前期差错更正					
二、本年年初余额	5 000		3 070	7 630	15 700
三、本年增减变动金额（减少以"–"填列）		500	90	810	1 400
（一）综合收益总额		500		900	1 400
（二）所有者投入和减少资本					
1. 所有者投入的普通股					
（三）利润分配				90	90
1. 提取盈余公积				90	90
2. 对股东的分配					
四、本年年末余额	5 000	500	3 160	8 440	17 100

（三）母公司取得子公司控制权时的业务背景

20×4 年 1 月 1 日，明月松间照股份有限公司支付 20 000 万元收购清泉石上流股份有限公司 80% 的股权，20×4 年 1 月 1 日，改组清泉石上流股份有限公司董事会，是日，明月松间照股份有限公司开始对清泉石上流股份有限公司实施控制。

20×4 年 1 月 1 日，清泉石上流股份有限公司财务状况如表 14-41 所示。

表 14-41　　　　　　　　　　（单位：万元）

资产	账面价值	公允价值	负债和所有者权益（或股东权益）	账面价值	公允价值
货币资金	3 000	3 000	应付账款	2 000	2 000
应收账款	4 000	4 000	股本	5 000	
存货	5 000	5 000	盈余公积	3 000	18 000
固定资产	6 000	8 000	未分配利润	8 000	

注：固定资产评估增值 2 000 万元，评估增值的固定资产是一栋管理用办公大楼，该办公大楼预计尚可使用 20 年。

收购成本为 20 000 万元，购买日子公司可辨认净资产公允价值为 18 000 万元，商誉 = 20 000 − 18 000 × 80% = 5 600（万元）。

（四）子公司利润实现与分配业务，以及子公司其他综合收益相关情况介绍

投资后，20×4 年子公司实现净利润 700 万元，计提盈余公积 70 万元，子公司向股东分配利润 1 000 万元。

20×5 年子公司实现净利润 900 万元，因其他权益工具投资公允价值变动形成其他综合收益 500 万元。20×5 年除计提盈余公积 90 万元外，没有进行其他分配。

二、调整抵销分录

（一）调整购买日子公司固定资产评估增值

（1）调整固定资产公允价值。

借：固定资产　　　　　　　　　　　　　　　　　2 000

　　贷：资本公积　　　　　　　　　　　　　　　　　　　　2 000

（2）调整 20×4 年折旧金额。

借：年初未分配利润　　　　　　　　　　　　　　　　100

　　贷：固定资产　　　　　　　　　　　　　　　　　　　　100

（3）调整 20×5 年折旧金额。

借：管理费用　　　　　　　　　　　　　　　　　　　100

　　贷：固定资产　　　　　　　　　　　　　　　　　　　　100

（二）将长期股权投资成本法调整为权益法

（1）将 20×4 年长期股权投资成本法调整为权益法。

1）20×4 年子公司实现净利润 700 万元，合并层面以购买日公允价值为基础调整折旧后，净利润 = 700−100 = 600（万元）。

借：长期股权投资　　　　　　　　　　　　　　　　480

　　贷：年初未分配利润　　　　　　　　　　　　　　　　480

2）20×4 年子公司向所有股东分配利润 1 000 万元，母公司获得利润分配 800 万元。

借：年初未分配利润　　　　　　　　　　　　　　　800

　　贷：长期股权投资　　　　　　　　　　　　　　　　800

（2）将 20×5 年长期股权投资成本法调整为权益法。

1）20×5 年子公司实现净利润 900 万元，合并层面以购买日公允价值为基础调整折旧后，净利润 = 900−100 = 800（万元）。

借：长期股权投资　　　　　　　　　　　　　　　　640

　　贷：投资收益　　　　　　　　　　　　　　　　　　640

2）20×5 年子公司因其他权益工具投资公允价值变动形成其他综合收益 500 万元。

借：长期股权投资　　　　　　　　　　　　　　　　400

　　贷：其他综合收益　　　　　　　　　　　　　　　　400

调整后权益法长期股权投资账面价值 = 20 000 + 480 − 800 + 640 + 400 =

20 720（万元）。

（三）母公司投资收益与子公司利润分配抵销分录

根据子公司个别资产负债表，20×5 年末所有者权益结构为：股本 5 000 万元，其他综合收益 500 万元，盈余公积 3 160 万元，未分配利润 8 440 万元，所有者权益合计 17 100 万元。

根据子公司个别资产负债表，20×5 年初未分配利润为 7 630 万元，合并层面以子公司购买日资产公允价值为基础，调整 20×4 年折旧 100 万元，所以合并财务报表认可的子公司 20×5 年初未分配利润为 7 530 万元。根据子公司个别资产负债表，20×5 年末未分配利润为 8 440 万元，合并层面以子公司购买日资产公允价值为基础，分别调整 20×4 年及 20×5 年折旧 100 万元，所以合并财务报表认可的子公司 20×5 年末未分配利润为 8 240 万元。

抵销分录为：

借：股本	5 000	
资本公积	2 000	
其他综合收益	500	
盈余公积	3 160	
未分配利润	8 240	
商誉	5 600	
贷：长期股权投资		20 720
少数股东权益		3 780

注：资本公积来源于购买日子公司固定资产评估增值。

借：年初未分配利润	7 530	
投资收益	640	
少数股东损益	160	
贷：提取盈余公积		90
年末未分配利润		8 240

（四）处置子公司股权的调整分录

以购买子公司时子公司资产、负债的公允价值为基础持续计量的资产、负债清单与子公司个别财务报表资产、负债清单如表 14-42 所示。

表　14-42　　　　　　　（单位：万元）

项目	子公司个别财务报表	购买日公允价值持续计量价值
货币资金	11 000	11 000
应收账款	3 200	3 200
存货	1 000	1 000
其他权益工具投资	1 500	1 500
固定资产	4 400	6 200
商誉		5 600
应付账款	4 000	4 000
子公司可辨认净资产金额	17 100	18 900（不含商誉）
子公司净资产金额	——	24 500（包含商誉）

注：固定资产购买日公允价值持续计量价值＝4 400（子公司账面价值）＋2 000（购买日评估增值）－200（20×4 年和 20×5 年分别多折旧 100 万元）＝6 200（万元）。

母公司在 20×5 年 12 月 31 日处置子公司 80% 股权，收取价款 26 000 万元。子公司股权处置，母公司个别财务报表角度属于处置成本法长期股权投资，合并角度属于处置子公司"资产负债组合"，同时终止确认商誉及少数股东权益价值。具体调整分录如表 14-43 所示。

（五）终止确认其他综合收益

由于已经处置子公司资产组，将其他综合收益予以终止确认。由于子公司其他综合收益因为其他权益工具投资公允价值变动而形成，该其他综合收益不能重分类为损益，应当转入留存收益。

具体调整分录为：

借：其他综合收益　　　　　　　　　　　　　400

　　贷：未分配利润　　　　　　　　　　　　　　　400

（六）合并工作底稿

合并工作底稿（部分）如表 14-44 所示。

表 14-43　　　　　　　　　　　　　　　　　　　（单位：万元）

母公司个别财务报表	合并角度会计分录	调整分录
借：货币资金 26 000	借：货币资金 26 000	先用负数冲回母公司个别财务报表分录：
贷：长期股权投资 20 000	应付账款 4 000	贷：货币资金 −26 000
投资收益 6 000	少数股东权益 3 780	借：长期股权投资 −20 000
	贷：货币资金 11 000	投资收益 −6 000
	应收账款 3 200	再补做合并角度会计分录：
	存货 1 000	借：货币资金 26 000
	其他权益工具投资 1 500	应付账款 4 000
	固定资产 6 200	少数股东权益 3 780
	商誉 5 600	贷：货币资金 11 000
	投资收益 5 280	应收账款 3 200
		存货 1 000
		其他权益工具投资 1 500
		固定资产 6 200
		商誉 5 600
		投资收益 5 280

表 14-44 合并工作底稿（部分） （单位：万元）

项目	母公司	子公司	合计数	调整抵销分录		合并数
				借方	贷方	
资产负债表项目：						
货币资金	86 800	11 000	97 800		11 000	86 800
应收账款		3 200	3 200		3 200	
存货		1 000	1 000		1 000	
长期股权投资				1 520	1 520	
其他权益工具投资		1 500	1 500		1 500	
固定资产		4 400	4 400	2 000		6 400
商誉				5 600		5 600
应付账款		4 000	4 000	4 000		
股本	80 000	5 000	85 000	5 000		80 000
资本公积				2 000	2 000	
其他综合收益		500	500	900	400	
盈余公积	680	3 160	3 840	3 160		680
未分配利润	6 120	8 440	14 560	17 570	9 130	6 120
少数股东权益				3 780	3 780	
利润表项目：						
营业收入		6 000	6 000			6 000
营业成本		4 000	4 000			4 000
管理费用		1 100	1 100	100		1 200
投资收益	6 000		6 000	640	−80	5 280
净利润	6 000	900	6 900			6 080
净利润按所有权归属分类						
1. 归属于母公司股东的净利润						5 920
2. 少数股东损益				160		160
其他综合收益		500	500	900	400	
所有者权益变动表项目：						
年初未分配利润	720	7 630	8 350	8 430	480	400
提取盈余公积	600	90	690		90	600
对股东的分配						
年末未分配利润	6 120	8 440	14 560	17 570	9 130	6 120

（七）合并财务报表

（1）根据合并工作底稿，填列合并资产负债表（简表）如表 14-45 所示。

表 14-45　合并资产负债表（简表）　　　　（单位：万元）

资产	期末余额	负债和所有者权益（或股东权益）	期末余额
流动资产：		**流动负债：**	
货币资金	86 800	应付账款	
应收账款		流动负债合计	
存货		**所有者权益（或股东权益）：**	
流动资产合计	86 800	股本	80 000
非流动资产：		资本公积	
固定资产		盈余公积	680
商誉		未分配利润	6 120
非流动资产合计		归属于母公司所有者权益（或股东权益）合计	86 800
		少数股东权益	
		所有者权益（或股东权益）合计	86 800
资产总计	86 800	**负债和所有者权益（或股东权益）总计**	86 800

提示：和本章第一节用平行法编制的合并资产负债表一致。

（2）合并利润表（简表）如表 14-46 所示。

表 14-46　合并利润表（简表）　　　　（单位：万元）

项目	本期金额
营业收入	6 000
营业成本	4 000
管理费用	1 200
投资收益	5 280
净利润	6 080
按所有权属分类	
1. 归属于母公司股东的净利润	5 920
2. 少数股东损益	160
其他综合收益的税后净额	500
综合收益总额	6 580
（一）归属于母公司所有者的综合收益总额	6 320
（二）归属于少数股东的综合收益总额	260

提示：和本章第一节用平行法编制的合并利润表一致。

（3）合并所有者权益变动表（简表）如表 14-47 所示。

表 14-47　合并所有者权益变动表（简表）　　（单位：万元）

项目	本年金额						
	归属于母公司所有者权益					少数股东权益	所有者权益合计
	股本	其他综合收益	盈余公积	未分配利润	小计		
一、上年年末余额	80 000		80	400	80 480	3 520	84 000
加：会计政策变更							
前期差错更正							
二、本年年初余额	80 000		80	400	80 480	3 520	84 000
三、本年增减变动金额（减少以"－"填列）			600	5 720	6 320	−3 520	2 800
（一）综合收益总额		400		5 920	6 320	260	6 580
（二）所有者投入和减少资本						−3 780	−3 780
（三）利润分配			600		600		
1. 提取盈余公积			600		600		
2. 对股东的分配							
（四）所有者权益内部结转							
其他综合收益结转留存收益		400			400		
四、本年年末余额	80 000		680	6 120	86 800		86 800

注：①本案例省略了 20×4 年合并财务报表编制，着重体现 20×5 年失去控制权当期的处理，对于所有者权益变动表年初余额，读者可以利用本章第一节中 20×4 年合并财务报表的年末余额，也可以用抵销法编制 20×4 年合并财务报表，进行年初数取数。②少数股东权益本期综合收益总额＝子公司经调整后净利润 800 万元 ×20%＋子公司其他综合收益 500 万元 ×20%＝260 万元，"所有者投入和减少资本"栏少数股东权益减少 3 780 万元来源于处置子公司"资产负债组合"时减少的少数股东权益金额。

（4）合并现金流量表。

对于合并现金流量表，需要单独编制调整抵销分录和单独设计工作底稿。母公司个别现金流量表中"处置子公司及其他营业单位收到的现金净额"为 26 000 万元，在合并财务报表角度，处置子公司资产组时，同时终止确认子公司账面现金 11 000 万元，因此，合并角度"处置子公司及其他营业单位收到的现金净额"＝26 000 − 11 000＝15 000（万元），调整分录（单式）如下：

贷：处置子公司及其他营业单位收到的现金净额　　　　　　11 000

合并现金流量表工作底稿（部分）如表 14-48 所示。

表 14-48　合并现金流量表工作底稿（部分）　　（单位：万元）

项目	母公司	子公司	合计数	调整抵销		合并数
				借方	贷方	
一、经营活动产生的现金流量						
销售商品、提供劳务收到的现金		6 800	6 800			6 800
经营活动现金流入小计		6 800	6 800			6 800
支付其他与经营活动有关的现金		300	300			300
经营活动现金流出小计		300	300			300
经营活动产生的现金流量净额		6 500	6 500			6 500
二、投资活动产生的现金流量						
处置子公司及其他营业单位收到的现金净额	26 000		26 000		11 000	15 000
投资活动现金流入小计	26 000		26 000			15 000
投资支付的现金		1 000	1 000			1 000
投资活动现金流出小计		1 000	1 000			1 000
投资活动产生的现金流量净额	26 000	−1 000	25 000			14 000
三、筹资活动产生的现金流量						
筹资活动现金流入小计						
筹资活动现金流出小计						
筹资活动产生的现金流量净额						
四、汇率变动对现金及现金等价物的影响						
五、现金及现金等价物净增加额	26 000	5 500	31 500			20 500
加：期初现金及现金等价物余额	60 800	5 500	66 300			66 300
六、期末现金及现金等价物余额	86 800	11 000	97 800			86 800

合并现金流量表（简表）如表 14-49 所示。

表 14-49　合并现金流量表（简表）　　　　（单位：万元）

项目	本期金额
一、经营活动产生的现金流量	
销售商品、提供劳务收到的现金	6 800
经营活动现金流入小计	6 800
支付其他与经营活动有关的现金	300
经营活动现金流出小计	300
经营活动产生的现金流量净额	6 500
二、投资活动产生的现金流量	
处置子公司及其他营业单位收到的现金净额	15 000
投资活动现金流入小计	15 000
投资支付的现金	1 000
投资活动现金流出小计	1 000
投资活动产生的现金流量净额	14 000
三、筹资活动产生的现金流量	
筹资活动现金流入小计	
筹资活动现金流出小计	
筹资活动产生的现金流量净额	
四、汇率变动对现金及现金等价物的影响	
五、现金及现金等价物净增加额	20 500
加：期初现金及现金等价物余额	66 300
六、期末现金及现金等价物余额	86 800

第三节　处置子公司部分股权后能实施重大影响或共同控制的情形

　　处置子公司部分股权导致失去控制权的，在合并财务报表中作为处置子公司整个资产组进行会计处理，对剩余股权按照公允价值计量。

　　在进行合并财务报表处理时，特别要注意个别财务报表与合并财务报表的处理差异。在个别财务报表中，子公司控制权转让前，子公司股权按照成本法进行后续计量，处置部分股权后还能实施重大影响或共同控制的，需要将剩余股权视为从取得时起就按照权益法核算,并进行相应调整。而在合并财务报表中,作为处置子公司资产组进行会计处理,剩余股权视为处置资产组取得的对价,按照公允价值对剩余股权进行"新起点计量"。在合并抵销时,需要将个别财务报表对剩余股权调整为权益法的会计分录全部反冲。

❖ 实操案例 14-3 处置子公司部分股权后能实施重大影响或共同控制的合并财务报表编制

一、案例背景及个别财务报表资料

明月松间照股份有限公司是一家专门进行实业投资控股的集团公司。该公司在 20×4 年 1 月 1 日收购清泉石上流股份有限公司 80% 的股权。

20×5 年 12 月 31 日,明月松间照股份有限公司处置了清泉石上流股份有限公司 40% 的股权,取得价款 13 000 万元。处置后还持有清泉石上流股份有限公司 40% 的股权,这部分股权公允价值为 13 000 万元。处置 40% 的股权后,明月松间照股份有限公司能对清泉石上流股份有限公司实施重大影响。本案例不考虑所得税。

20×5 年母、子公司个别财务报表如下。

（一）母公司个别财务报表

（1）母公司 20×5 年 12 月 31 日资产负债表（简表）如表 14-50 所示。

表 14-50 资产负债表（简表）　　　　（单位：万元）

资产	期末余额	上年年末余额	负债和所有者权益（或股东权益）	期末余额	上年年末余额
货币资金	73 800	60 800	股本	80 000	80 000
长期股权投资	10 360	19 840	其他综合收益	200	
			盈余公积	396	64
			未分配利润	3 564	576
资产总计	84 160	80 640	负债和所有者权益（或股东权益）总计	84 160	80 640

（2）母公司 20×5 年利润表（简表）如表 14-51 所示。

表 14-51　利润表（简表）　（单位：万元）

项目	本期金额	上期金额
投资收益	3 320	640
净利润	3 320	640
其他综合收益	200	
综合收益总额	3 520	

（3）母公司 20×5 年现金流量表（简表）如表 14-52 所示。

表　14-52　（单位：万元）

项目	本期金额	上期金额
取得投资收益收到的现金		800
处置子公司及其他营业单位收到的现金净额	13 000	
取得子公司及其他营业单位支付的现金净额		20 000
现金及现金等价物净增加额	13 000	−19 200
加：期初现金及现金等价物余额	60 800	80 000
期末现金及现金等价物余额	73 800	60 800

（4）母公司 20×5 年所有者权益变动表（简表）如表 14-53 所示。

（二）子公司个别财务报表

（1）子公司 20×5 年 12 月 31 日资产负债表（简表）如表 14-54 所示。

（2）子公司 20×5 年利润表（简表）如表 14-55 所示。

（3）子公司 20×5 年现金流量表（简表）如表 14-56 所示。

（4）子公司 20×5 年所有者权益变动表（简表）如表 14-57 所示。

（三）母公司取得子公司控制权时的业务背景

20×4 年 1 月 1 日，明月松间照股份有限公司支付 20 000 万元收购清泉石上流股份有限公司 80% 的股权，20×4 年 1 月 1 日，改组清泉石上流股份有限公司董事会，是日，明月松间照股份有限公司开始对清泉石上流股份有限公司实施控制。

表 14-53　所有者权益变动表（简表）

（单位：万元）

项目	本年金额						上年金额					
	股本	资本公积	其他综合收益	盈余公积	未分配利润	合计	股本	资本公积	其他综合收益	盈余公积	未分配利润	合计
一、上年年末余额	80 000			80	720	80 800	80 000					80 000
加：会计政策变更												
前期差错更正												
其他				-16	-144	-160						
二、本年年初余额	80 000			64	576	80 640	80 000					80 000
三、本年增减变动金额（减少以"-"填列）			200	332	2 988	3 520				80	720	800
（一）综合收益总额			200		3 320	3 520					800	800
（二）所有者投入和减少资本												
（三）利润分配				332	332					80	80	
1.提取盈余公积				332	332					80	80	
2.对股东的分配												
四、本年年末余额	80 000		200	396	3 564	84 160	80 000			80	720	80 800

注：所有者权益变动表年初余额调整来源于各个别财务报表将 40% 的股权从成本法调整为权益法时对 20×4 年的调整。调整分录见下文"母公司个别财务报表）将剩余 40% 的股权调整为权益法"。

表 14-54　资产负债表（简表）　（单位：万元）

资产	期末余额	上年年末余额	负债和所有者权益（或股东权益）	期末余额	上年年末余额
货币资金	11 000	5 500	应付账款	4 000	2 000
应收账款	3 200	4 000	负债合计	4 000	2 000
存货	1 000	3 000	股本	5 000	5 000
其他权益工具投资	1 500		其他综合收益	500	
固定资产	4 400	5 200	盈余公积	3 160	3 070
			未分配利润	8 440	7 630
			所有者权益（或股东权益）合计	17 100	15 700
资产总计	21 100	17 700	负债及所有者权益（或股东权益）总计	21 100	17 700

表 14-55　利润表（简表）　（单位：万元）

项目	本期金额
营业收入	6 000
营业成本	4 000
管理费用	1 100
净利润	900
其他综合收益的税后净额	500
综合收益总额	1 400

表 14-56　现金流量表（简表）　（单位：万元）

项目	本期金额
经营活动产生的现金流量：	
销售商品、提供劳务收到的现金	6 800
购买商品、接受劳务支付的现金	
支付其他与经营活动有关的现金	300
投资活动产生的现金流量：	
投资支付的现金	1 000
现金及现金等价物净增加额	5 500
加：期初现金及现金等价物余额	5 500
期末现金及现金等价物余额	11 000

表 14-57　所有者权益变动表（简表）　（单位：万元）

项目	本年金额				
	股本	其他综合收益	盈余公积	未分配利润	合计
一、上年年末余额	5 000		3 070	7 630	15 700
加：会计政策变更					
前期差错更正					
二、本年年初余额	5 000		3 070	7 630	15 700
三、本年增减变动金额（减少以"-"填列）		500	90	810	1 400
（一）综合收益总额		500		900	1 400
（二）所有者投入和减少资本					
1. 所有者投入的普通股					
（三）利润分配			90		90
1. 提取盈余公积			90		90
2. 对股东的分配					
四、本年年末余额	5 000	500	3 160	8 440	17 100

20×4 年 1 月 1 日，清泉石上流股份有限公司财务状况如表 14-58 所示。

表　14-58　（单位：万元）

资产	账面价值	公允价值	负债和所有者权益（或股东权益）	账面价值	公允价值
货币资金	3 000	3 000	应付账款	2 000	2 000
应收账款	4 000	4 000	股本	5 000	
存货	5 000	5 000	盈余公积	3 000	18 000
固定资产	6 000	8 000	未分配利润	8 000	

注：固定资产评估增值 2 000 万元，评估增值的固定资产是一栋管理用办公大楼，该办公大楼预计尚可使用 20 年。

收购成本为 20 000 万元，购买日子公司可辨认净资产公允价值为 18 000 万元，商誉 = 20 000-18 000×80% = 5 600（万元）。

（四）子公司利润实现与分配业务，以及子公司其他综合收益相关情况介绍

投资后，20×4 年子公司实现净利润 700 万元，计提盈余公积 70 万元，子公司向股东分配利润 1 000 万元。

20×5 年子公司实现净利润 900 万元，因其他权益工具投资公允价值变

动形成其他综合收益 500 万元。20×5 年除计提盈余公积 90 万元外，没有进行其他分配。

（五）母公司个别财务报表对处置清泉石上流股份有限公司股权的会计处理

（1）处置子公司 40% 的股权。

在母公司个别财务报表中，按照 50%（= 40% ÷ 80%）的比例结转长期股权投资成本，将处置价差确认为投资收益。

借：银行存款　　　　　　　　　　　　　　13 000
　　贷：长期股权投资　　　　　　　　　　　　　　　10 000
　　　　投资收益　　　　　　　　　　　　　　　　　 3 000

（2）将剩余 40% 的股权调整为权益法。

按照《企业会计准则第 2 号——长期股权投资（2014）》，将子公司长期股权投资部分处置后，仍然能对被投资企业实施重大影响或共同控制的，将剩余股权视为从取得时起，即按照权益法核算，因此，对剩余 40% 的股权自 20×4 年 1 月 1 日进行调整。

1）初始投资日负商誉调整。

20×4 年 1 月 1 日投资时，形成商誉，没有负商誉，没有调整分录。

2）20×4 年子公司实现利润调整。20×4 年子公司实现净利润 700 万元，调整折旧后实现利润 600 万元（投资时，固定资产评估增值 2 000 万元，评估增值的固定资产是一栋管理用办公大楼，该办公大楼预计尚可使用 20 年）。

借：长期股权投资——损益调整（= 600×40%）　　240
　　贷：盈余公积　　　　　　　　　　　　　　　　　　24
　　　　利润分配——未分配利润　　　　　　　　　　　216

3）20×4 年子公司向股东分配利润 1 000 万元调整。

借：盈余公积　　　　　　　　　　　　　　　　40
　　利润分配——未分配利润　　　　　　　　　360
　　贷：长期股权投资——损益调整（= 1 000×40%）　　400

4）20×5 年子公司实现利润调整。20×5 年子公司实现净利润 900 万元，调整折旧后实现净利润 800 万元。

借：长期股权投资——损益调整（＝800×40%）   320

    贷：投资收益   320

5）20×5 年子公司其他综合收益 500 万元调整。

借：长期股权投资——其他综合收益（＝500×40%）   200

    贷：其他综合收益   200

二、合并调整抵销分录

（一）调整购买日子公司固定资产评估增值

（1）调整固定资产公允价值。

借：固定资产   2 000

    贷：资本公积   2 000

（2）调整 20×4 年折旧金额。

借：年初未分配利润   100

    贷：固定资产   100

（3）调整 20×5 年折旧金额。

借：管理费用   100

    贷：固定资产   100

（二）将长期股权投资成本法调整为权益法

（1）将 20×4 年长期股权投资成本法调整为权益法。

1）20×4 年子公司实现净利润 700 万元，合并层面以购买日公允价值为基础调整折旧后，净利润＝700-100＝600（万元）。

借：长期股权投资   480

    贷：年初未分配利润   480

2）20×4 年子公司向所有股东分配利润 1 000 万元，母公司获得利润分配 800 万元。

借：年初未分配利润   800

    贷：长期股权投资   800

（2）将20×5年长期股权投资成本法调整为权益法。

1）20×5年子公司实现净利润900万元，合并层面以购买日公允价值为基础调整折旧后，净利润＝900−100＝800（万元）。

借：长期股权投资　　　　　　　　　　　　　　　　640

　　贷：投资收益　　　　　　　　　　　　　　　　　　640

2）20×5年子公司因其他权益工具投资公允价值变动形成其他综合收益500万元。

借：长期股权投资　　　　　　　　　　　　　　　　400

　　贷：其他综合收益　　　　　　　　　　　　　　　　400

调整后权益法长期股权投资账面价值＝20 000＋480−800＋640＋400＝20 720（万元）。

（三）权益投资抵销

根据子公司个别财务报表，20×5年末所有者权益结构为：股本5 000万元，其他综合收益500万元，盈余公积3 160万元，未分配利润8 440万元，所有者权益合计17 100万元。

根据子公司个别财务报表，20×5年初未分配利润为7 630万元，合并层面以子公司购买日资产公允价值为基础，调整20×4年折旧100万元后，子公司20×5年初未分配利润为7 530万元。根据子公司个别资产负债表，20×5年末未分配利润为8 440万元，合并层面以子公司购买日资产公允价值为基础，调整20×4年及20×5年折旧后，子公司20×5年末未分配利润为8 240万元。

抵销分录为：

借：股本　　　　　　　　　　　　　　　　　　　5 000

　　资本公积　　　　　　　　　　　　　　　　　　2 000

　　其他综合收益　　　　　　　　　　　　　　　　　500

　　盈余公积　　　　　　　　　　　　　　　　　　3 160

　　未分配利润　　　　　　　　　　　　　　　　　8 240

商誉		5 600
贷：长期股权投资		20 720
少数股东权益		3 780

注：资本公积来源于购买日子公司固定资产评估增值。

借：年初未分配利润		7 530
投资收益		640
少数股东损益		160
贷：提取盈余公积		90
年末未分配利润		8 240

（四）处置子公司股权的调整分录

子公司资产、负债清单如表 14-59 所示。

表　14-59　　　　　　　　　　　　　　（单位：万元）

项目	子公司个别财务报表	购买日公允价值持续计量价值
货币资金	11 000	11 000
应收账款	3 200	3 200
存货	1 000	1 000
其他权益工具投资	1 500	1 500
固定资产	4 400	6 200
商誉		5 600
应付账款	4 000	4 000
子公司可辨认净资产金额	17 100	18 900（不含商誉）
子公司净资产金额	—	24 500（包含商誉）

注：固定资产购买日公允价值持续计量价值 = 4 400（子公司账面价值）+ 2 000（购买日评估增值）-
　　200（20×4 年和 20×5 年分别多折旧 100 万元）= 6 200（万元）。

母公司在 20×5 年 12 月 31 日处置子公司 40% 股权，收取价款 13 000 万元，剩余 40% 股权公允价值为 13 000 万元。子公司股权处置，母公司个别财务报表角度属于处置成本法长期股权投资，合并角度属于处置子公司"资产负债组合"，同时终止确认少数股东权益和商誉价值。具体调整分录如表 14-60 所示。

表 14-60

（单位：万元）

母公司个别财务报表	合并角度会计分录	调整分录
借: 货币资金　13 000	借: 货币资金　13 000	先用负数冲回母公司个别财务报表分录:
贷: 长期股权投资　10 000	长期股权投资　13 000	借: 货币资金　-13 000
投资收益　3 000	应付账款　4 000	贷: 长期股权投资　-10 000
	少数股东权益　3 780	投资收益　-3 000
	贷: 货币资金　11 000	再补做合并角度会计分录:
	应收账款　3 200	借: 货币资金　13 000
	存货　1 000	长期股权投资　13 000
	其他权益工具投资　1 500	应付账款　4 000
	固定资产　6 200	少数股东权益　3 780
	商誉　5 600	贷: 货币资金　11 000
	投资收益　5 280	应收账款　3 200
	注: 长期股权投资按照公允价值计量40%股权 13 000 万元为剩余	存货　1 000
		其他权益工具投资　1 500
		固定资产　6 200
		商誉　5 600
		投资收益　5 280

（五）终止确认其他综合收益

由于已经处置子公司资产组，将其他综合收益予以终止确认。由于其他综合收益因为其他权益工具投资公允价值变动而形成，该其他综合收益不能重分类计入损益，应当转入留存收益。

具体调整分录为：

借：其他综合收益   400

  贷：未分配利润   400

（六）将个别财务报表对剩余 40% 的股权调整为权益法的会计分录反冲

合并财务报表中对剩余 40% 的股权按照公允价值做新起点计量，而个别财务报表中视为从取得时起即按照权益法进行核算，所以，对个别财务报表将剩余股权调整为权益法的会计分录进行反冲。

（1）20×4 年子公司实现利润调整。

借：长期股权投资（＝600×40%）   −240

  贷：年初未分配利润   −216

    盈余公积   −24

盈余公积属于法定分配事项，盈余公积计算与个别财务报表损益挂钩，合并财务报表不对盈余公积进行调整，将上述分录中的盈余公积调整进行恢复：

借：未分配利润   24

  贷：盈余公积   24

（2）20×4 年子公司向股东分配利润 1 000 万元调整。

借：年初未分配利润   −360

  盈余公积   −40

  贷：长期股权投资（＝1 000×40%）   −400

将上述分录中的盈余公积调整进行恢复：

借：盈余公积   40

贷：未分配利润	40

（3）20×5年子公司实现利润调整。

借：长期股权投资（＝800×40%）	－320
贷：投资收益	－320

（4）20×5年子公司其他综合收益500万元调整。

借：长期股权投资（＝500×40%）	－200
贷：其他综合收益	－200

（七）合并工作底稿

合并工作底稿（部分）如表14-61所示。

表14-61　合并工作底稿（部分）　　　　（单位：万元）

项目	母公司	子公司	合计数	调整抵销分录		合并数
				借方	贷方	
资产负债表项目：						
货币资金	73 800	11 000	84 800		11 000	73 800
应收账款		3 200	3 200		3 200	
存货		1 000	1 000		1 000	
长期股权投资	10 360		10 360	13 760	11 120	13 000
其他权益工具投资		1 500	1 500		1 500	
固定资产		4 400	4 400	2 000		6 400
商誉				5 600		5 600
应付账款		4 000	4 000	4 000		
股本	80 000	5 000	85 000	5 000		80 000
资本公积				2 000	2 000	
其他综合收益	200	500	700	900	200	
盈余公积	396	3 160	3 556	3 160		396
未分配利润	3 564	8 440	12 004	17 234	11 634	6 404
少数股东权益				3 780	3 780	
利润表项目：						
营业收入		6 000	6 000			6 000
营业成本		4 000	4 000			4 000

（续）

项目	母公司	子公司	合计数	调整抵销分录		合并数
				借方	贷方	
管理费用		1 100	1 100	100		1 200
投资收益	3 320		3 320	640	2 600	5 280
净利润	3 320	900	4 220			6 080
净利润按所有权归属分类						
1. 归属于母公司股东的净利润						5 920
2. 少数股东损益				160		160
其他综合收益	200	500	700		−200	500
所有者权益变动表项目：						
年初未分配利润	576	7 630	8 206	8 070	264	400
提取盈余公积	332	90	422		90	332
对股东的分配						
年末未分配利润	3 564	8 440	12 004	17 234	11 634	6 404

（八）合并财务报表

（1）根据合并工作底稿，填列合并资产负债表（简表）如表 14-62 所示。

表 14-62　合并资产负债表（简表）　　　（单位：万元）

资产	期末余额	负债和所有者权益（或股东权益）	期末余额
流动资产：		流动负债：	
货币资金	73 800	应付账款	
应收账款		负债合计	
存货		所有者权益（或股东权益）：	
流动资产合计	73 800	股本	80 000
非流动资产：		资本公积	
固定资产		盈余公积	396
长期股权投资	13 000	未分配利润	6 404
商誉		归属于母公司所有者权益（或股东权益）合计	86 800
非流动资产合计	13 000	少数股东权益	
		所有者权益（或股东权益）合计	86 800
资产总计	86 800	负债和所有者权益（或股东权益）总计	86 800

（2）合并利润表（简表）如表 14-63 所示。

表 14-63　合并利润表（简表）　　　（单位：万元）

项目	本期金额
营业收入	6 000
营业成本	4 000
管理费用	1 200
投资收益	5 280
净利润	6 080
按所有权属分类	
1. 归属于母公司股东的净利润	5 920
2. 少数股东损益	160
其他综合收益的税后净额	500
综合收益总额	6 580
（一）归属于母公司所有者的综合收益总额	6 320
（二）归属于少数股东的综合收益总额	260

（3）合并所有者权益变动表（简表）如表 14-64 所示。

（4）合并现金流量表。

对于合并现金流量表，需要单独编制抵销分录和单独设计工作底稿。20×5 年现金流量抵销分录主要在于母公司个别现金流量表中"处置子公司及其他营业单位收到的现金净额"为 13 000 万元，在合并财务报表角度，处置子公司资产组时，同时终止确认子公司账面现金 11 000 万元，因此，合并角度"处置子公司及其他营业单位收到的现金净额" = 13 000 - 11 000 = 2 000（万元），调整分录（单式）如下：

贷：处置子公司及其他营业单位收到的现金净额　　　　11 000

合并现金流量表工作底稿（部分）如表 14-65 所示。

合并现金流量表（简表）如表 14-66 所示。

表 14-64　合并所有者权益变动表（简表）

（单位：万元）

项目	本年金额						
	归属于母公司所有者权益					少数股东权益	所有者权益合计
	股本	其他综合收益	盈余公积	未分配利润	小计		
一、上年末余额	80 000		80	400	80 480	3 520	84 000
加：会计政策变更							
前期差错更正							
二、本年初余额	80 000		80	400	80 480	3 520	84 000
三、本年增减变动金额（减少以"-"填列）			316	6 004	6 320	-3 520	2 800
（一）综合收益总额		400		5 920	6 320	260	6 580
（二）所有者投入和减少资本							
（三）利润分配			332	332		-3 780	-3 780
1. 提取盈余公积			332	332			
2. 对股东的分配						-3 780	
（四）所有者权益内部结转							
其他（盈余公积转为未分配利润）				400			
其他			16	16			
四、本年末余额	80 000		396	6 404	86 800		86 800

注：①少数股东权益本期综合收益本期综合收益总额＝子公司调整后净利润 800 万元×20%＋子公司其他综合收益 500 万元×20%＝260 万元，"所有者投入和减少资本"栏少数股东权益来源于 3 780 万元未来源于处置子公司"资产负债组合"时减少的少数股东权益金额。②本期计提的盈余公积来源于母公司个别利润表调整净利润 3 320 万元的 10%。③所有者权益合计内部结转是因为个别财务报表将剩余的 40% 股权调整为权益法时，公积来源于母公司个别调整盈余公积，追调 20×4 年数据调整为未分配利润，但是在合并抵销分录中冲减剩余 40% 股权作为未分配利润处理。

表 14-65　合并现金流量表工作底稿（部分）

（单位：万元）

项目	母公司	子公司	合计数	调整抵销 借方	调整抵销 贷方	合并数
一、经营活动产生的现金流量						
销售商品、提供劳务收到的现金		6 800	6 800			6 800
经营活动现金流入小计		6 800	6 800			6 800
支付其他与经营活动有关的现金		300	300			300
经营活动现金流出小计		300	300			300
经营活动产生的现金流量净额		6 500	6 500			6 500
二、投资活动产生的现金流量						
处置子公司及其他营业单位收到的现金净额	13 000		13 000		11 000	2 000
投资活动现金流入小计	13 000		13 000			2 000
投资支付的现金		1 000	1 000			1 000
投资活动现金流出小计		1 000	1 000			1 000
投资活动产生的现金流量净额	13 000	−1 000	12 000			1 000
三、筹资活动产生的现金流量						
筹资活动现金流入小计						
筹资活动现金流出小计						
筹资活动产生的现金流量净额						
四、汇率变动对现金及现金等价物的影响						
五、现金及现金等价物净增加额	13 000	5 500	18 500			7 500
加：期初现金及现金等价物余额	60 800	5 500	66 300			66 300
六、期末现金及现金等价物余额	73 800	11 000	84 800			73 800

表 14-66　合并现金流量表（简表）　　　（单位：万元）

项目	本期金额
一、经营活动产生的现金流量	
销售商品、提供劳务收到的现金	6 800
经营活动现金流入小计	6 800
支付其他与经营活动有关的现金	300
经营活动现金流出小计	300
经营活动产生的现金流量净额	6 500
二、投资活动产生的现金流量	
处置子公司及其他营业单位收到的现金净额	2 000
投资活动现金流入小计	2 000
投资支付的现金	1 000
投资活动现金流出小计	1 000
投资活动产生的现金流量净额	1 000
三、筹资活动产生的现金流量	
筹资活动现金流入小计	
筹资活动现金流出小计	
筹资活动产生的现金流量净额	
四、汇率变动对现金及现金等价物的影响	
五、现金及现金等价物净增加额	7 500
加：期初现金及现金等价物余额	66 300
六、期末现金及现金等价物余额	73 800

第四节　处置子公司部分股权后对被投资方
达不到重大影响的情形

　　处置子公司部分股权失去控制权的，持有剩余股权对被投资方达不到重大影响的，在个别财务报表中，视为处置成本法核算的全部长期股权投资，剩余股权视为处置长期股权投资取得的对价，按照公允价值进行"新起点计量"，按照《企业会计准则第 22 号——金融工具确认和计量（2017）》确认为相关金融资产（参见本书权益投资转换相关章节内容）。在合并财务报表中，作为处置子公司"资产负债组合"处理，对于剩余股权按照公允价值计量，按照《企业会计准则第 22 号——金融工具确认和计量（2017）》确认为相关金融资产。具体会计处理和本章第二节原理相同，读者可以参考本章第二节中的案例。

第五节　子公司增资扩股导致投资方失去控制权的情形

子公司增资扩股导致母公司失去控制权的，具体而言分为两种情形：一种是稀释后股权对被投资方具有重大影响或能够实施共同控制的情形，另一种是稀释后股权对被投资方达不到重大影响的情形。

对于稀释后股权对被投资方具有重大影响或能够实施共同控制的情形，剩余股权按照权益法核算。个别财务报表将稀释掉的权益份额作为间接转让，剩余股权从成本法调整为权益法（参见本书权益投资转换相关章节）。在合并财务报表中，视为整体处置子公司"资产负债组合"，对剩余股权按照公允价值计量。合并财务报表处理和本章第三节内容原理相同，读者可以参考本章第三节中的案例。

稀释后股权对被投资方达不到重大影响的情形，在个别财务报表中，视为处置全部成本法长期股权投资，剩余股权作为金融资产按照公允价值计量，剩余股权公允价值和成本法长期股权投资账面价值的差额计入投资收益（参见本书权益投资转换相关章节）。在合并财务报表中，作为处置子公司整体"资产负债组合"，将剩余股权确认为金融资产，按照公允价值计量。合并财务报表处理和本章第二节原理相同，读者可以参考本章第二节中的案例。

第十五章

母公司持有子公司的股权比例发生变化
但控制权没有变化的情形

第一节　母公司取得控制权后进一步收购子公司少数股权

母公司取得控制权后进一步收购子公司少数股权，在母公司个别财务报表中作为投资处理，对新增股权按照公允价值计量。在合并财务报表中，理解为"母、子公司组成的集团会计主体"向股东（少数股东）回购权益工具，作为权益交易，将相关价差作为资本公积处理。

【案例 15-1】 进一步增持子公司股权的平行法合并财务报表处理

📁 **贴心提示**

本案例为母公司 20×4 年 1 月 1 日取得子公司 80% 的股权，然后于 20×4 年末进一步取得子公司 10% 的股权。本案例不考虑所得税。

明月松间照股份有限公司是一家专门进行实业投资控股的集团公司。明月松间照股份有限公司 20×4 年 1 月 1 日财务状况（期初余额）如表 15-1 所示。

表　15-1　　　　　　　　（单位：万元）

资产	金额	所有者权益	金额
货币资金	80 000	股本	80 000

20×4 年 1 月 1 日，明月松间照股份有限公司支付 20 000 万元收购清泉石上流股份有限公司 80% 的股权，20×4 年 1 月 1 日，改组清泉石上流股份有限公司董事会，是日，明月松间照股份有限公司开始对清泉石上流股份有限公司实施控制。

20×4 年 1 月 1 日，清泉石上流股份有限公司财务状况如表 15-2 所示。

表　15-2　　　　　　　　（单位：万元）

资产	账面价值	公允价值	负债和所有者权益（或股东权益）	账面价值	公允价值
货币资金	3 000	3 000	应付账款	2 000	2 000
应收账款	4 000	4 000	股本	5 000	
存货	5 000	5 000	盈余公积	3 000	18 000
固定资产	6 000	8 000	未分配利润	8 000	

注：固定资产评估增值 2 000 万元，评估增值的固定资产是一栋管理用办公大楼，该办公大楼预计尚可使用 20 年。

20×4 年，母公司及子公司具体业务如表 15-3 所示。

20×4 年，合并层面财务数据如下：

（1）以母公司期初余额为基础，将合并层面会计分录登记 T 字账（略）。

（2）根据 T 字账编制试算平衡表，试算平衡表如表 15-4 所示。

（3）根据试算平衡表填列合并资产负债表，合并资产负债表（简表）如表 15-5 所示。

（4）根据试算平衡表填列合并利润表，合并利润表（简表）如表 15-6 所示。

（5）整理集团层面会计分录现金资料，编制合并现金流量表，合并现金流量表（简表）如表 15-7 所示。

表 15-3
(单位：万元)

业务	母公司账务处理	子公司账务处理	合并角度账务处理
母公司支付 20 000 万元收购子公司 80% 股权	借：长期股权投资 20 000 贷：货币资金 20 000		借：货币资金 3 000 　　应收账款 4 000 　　存货 5 000 　　固定资产 8 000 　　商誉 5 600 贷：应付账款 2 000 　　少数股东权益 3 600 　　货币资金 20 000
子公司购买存货，金额为 1 000 万元		借：存货 1 000 贷：货币资金 1 000	借：存货 1 000 贷：货币资金 1 000
子公司销售产品，售价为 5 000 万元，存货成本为 3 000 万元		借：货币资金 5 000 贷：营业收入 5 000 借：营业成本 3 000 贷：存货 3 000	借：货币资金 5 000 贷：营业收入 5 000 借：营业成本 3 000 贷：存货 3 000
子公司支付管理费用 500 万元		借：管理费用 500 贷：货币资金 500	借：管理费用 500 贷：货币资金 500
子公司计提折旧 800 万元		借：管理费用 800 贷：固定资产 800	借：管理费用 900 贷：固定资产 900 注：固定资产评估增值，以公允价值为基础折旧，每年多折旧 100 万元
子公司分配利润 1 000 万元	借：货币资金 800 贷：投资收益 800	借：未分配利润 1 000 贷：货币资金 1 000	子公司分配给母公司属于资金内部转移： 借：货币资金 800 贷：货币资金 800 子公司分配给非控制性权益股东： 借：少数股东权益 200 贷：货币资金 200

项目	会计分录
子公司结转损益	借：营业收入 5 000 　贷：营业成本 3 000 　　　管理费用 1 300 　　　未分配利润 700
子公司计提盈余公积	借：未分配利润 70 　贷：盈余公积 70
合并层面确认少数股东损益	借：少数股东损益 120 　贷：少数股东权益 120 注：子公司个别利润为700万元，合并层面再减去100万元折旧调整，合并层面认可的子公司净利润为600万元，少数股东损益=600×20%=120（万元）
母公司结转损益	借：投资收益 800 　贷：未分配利润 800
母公司计提盈余公积80万元	借：未分配利润 80 　贷：盈余公积 80
合并层面结转损益	借：营业收入 5 000 　贷：营业成本 3 000 　　　管理费用 1 400 　　　少数股东损益 120 　　　未分配利润 480
母公司用银行存款1 500万元进一步进购子公司10%的股权。合并财务报表将其理解为权益交易，属于权益交易，差额计入资本公积	借：长期股权投资 1 500 　贷：货币资金 1 500 借：少数股东权益 1 760* 　贷：银行存款 1 500 　　　资本公积 260

* 母公司进一步收购子公司10%的股权前，少数股东权益=3 600-200+120=3 520（万元），对应子公司20%的可辨认净资产价值，母公司进一步收购子公司10%的股权，减少少数股东权益=3 520×（10%÷20%）=1 760（万元）。

表 15-4　试算平衡表　　　（单位：万元）

项目	期初余额		本期发生额		期末余额	
	借方	贷方	借方	贷方	借方	贷方
货币资金	80 000		8 800	24 000	64 800	
应收账款			4 000		4 000	
存货			6 000	3 000	3 000	
固定资产			8 000	900	7 100	
商誉			5 600		5 600	
应付账款				2 000		2 000
股本		80 000				80 000
资本公积				260		260
盈余公积				80		80
未分配利润			80	480		400
少数股东权益			1 960	3 720		1 760
营业收入			5 000	5 000		
营业成本			3 000	3 000		
管理费用			1 400	1 400		
少数股东损益			120	120		
合计	80 000	80 000	42 200	42 200	86 000	86 000

表 15-5　合并资产负债表（简表）　　　（单位：万元）

资产	期末余额	上年年末余额	负债和所有者权益（或股东权益）	期末余额	上年年末余额
流动资产：			**流动负债：**		
货币资金	64 800	80 000	应付账款	2 000	
应收账款	4 000		流动负债合计	2 000	
存货	3 000		**所有者权益（或股东权益）：**		
流动资产合计	71 800	80 000	股本	80 000	80 000
非流动资产：			资本公积	260	
固定资产	7 100		盈余公积	80	
商誉	5 600		未分配利润	400	
非流动资产合计	12 700		归属于母公司所有者权益（或股东权益）合计	80 740	80 000
			少数股东权益	1 760	
			所有者权益（或股东权益）合计	82 500	80 000
资产总计	84 500	80 000	**负债和所有者权益（或股东权益）总计**	84 500	80 000

表 15-6　合并利润表（简表）　　　　（单位：万元）

项目	本期金额	上期金额（略）
营业收入	5 000	
营业成本	3 000	
管理费用	1 400	
净利润	600	
按所有权属分类：		
1. 归属于母公司股东的净利润	480	
2. 少数股东损益	120	

表 15-7　合并现金流量表（简表）　　　　（单位：万元）

项目	本期金额
经营活动产生的现金流量：	
销售商品、提供劳务收到的现金	5 000
购买商品、接受劳务支付的现金	1 000
支付其他与经营活动有关的现金	500
投资活动产生的现金流量：	
取得子公司及其他营业单位支付的现金净额	17 000
筹资活动产生的现金流量：	
分配股利、利润或偿付利息支付的现金	200
支付其他与筹资活动有关的现金	1 500
现金及现金等价物净增加额	−15 200
加：期初现金及现金等价物余额	80 000
期末现金及现金等价物余额	64 800

注：①取得子公司及其他营业单位支付的现金净额＝母公司现金支付合并成本 20 000 万元 − 购买日子公司现金余额 3 000 万元＝17 000 万元。②分配股利、利润或偿付利息支付的现金是子公司分配给少数股东（非控制性权益股东）的 200 万元现金股利。③支付其他与筹资活动有关的现金为回购少数股东权益支付的现金 1 500 万元。

（6）根据合并层面所有者权益类项目 T 字账等相关资料，填列合并所有者权益变动表，合并所有者权益变动表（简表）如表 15-8 所示。

平行法有利于研究经济业务本质，以及合并财务报表角度会计处理原理。目前合并财务报表的经典做法是将母公司对子公司的投资转换为权益法后进行调整抵销，如果按照调整抵销思路如何处理呢？继续看"案例 15-2"。

表 15-8　合并所有者权益变动表（简表）　（单位：万元）

项目	本年金额					
	归属于母公司所有者权益				少数股东权益	所有者权益合计
	股本	资本公积	盈余公积	未分配利润		
一、上年年末余额	80 000					80 000
加：会计政策变更						
前期差错更正						
二、本年年初余额	80 000					80 000
三、本年增减变动金额（减少以"-"填列）		260	80	400	1 760	2 500
（一）综合收益总额				480	120	600
（二）所有者投入和减少资本		260			1 840	2 100
（三）利润分配			80	80	200	200
1. 提取盈余公积			80	80		
2. 对股东的分配					200	200
四、本年年末余额	80 000	260	80	400	1 760	82 500

【案例 15-2】[⊖]　进一步增持子公司股权的抵销法合并财务报表处理

甲公司是一家旅游投资公司，近几年通过股权收购方式进行一系列资本运作，扩大经营规模，该公司近年来相关资本运作业务如下。

（一）业务背景

甲公司 20×8 年和 20×9 年有关业务资料如下。

1. 20×8 年有关业务资料

（1）20×8 年 1 月 1 日，甲公司以银行存款 1 200 万元，自非关联方 H 集团公司购入乙公司 80% 股权。当日，乙公司账面所有者权益总额为 900 万元，其中，股本 600 万元，资本公积 100 万元，盈余公积 120 万元，未分配利润 80 万元。当日乙公司有一项专利权，账面价值 200 万元，公允价值 300 万元，预计尚可使用 10 年，假定无残值。甲、乙公司所得税税率均为 25%。假设乙公司各项资产、负债计税基础和账面价值相等。

⊖　根据《中级会计实务应试指南》(中国商业出版社，高志谦主编) 例题改编。

甲公司购入乙公司80%的股权后，当即改组乙公司董事会，自20×8年1月1日开始实质控制乙公司相关活动。

（2）20×8年，乙公司实现净利润150万元，年末计提盈余公积15万元，当年乙公司向股东分配现金股利40万元。

（3）20×8年末乙公司持有的其他债权投资增值30万元，计入其他综合收益。

2.20×9年有关业务资料

20×9年1月1日，甲公司以银行存款130万元购买乙公司10%的股权。

（二）20×8年1月1日甲公司个别财务报表及合并财务报表账务处理

1.个别财务报表

借：长期股权投资　　　　　　　　　　　　　　　1 200

　　贷：银行存款　　　　　　　　　　　　　　　　　　　1 200

2.合并财务报表账务处理

（1）调整子公司可辨认净资产公允价值：

借：无形资产　　　　　　　　　　　　　　　　　100

　　贷：资本公积　　　　　　　　　　　　　　　　　　　75

　　　　递延所得税负债　　　　　　　　　　　　　　　　25

注：无形资产计税基础为200万元，合并财务报表将公允价值300万元作为入账价值，产生应纳税暂时性差异100万元，形成递延所得税负债25万元。

（2）合并当日的抵销分录：

借：股本　　　　　　　　　　　　　　　　　　　600

　　资本公积（=100+75）　　　　　　　　　　　175

　　盈余公积　　　　　　　　　　　　　　　　　120

　　未分配利润　　　　　　　　　　　　　　　　 80

　　商誉　　　　　　　　　　　　　　　　　　　420

　　贷：长期股权投资　　　　　　　　　　　　　　　　1 200

　　　　少数股东权益　　　　　　　　　　　　　　　　 195

（三）甲公司 20×8 年末个别财务报表及合并财务报表的会计处理

1. 母公司个别财务报表处理

子公司分配现金股利：

借：应收股利　　　　　　　　　　　　　　　　　　32

　　贷：投资收益　　　　　　　　　　　　　　　　　　　　32

借：银行存款　　　　　　　　　　　　　　　　　　32

　　贷：应收股利　　　　　　　　　　　　　　　　　　　　32

20×8 年末个别财务报表长期股权投资为 1 200 万元。

2. 合并财务报表调整抵销处理

（1）首先将子公司的无形资产及损益调整为公允（基础）口径。

1）借：无形资产　　　　　　　　　　　　　　　　100

　　　贷：资本公积　　　　　　　　　　　　　　　　　　75

　　　　　递延所得税负债　　　　　　　　　　　　　　　25

2）借：管理费用　　　　　　　　　　　　　　　　10

　　　贷：无形资产　　　　　　　　　　　　　　　　　　10

3）转回递延所得税负债 2.5 万元。无形资产合并财务报表账面价值 = 300 - 300 ÷ 10 = 270（万元），计税基础 = 200 - 200 ÷ 10 = 180（万元），账面价值大于计税基础 90 万元，累计应纳税差异为 90 万元，递延所得税负债期末余额 = 90 × 25% = 22.5（万元），期初递延所得税负债为 25 万元，转回金额 2.5 万元。

借：递延所得税负债　　　　　　　　　　　　　　　　2.5

　　贷：所得税费用　　　　　　　　　　　　　　　　　　　2.5

（2）然后将母公司的长期股权投资调整为权益法。

1）被投资方分配现金股利调整分录。

借：投资收益　　　　　　　　　　　　　　　　　　32

　　贷：长期股权投资　　　　　　　　　　　　　　　　　32

2）被投资方实现净利润的调整，子公司在购买日公允净资产的基础上实现利润 142.5（＝150－10＋2.5）万元。

借：长期股权投资（＝142.5×80%）　　　　　　　114

　　贷：投资收益　　　　　　　　　　　　　　　　　　　114

3）被投资方其他综合收益的调整。

借：长期股权投资　　　　　　　　　　　　　　24

　　贷：其他综合收益　　　　　　　　　　　　　　　　24

4）调整后的投资余额＝1 200－32＋114＋24＝1 306（万元）。

3. 母公司长期股权投资与子公司所有者权益抵销

借：股本　　　　　　　　　　　　　　　　　　600

　　资本公积　　　　　　　　　　　　　　　　175

　　其他综合收益　　　　　　　　　　　　　　30

　　盈余公积　　　　　　　　　　　　　　　　135

　　年末未分配利润　　　　　　　　　　　　　167.5

　　商誉　　　　　　　　　　　　　　　　　　420

　　贷：长期股权投资　　　　　　　　　　　　　　1 306

　　　　少数股东权益　　　　　　　　　　　　　　221.5

注：年末未分配利润＝年初未分配利润 80 万元＋合并口径净利润 142.5 万元－分红 40 万元－提取盈余公积 15 万元＝167.5 万元。

4. 母公司当年投资收益与子公司利润分配的抵销

借：投资收益（＝142.5×80%）　　　　　　　　114

　　少数股东损益（＝142.5×20%）　　　　　　　28.5

　　年初未分配利润　　　　　　　　　　　　　80

　　贷：提取盈余公积　　　　　　　　　　　　　　15

　　　　向股东分配利润　　　　　　　　　　　　　40

　　　　年末未分配利润　　　　　　　　　　　　　167.5

（四）20×8年合并工作底稿及合并财务报表（略）

（五）20×9年会计处理

1. 母公司个别财务报表

借：长期股权投资   130

    贷：银行存款   130

2. 合并财务报表处理

对收购子公司 10% 的股权个别财务报表与合并财务报表差异进行调整，如表 15-9 所示。

个别财务报表：对子公司的长期股权投资按成本法核算，新增 10% 股权按照 130 万元计入长期股权投资。

合并财务报表：对合并范围没有影响，属于合并财务报表"会计主体"回购少数股东股权，属于权益交易，差额计入资本公积，少数股东权益减少金额等于合并财务报表中子公司可辨认净资产账面价值乘以所收购的少数股权比例。20×9年 1 月 1 日，子公司可辨认净资产账面价值为 1 107.5 万元（= 购买日乙公司净资产公允价值 975 万元 + 合并口径净利润 142.5 万元 + 其他综合收益 30 万元 - 分配利润 40 万元）。因此，计入资本公积的差额 =1 107.5×10%-130=-19.25（万元）。

《企业会计准则第 33 号——合并财务报表（2014）》第四十七条规定："母公司购买子公司少数股东拥有的子公司股权，在合并财务报表中，因购买少数股权新取得的长期股权投资与按照新增持股比例计算应享有子公司自购买日或合并日开始持续计算的净资产份额之间的差额，应当调整资本公积（资本溢价或股本溢价），资本公积不足冲减的，调整留存收益。"

表 15-9   （单位：万元）

个别财务报表	合并观点	合并调整分录
借：长期股权投资 130 　贷：银行存款 130	借：长期股权投资 110.75 　　资本公积 19.25 　贷：银行存款 130	借：资本公积 19.25 　贷：长期股权投资 19.25

提示：110.75 万元 =（购买日乙公司净资产公允价值 975 万元 + 合并口径净利润 142.5 万元 + 其他综合收益 30 万元 – 分配利润 40 万元）×10%。

调整后投资价值 = 1 306 + 130 – 19.25 = 1 416.75（万元）。

（六）上述追加投资 10% 发生在 20×8 年末的会计处理

1. 母公司个别财务报表分录

借：应收股利　　　　　　　　　　　　　　　　　32

　　贷：投资收益　　　　　　　　　　　　　　　　　　32

借：银行存款　　　　　　　　　　　　　　　　　32

　　贷：应收股利　　　　　　　　　　　　　　　　　　32

20×8 年末个别财务报表长期股权投资账面价值为 1 200 万元。

2. 合并财务报表调整抵销处理

（1）首先将子公司的无形资产及损益调整为公允（基础）口径。

1）借：无形资产　　　　　　　　　　　　　　　100

　　　贷：资本公积　　　　　　　　　　　　　　　　75

　　　　　递延所得税负债　　　　　　　　　　　　　25

2）借：管理费用　　　　　　　　　　　　　　　10

　　　贷：无形资产　　　　　　　　　　　　　　　　10

3）转回递延所得税负债 2.5 万元。

借：递延所得税负债　　　　　　　　　　　　　　2.5

　　贷：所得税费用　　　　　　　　　　　　　　　　　2.5

（2）然后将母公司的长期股权投资调整为权益法。

1）被投资方分配利润的调整。

借：投资收益　　　　　　　　　　　　　　　　　32

　　贷：长期股权投资　　　　　　　　　　　　　　　32

2）被投资方实现净利润的调整，子公司在购买日公允净资产的基础上实现净利润 142.5（= 150 – 10 + 2.5）万元。

借：长期股权投资（= 142.5×80%）　　　　　　114

贷：投资收益　　　　　　　　　　　　　　　114

3）被投资方其他综合收益的调整。

借：长期股权投资　　　　　　　　　　　　24

　　贷：其他综合收益　　　　　　　　　　　　24

4）调整后的投资余额 = 1 200 - 32 + 114 + 24 = 1306（万元）。

3. 追加投资 10% 的调整

追加投资 10% 的调整如表 15-10 所示。

表　15-10　　　　　　　　　　　　　　　　　（单位：万元）

个别财务报表	合并观点	合并调整分录
借：长期股权投资 130 　贷：银行存款　　　 130	借：长期股权投资110.75 　　资本公积　　　 19.25 　贷：银行存款　　　　　 130	借：资本公积　 19.25 　贷：长期股权投资　 19.25

追加投资后合并财务报表投资余额 =1 306+130-19.25=1 416.75（万元）。

4. 权益投资抵销

借：股本　　　　　　　　　　　　　　　　600

　　资本公积　　　　　　　　　　　　　　175

　　其他综合收益　　　　　　　　　　　　30

　　盈余公积　　　　　　　　　　　　　　135

　　年末未分配利润　　　　　　　　　　　167.5

　　商誉　　　　　　　　　　　　　　　　420

　　贷：长期股权投资　　　　　　　　　　　　　1 416.75

　　　　少数股东权益　　　　　　　　　　　　　110.75

注：年末未分配利润 = 年初未分配利润 80 万元 + 合并口径净利润 142.5 万元 - 分红 40 万元 - 提取盈余公积 15 万元 = 167.5 万元。

借：投资收益　　　　　　　　　　　　　　114

　　少数股东损益　　　　　　　　　　　　28.5

　　年初未分配利润　　　　　　　　　　　80

　　贷：提取盈余公积　　　　　　　　　　　　　　　　　15

　　　　向股东分配利润　　　　　　　　　　　　　　　40

　　　　年末未分配利润　　　　　　　　　　　　　167.5

　　注：权益投资抵销的两笔分录可以利用本书第六章中介绍的权益投资抵销分期法思路进行推导。

　　合并工作底稿及合并财务报表（略）。

第二节　母公司取得控制权后处置子公司部分股权但不影响控制权的情形

　　母公司取得控制权后处置子公司部分股权但不影响控制权的，个别财务报表和合并财务报表的会计处理如下：

　　（1）个别财务报表的会计处理：处置价款与个别财务报表成本法长期股权投资账面价值相应份额的差额计入投资收益。

　　（2）合并财务报表的会计处理：理解为合并财务报表的"会计主体"向少数股东发行权益工具，作为权益交易核算，相关利得或损失计入资本公积。

　　《企业会计准则第33号——合并财务报表（2014）》第四十九条规定："母公司在不丧失控制权的情况下部分处置对子公司的长期股权投资，在合并财务报表中，处置价款与处置长期股权投资相对应享有子公司自购买日或合并日开始持续计算的净资产份额之间的差额，应当调整资本公积（资本溢价或股本溢价），资本公积不足冲减的，调整留存收益。"

　　这一交易，从合并会计主体的角度，资产与负债及损益没有本质变化，主要是子公司净资产归母公司股东份额和归少数股东份额的比例调整，后续子公司实现盈利或产生净资产其他变动时，归母公司股东部分和归少数股东部分的比例发生变化。

　　【案例 15-3】[⊖]　甲公司是一家旅游投资公司，近几年通过股权收购方式进

_____

　　⊖　根据《中级会计实务应试指南》（中国商业出版社，高志谦主编）例题改编。

行一系列资本运作，扩大经营规模，该公司近年来相关资本运作业务如下。

（一）业务背景

甲公司 20×8 年有关业务资料如下。

（1）20×8 年 1 月 1 日，甲公司以银行存款 1 200 万元，自非关联方 H 集团公司购入乙公司 80% 股权。当日，乙公司账面所有者权益总额为 900 万元，其中，股本 600 万元，资本公积 100 万元，盈余公积 120 万元，未分配利润 80 万元。当日乙公司有一项专利权，账面价值 200 万元，公允价值 300 万元，预计尚可使用 10 年，假定无残值。甲、乙公司所得税税率均为 25%。假设乙公司各项资产、负债计税基础和账面价值相等。

甲公司购入乙公司 80% 的股权后，当即改组乙公司董事会，自 20×8 年 1 月 1 日开始实质控制乙公司相关活动。

（2）20×8 年，乙公司实现净利润 150 万元，年末计提盈余公积 15 万元，当年乙公司向股东分配现金股利 40 万元。

（3）20×8 年末乙公司持有的其他债权投资增值 30 万元，计入其他综合收益。

（4）20×8 年 12 月 31 日，甲公司处置乙公司 10% 的股权，收取银行存款 200 万元。处置后，甲公司仍然保留对乙公司的控制权。

（二）20×8 年 1 月 1 日甲公司个别财务报表及合并财务报表账务处理

1. 个别财务报表

借：长期股权投资   1 200

  贷：银行存款   1 200

2. 合并财务报表调整子公司可辨认净资产公允价值

借：无形资产   100

  贷：资本公积   75

    递延所得税负债   25

注：无形资产计税基础为 200 万元，合并财务报表将公允价值 300 万元作为入账价值，产生应纳税暂时性差异 100 万元，形成递延所得税负债 25 万元。

3. 合并当日抵销分录

借：股本	600	
资本公积	175	
盈余公积	120	
未分配利润	80	
商誉	420	
贷：长期股权投资		1 200
少数股东权益		195

（三）甲公司 20×8 年末个别财务报表及合并财务报表的会计处理

1. 母公司个别财务报表会计处理

子公司分配现金股利：

借：应收股利	32	
贷：投资收益		32
借：银行存款	32	
贷：应收股利		32
借：银行存款	200	
贷：长期股权投资 [=1 200×（10%÷80%）]		150
投资收益		50

20×8 年末个别财务报表长期股权投资为 1 050（=1 200−150）万元。

2. 合并财务报表调整抵销处理

（1）首先将子公司的无形资产及损益调整为公允（基础）口径。

1）借：无形资产	100	
贷：资本公积		75
递延所得税负债		25
2）借：管理费用	10	
贷：无形资产		10
3）借：递延所得税负债	2.5	

贷：所得税费用 2.5

（2）然后将母公司的长期股权投资调整为权益法。

1）调整被投资方分配的利润。

借：投资收益 32

　　贷：长期股权投资 32

2）调整被投资方实现的净利润，子公司在购买日公允净资产的基础上实现净利润142.5（=150–10+2.5）万元。

借：长期股权投资（=142.5×80%） 114

　　贷：投资收益 114

3）被投资方其他综合收益的调整。

借：长期股权投资 24

　　贷：其他综合收益 24

4）暂不考虑处置子公司10%的股权，调整后的投资余额=1200–32+114+24=1 306（万元）。

3. 处置10%股权的调整

处置子公司10%的股权后，母公司持有的子公司股权比例为70%，少数股东持有的子公司股权比例为30%。调整分录如表15-11所示。

表 15-11 （单位：万元）

个别财务报表	合并观点	合并调整分录
借：银行存款　　200 　贷：长期股权投资　150 　　　投资收益　　　50	借：银行存款　200 　贷：长期股权投资　163.25 　　　资本公积　　　36.75 注：本笔分录是先按照权益法核算长期股权投资再抵销的思路处理的，如果考虑最终长期股权投资的抵销，本笔分录相当于： 借：银行存款　200 　贷：少数股东权益　163.25 　　　资本公积　　　36.75	借：投资收益　　　50 　贷：资本公积　　　36.75 　　　长期股权投资　13.25

注：163.25=1 306×（10%÷80%）。

处置 10% 的股权后合并层面投资金额 = 1 306−150−13.25=1 142.75（万元）。

4. 母公司长期股权投资与子公司所有者权益抵销

借：股本　　　　　　　　　　　　　　　600

　　资本公积　　　　　　　　　　　　　175

　　其他综合收益　　　　　　　　　　　 30

　　盈余公积　　　　　　　　　　　　　135

　　年末未分配利润　　　　　　　　　 167.5

　　商誉　　　　　　　　　　　　　　　420

　贷：长期股权投资　　　　　　　　　　　　　　1142.75

　　　少数股东权益　　　　　　　　　　　　　　 384.75

注：年末未分配利润＝年初未分配利润 80 万元＋合并口径净利润 142.5 万元－分红 40 万元－提取盈余公积 15 万元＝167.5 万元。

20×8 年 12 月 31 日，合并财务报表中，子公司可辨认净资产账面价值为 1 107.5（＝600＋175＋30＋135＋167.5）万元，少数股东权益＝1 107.5×30%＋420×（10%÷80%）＝384.75（万元）。

证监会《监管规则适用指引——会计类第 1 号》中，对于"不丧失控制权情况下处置子公司部分股权计算子公司净资产份额时如何考虑商誉"的问题的解释原文为："母公司购买或出售子公司部分股权时，为两类所有者之间的交易……当母公司出售部分股权时，按比例把归属于母公司的所有者权益（包含子公司净资产和商誉）的账面价值调整至少数股东权益。值得注意的是，母公司不丧失控制权情况下处置子公司部分股权时，不应终止确认所处置股权对应的商誉。"

按照证监会的意见，企业合并形成商誉，比如收购子公司 80% 的股权形成 420 万元商誉，后来母公司向子公司少数股东转让子公司 10% 的股权，母公司并不丧失对子公司控制权情形下：第一，对于子公司，仍然纳入合并范围；第二，企业合并环节初始计量的商誉价值总额在合并财务报表中不因为该项少数股权交易受到影响；第三，母公司应该将10%∶80%的商誉52.5万元体现为少数股东权益的增加，同时减少母公司在子公司的权益价值份额。

5. 母公司当年投资收益与子公司利润分配抵销

借：投资收益　　　　　　　　　　　114

　　少数股东损益　　　　　　　　　28.5

　　年初未分配利润　　　　　　　　80

贷：提取盈余公积　　　　　　　　　　　　　　　　15

　　向股东分配利润　　　　　　　　　　　　　　　40

　　年末未分配利润　　　　　　　　　　　　　　167.5

合并工作底稿及合并财务报表（略）。

第三节　取得控制权后股权被稀释但不影响控制权的情形

母公司取得控制权后，子公司进行扩股增资，导致母公司持有子公司的股权比例被稀释，但是没有失去控制权的，在个别财务报表中没有账务处理。

在合并财务报表层面，理解为合并财务报表的"会计主体"向少数股东发行权益工具，作为权益交易核算，相关利得或损失计入资本公积。处理原理和本章第二节实质相同。

【案例 15-4】○　甲公司是一家旅游投资公司，近几年通过股权收购方式进行一系列资本运作，扩大经营规模，该公司近年来相关资本运作业务如下。

（一）业务背景

甲公司 20×8 年有关业务资料如下。

（1）20×8 年 1 月 1 日，甲公司以银行存款 1 200 万元，自非关联方 H 集团公司购入乙公司 80% 股权。当日，乙公司账面所有者权益总额为 900

○　根据《中级会计实务应试指南》(中国商业出版社，高志谦主编) 例题改编。

万元，其中，股本 600 万元，资本公积 100 万元，盈余公积 120 万元，未分配利润 80 万元。当日乙公司有一项专利权，账面价值 200 万元，公允价值 300 万元，预计尚可使用 10 年，假定无残值。甲、乙公司所得税税率均为 25%。假设乙公司各项资产、负债计税基础和账面价值相等。

甲公司购入乙公司 80% 股权后，当即改组乙公司董事会，自 20×8 年 1 月 1 日开始实质控制乙公司相关活动。

（2）20×8 年，乙公司实现净利润 150 万元，年末计提盈余公积 15 万元，当年乙公司向股东分配现金股利 40 万元。

（3）20×8 年末乙公司持有的其他债权投资增值 30 万元，计入其他综合收益。

（4）20×8 年 12 月 31 日，非关联方以 200 万元投资乙公司，根据投资协议，乙公司增资后，增资方持有乙公司 12.5% 的股权，甲公司持有的乙公司股权比例被稀释为 70%，甲公司仍然保留对乙公司的控制权。

（二）20×8 年 1 月 1 日甲公司个别财务报表及合并财务报表账务处理

1. 个别财务报表

借：长期股权投资　　　　　　　　　　　1 200

　　贷：银行存款　　　　　　　　　　　　　　　1 200

2. 合并财务报表调整子公司可辨认净资产公允价值

借：无形资产　　　　　　　　　　　　　100

　　贷：资本公积　　　　　　　　　　　　　　　75

　　　　递延所得税负债　　　　　　　　　　　　25

3. 合并当日抵销分录

借：股本　　　　　　　　　　　　　　　600

　　资本公积　　　　　　　　　　　　　175

　　盈余公积　　　　　　　　　　　　　120

　　未分配利润　　　　　　　　　　　　 80

　　商誉　　　　　　　　　　　　　　　420

	贷：长期股权投资	1 200
	少数股东权益	195

（三）甲公司 20×8 年末个别财务报表及合并财务报表的会计处理

1. 母公司个别财务报表会计处理

子公司分配现金股利：

借：应收股利	32
贷：投资收益	32
借：银行存款	32
贷：应收股利	32

20×8 年末个别财务报表长期股权投资为 1 200 万元。

2. 合并财务报表调整抵销处理

（1）将子公司的无形资产及损益调整为公允（基础）口径。

1）借：无形资产	100
贷：资本公积	75
递延所得税负债	25
2）借：管理费用	10
贷：无形资产	10

3）转回递延所得税负债 2.5 万元。

借：递延所得税负债	2.5
贷：所得税费用	2.5

（2）将母公司长期股权投资调整为权益法。

1）被投资方分红的调整。

借：投资收益	32
贷：长期股权投资	32

2）被投资方净利润的调整。子公司在购买日公允净资产的基础上实现净利润 142.5（= 150 − 10 + 2.5）万元。

借：长期股权投资（= 142.5×80%）	114
贷：投资收益	114

3）被投资方其他综合收益的调整。

借：长期股权投资　　　　　　　　　　　　　　　　24

　　贷：其他综合收益　　　　　　　　　　　　　　　　　　24

4）调整后的投资余额 = 1 200 − 32 + 114 + 24 = 1 306（万元）。

3. 非关联方投资的调整

非关联方以 200 万元投资乙公司，根据投资协议，乙公司增资后，甲公司持有乙公司的股权比例为 70%。

该项交易中，甲公司享有新投资方投资 200 万元的 70%，金额为 140 万元。失去原股权的 12.5%（= 10% ÷ 80%），金额为 163.25（= 1 306 × 12.5%）万元。甲公司合并层面会计分录为：

借：长期股权投资　　　　　　　　　　　　　140

　　资本公积　　　　　　　　　　　　　　　23.25

　　贷：长期股权投资　　　　　　　　　　　　　　　163.25

被稀释后合并层面投资金额 = 1 306 + 140 − 163.25 = 1 282.75（万元）。

4. 母公司长期股权投资与子公司所有者权益抵销

增资方增资 200 万元，占乙公司 12.5% 的股权，乙公司股本增加 85.71 万元，资本公积增加 114.29（= 200 − 85.71）万元。

借：股本（= 600 + 85.71）　　　　　　　685.71

　　资本公积（= 100 + 75 + 114.29）　　289.29

　　其他综合收益　　　　　　　　　　　　30

　　盈余公积　　　　　　　　　　　　　　135

　　年末未分配利润　　　　　　　　　　　167.5

　　商誉　　　　　　　　　　　　　　　　420

　　贷：长期股权投资　　　　　　　　　　　　　1 282.75

　　　　少数股东权益　　　　　　　　　　　　　444.75

注：年末未分配利润 = 年初未分配利润 80 万元 + 合并口径净利润 142.5 万元 − 分红 40 万元 − 提取盈余公积 15 万元 = 167.5 万元。

20×8 年 12 月 31 日，合并财务报表中，子公司可辨认净资产账面价值为 1 307.5（= 685.71 + 289.29 + 30 + 135 + 167.5）万元，少数股东权益 = 1 307.5×30% + 420×（10%÷80%）= 444.75（万元）。

5. 母公司投资收益与子公司利润分配抵销

借：投资收益	114
少数股东损益	28.5
年初未分配利润	80
贷：提取盈余公积	15
向股东分配利润	40
年末未分配利润	167.5

合并工作底稿及合并财务报表（略）。

第十六章

编制合并财务报表"三步法"思维框架

在编制合并财务报表的实务工作中，总是会面临各种各样的问题，没有任何一本理论著作能将合并财务报表的种种问题阐述殆尽。本书提供了一个编制合并财务报表的核心思维框架——"三步法"思维框架，当遇到新的问题时，各位读者可以利用这个思维框架分析问题、解决问题。

编制合并财务报表"三步法"思维框架如下。

第一步：平行法思维，编制母、子公司个别财务报表角度会计分录及合并财务报表角度会计分录。

第二步：分期法思维，逐笔分析平行法下个别财务报表与合并财务报表分录差异，逐笔编制调整抵销分录。

第三步：分段法思维，将分期法思维的调整抵销分录进行汇总，就得到合并工作底稿中的最终调整抵销分录。

【案例 16-1】 编制合并财务报表"三步法"思维框架运用案例

H 公司持有 A 公司 80% 的股权并能控制 A 公司，A 公司持有 B 公司 100% 的表决权比例。H 集团公司股权结构如图 16-1 所示。

B公司为A公司20×1年1月1日从非关联方收购的子公司，收购成本为10 000万元，购买日B公司可辨认净资产公允价值和账面价值均为8 000万元。

20×1年B公司实现利润400万元，计提盈余公积40万元，除此以外没有其他权益变动，20×1年B公司没有向股东分配利润。

20×2年1月1日，A公司和H公司签订协议，A公司将B公司49%的股权转让给H公司，转让价格为5 200万元，双方通过银行存款支付结算。该笔股权交易后，A公司持有B公司51%股权，仍然能对B公司实施控制，交易后H集团公司股权结构如图16-2所示。

图16-1 H集团公司股权结构图（调整前）　　图16-2 H公司股权结构图（调整后）

20×2年B公司实现利润500万元，20×2年3月1日B公司向股东分配利润200万元。

假设H集团公司编制合并财务报表时采用逐层合并的方式，首先将A公司与B公司的财务报表进行合并，然后将H公司的个别财务报表与A、B公司的合并财务报表进行合并。

思考： H集团公司编制合并财务报表时，对于A公司转让B公司49%的股权如何编制调整抵销分录？

解析： H集团公司具有多层次的"会计主体"，除H公司、A公司、B公司个别财务报表层面的会计主体外，还有两个合并财务报表层面的会计主体："A+B""H+A+B"。

A公司转让B公司49%股权后，在"A+B"合并财务报表层面，属于取得控制权后处置子公司部分股权但没有失去控制权的情形，将B公司

49%的股权作为少数股东权益处理。在整个H集团公司合并财务报表层面，H公司持有B公司49%的股权不属于少数股东权益。

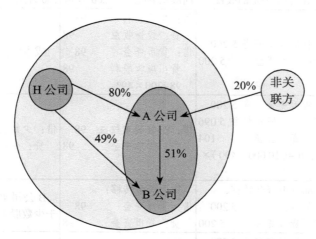

图16-3　H集团公司多层次会计主体示意图

在A公司合并财务报表角度，B公司的资产、负债、收入、费用100%纳入合并，在H集团公司合并财务报表角度，B公司的资产、负债、收入、费用仍然100%纳入合并。因此，对于上述事项，并不涉及B公司资产、负债、收入、费用的调整问题。主要调整内容为少数股东权益与少数股东损益。

《企业会计准则第2号——长期股权投资（2014）》第七条规定："投资方能够对被投资单位实施控制的长期股权投资应当采用成本法核算。"H公司对B公司能实施控制，所以，H公司对持有的B公司49%股权采用成本法核算。

根据本书关于平行法原理的论述，可以按照与单体公司一样的程序编制"A+B"合并财务报表，因此，我们可以将"A+B"合并财务报表理解为"特殊单体报表"。继续用平行法分析H公司角度、"A+B"角度、"H+A+B"角度的会计处理。

"三步法"思维框架运用如表16-1所示。

表 16-1 合并财务报表复杂问题"三步法"思维框架运用举例 （单位：万元）

	20×2年1月1日A公司转让B公司49%的股权	20×2年3月1日B公司向股东分配利润200万元	20×2年B公司实现利润500万元
H公司角度	借：长期股权投资 5 200 　贷：货币资金　5 200	借：应收股利　　　98 　贷：投资收益　　98 借：货币资金　　98 　贷：应收股利　　98 98=200×49%	成本法，没有账务处理
"A+B"角度	借：货币资金　　5 200 　贷：少数股东权益 5 096 　　资本公积　　104 5 096=（10 000+400）× 49%	借：少数股东权益 98 　贷：货币资金　98	借：少数股东损益 245 　贷：少数股东权益 245
"H+A+B"角度	内部货币资金转移： 借：货币资金　　5 200 　贷：货币资金　5 200	货币资金转移： 借：货币资金　98 　贷：货币资金　98	B公司49%的利润不属于少数股东收益
调整抵销分录	借：少数股东权益 5 096 　　资本公积　　104 　贷：长期股权投资 5 200	借：投资收益　　98 　贷：少数股东权益 98	借：少数股东权益 245 　贷：少数股东损益 245

　　将上述调整抵销分录合并，得到 H 集团公司编制合并财务报表时，对于 A 公司转让 B 公司 49% 股权的最终调整抵销分录如下：

　　借：少数股东权益　　　　　　　　　　　　　　5 243

　　　　资本公积　　　　　　　　　　　　　　　　104

　　　　投资收益　　　　　　　　　　　　　　　　98

　　　贷：长期股权投资　　　　　　　　　　　　　　5 200

　　　　少数股东损益　　　　　　　　　　　　　　245

后　记

全面系统地梳理合并财务报表基本原理，并立足基本原理进行逻辑推理，最终形成编制合并财务报表的"三步法"思维框架并非易事。在这个过程中，笔者得到多方帮助，不胜感激。

在写作中，笔者结合了财政部最新修订的相关会计准则和证监会最新文件的精神，尽量采用案例展现，力求对实务工作具有指导意义与启发意义。

首先要感谢我的妻子，是她任劳任怨，承揽家务，抚育孩子，才让我能够专注写作。

机械工业出版社的编辑认真审阅书稿，不放过每一个细节，为笔者写作提出宝贵意见，非常感激！

在本书写作中，笔者得到合伙人褚洪浩先生的理解与支持，在写作期间，很多咨询项目工作都得到褚洪浩先生不遗余力的帮助，没有他的支持，本书在短时间内难以成稿。

本书成稿过程中，得到柏桦老师、杜剑老师、王云霞老师、余大川老师、黄德球老师、吴福喜老师的指导。他们中，有的老师具有"头部"会计师事务所执业经历、丰富的上市审计和复杂合并财务报表编制实操经验，有的老师具有深厚的学术功底，在财经院校进行多年的会计学教学与研究，引导硕士研究生和博士研究生进行深造，有的老师具有大型企业、上市公司财务总监职业经历，具有丰富的财务管理经验。得到他们的指导，本书增色不少！

限于个人能力，书中难免有疏漏错误，欢迎各位读者批评指正！欢迎各位读者和笔者交流，希望与大家携手共进！

参考文献

[1] 中国注册会计师协会 . 会计 [M]. 北京：中国财政经济出版社，2021.

[2] 中国证券监督管理委员会会计部 . 上市公司执行企业会计准则案例解析（2020）[M]. 北京：中国财政经济出版社，2020.

[3] 李玉环 . 合并财务报表 [M]. 2 版 . 北京：经济科学出版社，2016.

[4] 丘创 . 合并财务报表 [M]. 北京：中国人民大学出版社，2018.

[5] 宋明月 . 轻松合并财务报表：原理、过程与 Excel 实战 [M]. 北京：机械工业出版社，2019.